열망의 유토피아가 온다

정혼 이야기

주요섭 지음

모시는사람들

전환 이야기를 시작하며

말 그대로 '전환' 이야기다. 생각과 삶과 세상이 눈 깜박할 사이에 바뀐다는, 아니 바뀌고 있다는 소설 같은 이야기이다. 하늘과 땅과 사람의 세 기틀이 순식간에 새로 짜이는 기적 같은 이야기이기도 하다. 어쩔 수 없이 바뀔 수밖에 없는 슬픈 이야기가 아니라, 새로운 세상 열리는 기쁜 이야기이다. '삶·생명'의 눈으로 본 세상 돌아가는 이야기이다. 토마스 베리 신부님의 『우주이야기』가 떠오른다.

'전환' 이야기는 또한 바꾸자는 이야기이다. 나를 바꾸고 우리를 바꾸고 세상을 바꾸자는 이야기이다. 밥 먹는 습관을 바꾸고, 돈에 대한 생각을 바꾸고, 상대방을 대하는 방식을 바꾸고, 인생의 목표를 바꾸자는 이야기이다. 세상을 보는 눈을 바꾸어 우리 사회와 지구촌을 커다란 엔진으로가 아니라 하나의 생명체로 보자는 이야기이다. '고장 난 기계를 수리한다'는 관점이 아니라, 아픈 곳을 치유한다는 관점으로 보자는 이야기이다. 노동양식을 바꾸고, 소유양식을 바꾸고, 교환양식을 바꾸고, 소비양식과 생산양식을 바꾸자는 이야기이다.

무엇보다 이야기의 화자(話者)와 주인공을 바꾸자는 이야기이다. 그들의 이야기가 아니라 나와 너의 이야기, 우리의 이야기를 써 보자는 것이다.

때가 됐기 때문이다. 춘삼월 매화 열리고 새봄 오듯 때가 됐기 때문이다. 생태 위기나 경제 위기 때문이 아니다. 위기는 전환의 징후 중 하나일 뿐이다.

전환의 결정적인 증거는 '새로운 사람'이다. 지금 여기 '또 다른 삶', '또 다른 세상'을 열망하며, 이미 살고 있는 사람들이 전환의 때를 간증한다. 어떤 이들은 비상하는 나비들의 출현으로 차원 변화의 기적을 비유하기도 한다. 열망의 유토피아다. 스스로 치유하고, 스스로 깨어나며, 스스로 새로운 삶을 일구는, 치유와 깨달음과 자기실현의 공동체들이 문명사적 대전환을 증거한다.

그리고 세월호, 아니 그래서 세월호다.

세월호 어린 영혼의 호소와 절규가 나와 우리를 깨운다. 생명신호(life signal)다. 전환의 신호이기도 하다. 어떤 이들에게 그 소리는 너무 절절하고 생생해 가슴을 후비지만, 어떤 이들은 여전히 그 소리를 듣지 못한다. 또 어떤 이들은 외면한다.

하지만 생명의 자장(磁場) 안에서 우리는 이미 하나다. 인정하든 부인하든 하나다.

이제 우리가 우리를 치유해야 한다. 그들도, 아니 그 누구도 우리를 치유해 줄 수 없다. 내가 나를 치유한다. 우리가 우리를 치유한다. 팽목항뿐만이 아니다. 광화문뿐만이 아니다. 수원과 인천에서, 광주와 부산에서 스스로 서고 서로 돕는 치유의 공동체가 만들어지고 있다. 나를 살리고 너를 살리고 우리를 살리는 자조(自助)/상조(相助)의 공동체가 형성되고 있다.

'안전'이냐 '안보'냐 하며 따질 필요도 없다. '전복'될 것인가 '전환'할 것인가를 물을 필요도 없다. 이미 '이렇게는 아니다'라는 것을 자각한, 각비(覺非)하는 사람들이 삶의 근본을 묻고 있다. 2014년 4월 세월호의 친구들을 가슴에 묻었던 청소년들이 존재의 근본을 묻고 있다. 살아 있다는 것은 무엇인가? 죽는다는 것은 무엇인가? 국가는 무엇인가? 삶과 사회와 존재에 관한 수많은 물음표들이 던져지고 있다. 상처를 보듬는 것도 치유하는 것도 나와 우리의 몫이듯이, 이런 질문에 답을 찾아 내는 것도 결국 나와 우리의 몫일 것이다.

'전환'이다. 의식의 전환, 생활양식의 전환, 시스템의 전환. 한마디로 문명의 전환이다. 이미 서유럽의 전환 담론과 전환운동은 새로운 단계로 접어들었다. 이제 전환은 '다른 상태로 옮아 감', 즉 '이행 (transition)'이다.

1980년대 초 프리초프 카프라의 책 『새로운 과학과 문명의 전환』에서 전환은 'turning(방향바꾸기)'이었다. 그리고 시간이 흘러 'shift(이동)'로서의 전환이 거론된 시절이 있었다. shift의 의미는 자동차 기어를

조절하여 속도를 줄이는 down-shift에서 그 의미를 짐작해 볼 수 있다. 'transformation'도 대표적인 전환의 언어 중 하나이다. 2012년 다보스포럼(세계경제포럼)은 글로벌 금융위기 속에서 자본주의 암울한 미래를 전망하며 '대전환: 새로운 모델의 형성'을 주제로 내건 바 있다. 우리말로 하면 환골탈태가 적절하다. 예컨대 애벌레에서 나비로의 전환이 그것이다.

그리고 이제 전환은 '이행(transition)'이다. 세계적인 여성 평화운동가 조안나 메이시의 표현을 빌리자면 지금은 '이행의 시간'이다. 새로운 삶과 사회와 문명을 지금 여기서 현실로 살아간다. 전지구적인 '전환 네트워크(transition network)'가 만들어지고, 구글 지도로 전 세계의 전환마을(transition town)을 표시할 수도 있다. 지난 가을엔 충북 금산에서 지구적 관점의 생태마을 워크숍이 열렸고, 은평구에서 전환마을운동을 시작한다고 한다. 바야흐로 때가 되었다.

한국의 전환운동은 다른 사회적 변화가 그렇듯이, 이를테면 '압축성장'이다. 터닝과 시프트와 트랜스포메이션과 트랜지션이 압축적으로, 혹은 동시다발적으로 전개된다. 이 모든 것을 아우르며 함축하고, 또 도약한다. 물론 전환의 압축성장 역시 양면성을 동시에 가지고 있다. 역동적 비약의 가능성과 압축 성장의 후과가 모두 있을 수 있다.

2013년 봄, 전환의 시대를 예감하며 한국형 전환운동을 기대했다. 그리고 2014년 봄 동학혁명 120주년 2주갑(周甲)을 맞이하며 벗들과 함께 21세기의 개벽으로서의 '문명전환'을 토론했다. 그리고 이제

2014년을 마감하고 2015년을 맞이하며, 다양한 모습으로 돌아나는 한국형 '전환운동'의 약동을 절절히 체감한다.

한국형 전환운동의 프로세스를 그려 본다.

첫째, 각비(覺非). '더 이상 이렇게는 아니다'라는 생명감각. 둘째, 엑소더스(exodos, 歸). 기존의 질서로부터의 탈출, 혹은 생명의 근본 자리로 돌아감. 셋째, 깨달음. 이 세계는 살아 있는 전체, 혹은 '하나'라는 깨달음. 넷째, 새 공동체. 깨달음을 바탕으로 하는 새로운 내용과 형태의 공동체. 다섯째, 체제 전환. 사회적 치유와 정치 · 경제 · 사회 시스템의 새로운 차원으로의 재구성.

물론 전환운동의 프로세스는 순차적이지 않다. 순서가 바뀔 수도 있고 동시에 일어날 수도 있다. 그 과정은 불연속적이며 불균등함으로써 창발적으로 진화한다.

전환기의 세계는 혼란과 불안의 시기이기도 하다. 호랑나비 애벌레의 환골탈태를 빗대어 말하면, '고치의 시간'이다. 나비로 태어나기 위해서는 반드시 고치가 되어 나뭇가지에 매달려 있어야 한다. 미국의 환경운동가 폴 호켄은 이를 가리켜 '축복받은 불안'이라고 말한다. 전환기는 나비로 다시 태어나는 축복의 시간이지만, 당장은 혼란과 불안, 그리고 가끔은 공포의 시간이기도 하다. 오늘 전환기의 지구촌은 생태적 · 사회적 · 경제적 고통과 혼란을 겪고 있다. 이행의 시간은 불안과 희망이 교차하는 시간이기도 하다. 다시 조안나 메이시를 떠올린다. 역시 '호스피스'와 '산파'가 동시에 필요한 시대이다. 수명을 다한 산업·자본주의 문명을 잘 떠나보내고, 새로운 문명의 탄생을 도와야 한다.

아직 어설픈 이야기다. 충분히 성숙되지 못했다. 풍부하지도 못하다. 여전히 공부 중이다.

그렇다. 이제 시작이다. 전환의 사상이기에는 턱없이 부족하고, 전환의 경제학이나 정치학이 되기에는 촘촘하지 못하다. 전환 이야기는 지금까지 다루지 못했던 이야기, 삶과 사회의 이면, 뒷면, 보이지 않는 면, 새로운 면을 발견하는 일이다. 님들과 함께 찾아보고 싶다. 이야기 나누고 싶다.

이 책은 지난 몇 년 사이 '전환'을 키워드로 쓴 글들을 모은 것이다. 내용이 겹치기도 하고, 시의성이 떨어지는 글들도 있다. 무엇보다 거칠고 구멍이 숭숭 뚫려 있다. 물론 책으로 묶어 내면서 적지 않게 손질을 했지만 아직은 부족한 점이 많다. '숨겨진 새길'을 찾고 싶은 마음이지만, 새로운 이야기와 옛날 이야기 사이에서 헤매기도 한다.

삶의 전환, 사회의 전환, 문명 전환의 길, 지혜를 나누는 작은 계기가 되기를 기대해 본다. 도반(道伴)을 만나는 기회가 되기를 바란다.

생명! 한자말 '생명(生命)'에서 그 숨은 뜻을 다시 새겨 본다. '생(生)'이라는 글자는 땅 위에 돋아난 새싹의 모양에서 왔다고 한다. 그리고

'명(命)'이라는 글자는 하늘의 명령. 그렇다면 생명이란 '새싹으로 돋아난 하늘의 명령'이다. 풀 한 포기에 담긴 코스모스이고, 좁쌀 한 알의 우주다. 생명은 개체이면서 전체이다. 생명은 열망이다.

시인 도종환의 시 '엄마'에서 생명의 우주적 편재(遍在)를 읽는다. 사랑의 빛으로 영원히 살아있는 세월호의 영혼을 호흡한다. 바람과 눈물과 새잎 속에 살아있는 세월호의 몸, 마음, 숨결, 사랑, 영혼….

엄마가 기도할 때마다 엄마 곁으로 올게요.

엄마 눈물 속에 눈물로 돌아오곤 할게요.

사월 아침 창가에 새벽바람으로 섞여오곤 할게요.

교정의 나무들이 새잎을 낼 때면 연둣빛으로 올게요.

남쪽 바다의 파도처럼 엄마에게 밀려오곤 할게요.

엄마가 팽목항으로 오시는 날이면

나도 빨간 등대 옆에 바닷바람으로 먼저 와 있을게요.

2015년 2월

정읍에서 주요섭 모심

차례

I

전환, 깨어나기 다시 살기

호랑나비 애벌레의 깨달음

가끔씩 뒤를 돌아보면 허망한데도 이렇게 꾸역꾸역 앞을 향해 나아갈 수밖에 없습니다. 1년짜리 인생을 연장하며 나갈 수밖에 없습니다. 가기 싫은 학교지만 억지로 등을 떠밀려 나갈 수밖에 없습니다. 치킨집과 김밥집, 그리고 편의점…. 더 이상 희망도 사라졌습니다만, 그래도 나갈 수밖에 없습니다. 몸도 마음도 아프고 고단하지만 나갈 수밖에 없습니다. '이건 아니다' 싶지만, 나갈 수밖에 없습니다.

폭주하는 '설국열차'의 창밖을 보라

새하얗게 얼어 버린 지구를 무한 질주하는 '설국열차'를 떠올립니다. 빙하기의 지구, 설국열차 안의 사람들은 열차 바깥을 상상하지 못합니다. 그곳은 얼어붙은 땅, 죽음의 세상이고 잃어버린 문명의 화석이기 때문입니다. 생존은 오로지 폭주하는 설국열차 안에서만 지속할 수 있습니다. 지옥 같은 꼬리칸에서 벗어나는 방법은 오로지 앞 칸으로의 진격밖에 없습니다. 설국열차는 일직선으로만 존재하는 1차원적 세계입니다. 좌우도 없고 위아래도 없습니다. 꼬리칸에서의 굴종

이냐, 머리칸으로의 돌격이냐? 다른 선택지가 없습니다. 전쟁뿐입니다. 칼과 총이 동원되고 그야말로 유혈이 낭자한 폭력혁명과 무자비한 폭력진압… 희생은 컸지만, 꼬리칸의 혁명군은 끝내 돌파에 성공합니다. 그리고 목격하는 풍요의 극단들….

그러나 여기가 끝이 아닙니다. 사연은 칸칸이 이어지지만, 또 한 명의 주인공 송강호의 시선은 전혀 다른 곳에 있었습니다. 머리칸이 아니었습니다.

영화 설국열차의 마지막 장면이 떠오릅니다. 탈선한 열차 밖 풍경 말입니다. 눈이 녹기 시작하고 저 멀리 산 중턱으로 흰곰이 보일 듯 말듯 지나갑니다. 바깥세상은 죽음의 땅이 아니었습니다. 송강호와 요나라는 이름의 딸이 목표로 했던 것은 머리칸을 장악하는 일이 아니었습니다. 창밖으로 나가는 게 종국적 목적이었습니다. 폭주하는 설국열차의 창밖에서 새로운 희망을 찾고자 했습니다. 대다수 꼬리칸 사람들의 기대와는 다르게 오로지 열차 밖에서만 희망을 찾을 수 있다고 믿었습니다. 어디로 가려 했을까요? 무엇을 찾아서 나가려 했을까요?

근본적인 문제는 열차 그 자체에 있었는지도 모릅니다. 꼬리칸의 잉여계급과 머리칸의 유산계급 사이 극단적인 불평등도 문제이지만, 근본적으로 열차 그 자체를 해부해 볼 필요가 있습니다. 열차의 무한 동력은 머리칸의 엔진에서 나옵니다. 산업혁명기의 증기기관을 연상시키는 거대한 엔진 안에서는 끔찍한 유아노동까지 이루어집니다.

설국열차는 '산업/자본주의 문명'의 상징이었던 것입니다.

결국 설국열차의 메시지는 산업/자본주의 문명 내에서 반복되는 계급전쟁의 불가피성이 아니라, 이를테면 '후천개벽'이었습니다. 그렇습니다. 전혀 새로운 세상을 여는 데 있었습니다. '전환'입니다. 그러나 아직 종착지는 알 수 없습니다. 새로운 선택이 있을 뿐, 그곳은 여전히 미지의 세계입니다. 일단 밖으로 나왔습니다. 그러나 어디로 가야 할지 알지 못합니다. 다시 물을 수밖에 없습니다. "지금 여기, 무엇을 어떻게 할 것인가?"

저 꼭대기에는 무엇이 있을까?

> "그저 먹고 자라는 것만이
> 삶의 전부는 아닐 거야.
> 이런 삶과는 다른 무언가가 있을 게 분명해."

『꽃들에게 희망을』이라는 어른을 위한 동화책에 나오는 주인공 호랑나비 애벌레의 독백입니다. 호랑나비 애벌레는 매일 먹기만 하는 자신의 삶에 의문을 가지게 되었고 그 문제에 대해서 다른 애벌레들이랑 얘기를 나누고 싶었습니다. 하지만, 그들은 얼마 전까지 다른 호랑나비 애벌레가 그랬던 것처럼 먹는 일에만 정신이 팔려 쳐다보지도 않았습니다. 그리고 모두들 거대한 애벌레 기둥을 향해 꾸역꾸역

올라갑니다.

"저 꼭대기에는 뭐가 있는데?" 호랑나비 애벌레가 물어보지만, 돌아오는 답은 이런 정도일 뿐입니다. "그건 아무도 몰라. 하지만 모두 저기에 가려고 서두르는 걸 보면 아주 멋진 곳이 있나 봐. 나도 빨리 가 봐야겠어!" 그리고 또 다른 애벌레의 목소리가 들립니다. "저놈들을 없애 버리지 않으면, 우리는 아무도 더 높이 올라갈 수 없어." 섬뜩합니다. 그러니 호랑나비 애벌레도 마음을 다잡을 수밖에 없습니다. "네가 성공하지 못하더라도 나를 원망하지 마! 삶이란 원래 험난한 거야. 마음을 독하게 먹지 않으면 살아갈 수 없어." 그때 꼭대기에서 조그맣게 속삭이는 소리가 들렸습니다.

"아무것도 없잖아!"

그런데 발아래를 내려다보니 수많은 애벌레 기둥이 보입니다. 꼭대기에 오르려는 애벌레들이 서로를 밟고 또 밟히며 기둥이 되어 버렸습니다. 호랑나비 애벌레가 기를 쓰며 올랐던 기둥도 밑도 끝도 없이 꼭대기를 향해 '속도 전쟁'을 벌이는 수백 수천 개 애벌레 기둥들 중 하나일 뿐이었습니다.

"아!" 호랑나비 애벌레는 깨달았습니다. 높이 오르려는 본능의 비밀을 그동안 얼마나 잘못 생각했는지. 꼭대기에 오르려면 기어오르는 게 아니라 날아가야 하는 것이었습니다.

그렇습니다. '나비'가 답입니다. 하늘 높이 오르기 위해서는 더 큰 애벌레, 더 강한 애벌레, 더 많이 먹는 애벌레가 아니라 나비가 되어야 합니다. 한마디로 일등 애벌레가 아니라, 새로운 존재로의 거듭남이 이루어져야 합니다.

이는 설국열차의 숨겨진 답이기도 합니다. 1차원적 질서에서 전혀 새로운 질서로의 차원 변화. 직선의 세계에서 면의 세계로, 면의 세계에서 3차원 공간으로의 차원 변화 말입니다. 나아가 공간을 가로지르는 시간과 마음의 숨은 차원들까지도 상상해 볼 수 있습니다. 짐작할 만합니다. 하늘 높은 그곳은 돈과 성장과 속도와 규모가 아니라 진정한 웰빙(well-being), 즉 참다운 삶과 행복이 척도가 될 듯합니다.

『꽃들에게 희망을』은 40여 년 전인 1972년도에 출간되었습니다. 책을 낸 출판사는 책 소개에서 이렇게 적고 있습니다.

"짓밟거나 짓밟히는 살벌한 현실을 벗어나 자신의 참 자아를 발견하는 길을 알려 주는 나비의 이야기, 아니 바로 우리들의 이야기이다. 참 자아를 발견하는 길은 죽음보다 더 고통스러울 수 있지만, 이것을 이겨 내게 해 주는 힘은 희망과 사랑임을 깨닫게 해 주는 책이다."

2012년에 EBS에서 방영된 〈자본주의〉라는 다큐멘터리 시리즈가 있습니다. 거기에 한국사회의 한 단면이 소개됩니다. 이는 복지 지표가 아닙니다. 삶과 죽음, 혹은 참 삶과 행복에 대한 지표입니다. 호랑나비 애벌레의 물음표가 생각납니다.

"OECD 34개국 중 빈곤율 28위"

"OECD 34개국 중 사회복지 지출 비중 33위"

"연평균 근로시간 세계 1위(2,193시간)"

"청소년 사망 원인 자살 1위"

"인구 10만 명당 자살 사망률 28.4명, 세계 1위(OECD 평균 11.2명)

"고3 학생들 행복하기 위해 가장 필요한 것은? 1위 '돈'"

열망

작가이자 조각가, 사회운동가. 1972년 처음 출간된 뒤로 30년이 넘
는 시간 동안 스페인, 네덜란드, 독일, 포르투칼, 일본 등 전 세계적으
로 수백만 부가 팔린 『꽃들에게 희망을』의 작가이다. 국제여성운동
단체인 〈그레일(The Grail)〉의 회원으로, 공동농장에서 14년 동안 직접
우유를 짜고 채소를 재배했다. 성경 구절을 쓰고 성가를 불렀을 뿐만
아니라, 조각가인 만큼 자신의 조각품을 판매해 그 수익금을 공동체
생활을 유지하는 데 쓰기도 했다. 그레일에서 하는 국제적인 활동에
도 적극적으로 참여해 이집트의 아흐밈에 여성 자수협동조합을 설립
하는 일을 도왔고, 그 외에도 뉴욕에서 대리석을 조각하고 프랑스 ·
포르투갈에서 일하기도 했다. 콜로라도의 산에서 6개월간 영구 경작

법을 배웠으며, 아들 하나를 키우고 있다. 지금은 뉴저지 주에 있는 집에서 황제나비와 식량, 소망을 키우고 있다. 이 집은 유기농법으로 재배한 식품의 우수성을 알리기 위해 설립된 소규모의 환경 센터이기도 하다.

출판사에서 소개한 『꽃들에게 희망을』의 저자 트리나 폴러스의 약력입니다. 호랑나비 애벌레에게 '나비'라는 새로운 삶이 있다는 점을 깨우쳐 준 저자는 여성 사회운동가였습니다. 여성이라는 점이 중요해 보입니다. 공동체와 협동조합과 시민단체는 그녀의 삶 그 자체였습니다. 글을 쓰는 작가일 뿐만 아니라, 대안적 삶을 실천하는 활동가였습니다. 할머니가 된 지금도 미국 뉴저지에 있는 환경단체에서 활동하고 있다고 합니다.

설국열차와 같은 폭주의 애벌레 기둥에서 벗어나려는 사람들이 소리 소문 없이 이심전심으로 생겨나고 있습니다. 이미 설국열차의 바깥 '다른 삶'에 대한 열망은 한국사회 여기저기서 자라나고 있습니다. 힐링신드롬, 귀농귀촌, 협동조합 열풍이 그 드러난 모습입니다.

사람들은 힐링을 원합니다. 물질적 풍요도 좋지만, 아픈 마음을 달래줄 위로와 치유가 절실합니다. 따뜻한 이웃이 그립습니다. 연어의 회귀처럼 고향을 향합니다. 땅으로 돌아가고 싶습니다. 최근 몇 년 사이 해방 후 처음으로 귀촌귀농 인구가 이촌이농 인구를 넘어섰습니다. 작은 숫자지만 흐름이 바뀌었다는 신호입니다. 그리고 협동조합과 사회적 경제가 거센 열풍으로 대세를 만들어 가고 있습니다. 경향각지에서 수많은 협동조합이 만들어지고 정부, 시민사회, 재계가 앞다투어 마을기업과 사회적 기업을 돕겠다고 나섭니다.

힐링, 귀농귀촌, 협동조합은 '삶의 전환'의 징표입니다. 새로운 삶을 향한 결단의 자취들입니다. 자본주의 경쟁 시스템으로는 더 이상 경제도 생활도 어렵다는 반증입니다.

또 다른 삶은 이미 우리 안에 있습니다. 40년 전에도 존재했고, 물론 잘 드러나지는 않지만 '지금 여기'에도 있습니다. 1972년에 출판된 『꽃들에게 희망을』이라는 책 안에도 있고, 오늘 한국사회의 절망과 희망 사이에도 있습니다.

다른 삶에 대한 열망입니다. 나와 우리를 살리는 공동체에 대한 열망입니다. 하나가 되고픈 열망입니다. 설국열차 밖, 전혀 새로운 삶과 사회를 위한 열망입니다.

제가 활동하고 있는 〈한살림생협〉을 떠올려 봅니다. '한살림한다'는 것은 무엇보다 관계를 바꾸는 일입니다. 사고파는 관계에서 주고받는 관계로, 경쟁하는 관계에서 협력하는 관계로 말입니다. 서로가 서로를 필요로 하는 호혜적 관계입니다. 생산자는 소비자의 생명을 책임지고, 소비자는 생산자의 생계를 책임지는 관계입니다. 공동체의 기본 원리인 상호부조, 상부상조가 바로 그것입니다.

이제 우리는 '경제인간(homo economicus)'이 아니라, '호혜인간(homo reciprocans)이 됩니다. 천문학자이면서 불교전문가인 이시우 서울대 천문학과 명예교수는 "세계의 본질은 주고받기다."라고 말합니다. 인간 존재의 본성이 바로 '주고받기'라는 말입니다. '경쟁하는 인간'이 아니라 '협력하는 인간'입니다. 경쟁과 이기(利己)와 물질적 풍요 자체가 잘 못된 것이 아니라, 그것을 전부로 생각하는 것은 진실이 아니라는 것 입니다. 그것들은 삶의 일부일 뿐입니다. 아무리 커도 절반 정도에 불과하다는 것입니다.

나비의 열망입니다. 생활의 필요도 중요하지만, 나비의 꿈도 포기 할 수 없습니다. '열망의 실현'이란 이를 두고 하는 말입니다. 지구촌 인류는 이제 사춘기를 지나 청년의 나이가 되었다고 합니다. 몸은 충 분히 성장했으나 아직 정신적으로나 사회적으로는 성숙하지 못했다 는 말입니다. 사춘기가 지난 청년에게 탐식은 비만과 질병을 낳을 뿐 입니다. 지구촌이나 한국사회나 '애벌레의 삶'에서 '나비의 삶'으로의 전환이 필요한 때입니다. 성장에서 성숙으로, 애벌레의 경제에서 '나 비경제'로, 물질적 풍요에서 정신적 · 사회적 풍요로의 전환 말입니 다. 그야말로 전환이 희망입니다.

이제 우리의 삶은 필요의 충족의 단계를 넘어서, 열망의 실현으로 심화되고 확장됩니다. 주고받기의 내면에 있는 사랑의 마음이 드러 납니다. 이웃과, 자연과, 그리고 잠자고 있는 참나와 하나가 되고자 하는 '하나됨(oneness)'에 대한 근원적 열망이 '지금 여기'에서 실현됩니 다.

모든 애벌레는 나비가 될 수 있다

"어떻게 하면 나비가 되죠?"

"날기를 간절히 원해야 해. 하나의 애벌레로 사는 것을 기꺼이 포기할 만큼 간절하게."

"죽어야 한다는 뜻인가요?"

"그렇기도 하고, 아니기도 하지. 겉모습은 죽은 듯이 보여도 참모습은 여전히 살아 있단다. 삶의 모습은 바뀌지만, 목숨이 없어지는 것은 아니야. 나비가 되어 보지도 못하고 죽는 애벌레들과는 다르단다."

고치의 단계가 중요합니다. 지금의 습관적인 삶에서 벗어나는 결단이 필요합니다. 깨어나야 합니다. 각비(覺非), 정녕 아니라는 깨달음이 오면, 당장 떠나야 합니다. 엑소더스(exodus), 탈출입니다.

단절이 필요합니다. 가끔은 절대 고독도 큰 공부가 됩니다. 해변의 파도는 연속적이지 않습니다. 새 물결은 불연속적입니다. 고치의 시간을 꼭 거쳐야 합니다. 새로운 세계를 접하며, 새로운 사람을 만나며, 새로운 공동체에 참여하며, 창조적 단절과 재진화의 절대시간이 필요합니다. 새로운 관계, 새로운 라이프스타일, 새로운 활동 방식, 새로운 노동양식 등을 통해 '새로운 인간'이 생성됩니다.

일단 고치 속에 들어가면 다시는 애벌레로 돌아갈 수가 없습니다.

고치 안에서 환골탈태의 대변화가 일어나는 동안, 고치 밖에서는 아무 일도 없는 것처럼 보일지 모르지만, 그 속에서 나비는 이미 생성되고 있습니다.

어려운 일이기는 하지만 두려워할 필요는 없습니다. 새로운 탄생은 신비 그 자체입니다. 아기가 세상 밖으로 나오기를 기다리는 가족들처럼, 인류와 지구촌은 새로운 사람과 새로운 공동체를 고대하고 있습니다. 설국열차의 바깥에는 신인류가 살고 있을지도 모릅니다. 설국열차의 문이 열리고 사람들이 내리기를 기다리고 있는지도 모릅니다. 나비의 탄생을 축하하기 위해 새로운 공동체의 가족들이 박수칠 준비를 하고 있습니다.

"너는 아름다운 나비가 될 수 있어.
우리는 모두 너를 기다리고 있을 거야!"

꽃들에게 희망을…

스스로를 치유하는 사람만이 세상을 치유할 수 있습니다. 스스로 변화한 사람만이 세상을 변화시킬 수 있습니다. 자조(自助)를 잘하는 사람이 상조(相助)를 잘할 수 있습니다. 그렇습니다. "내가 바뀌면 우리가 바뀌고, 우리가 바뀌면 세상이 바뀝니다."

『꽃들에게 희망을』은 꽃에 관한 이야기가 아니라 애벌레에 관한 이야기입니다. 그런데 왜 제목은 '꽃들에게 희망을'일까요? 꽃들에게 무슨 희망을 준단 말인가요? 조금만 생각하면 알 수 있습니다. 꽃가루를 옮겨주어 꽃이 피도록 만든다는 것입니다. 꽃동산을 만든다는 것입니다. 이를테면 화엄세계입니다. 물론 그 과정에서 꿀을 얻기도 합니다. 불교식으로 말하면, 자리이타(自利利他)이면서 동시에 이타자리(利他自利)입니다. 나의 이익이 모두의 이익이 되고 모두의 이익이 나의 이익이 된다는 말입니다. 다시 말해 나비가 된 애벌레는 이제 사회적 역할을 하게 되었습니다. 나만 잘 먹고 몸집을 키우는 게 아니라, 이 세상을 위해 꼭 필요한 존재가 된 것입니다. 누군가에게 희망을 주는 존재가 된 것입니다.

　나비가 되어야 새로운 세상을 열 수 있습니다.

　꽃들에게 희망을, 세상에 희망을….

숨과 틈, 그리고 공모
-자유시장의 제국에서 살아남기

서울에서 생활하는 주중 4일, 도대체 숨을 쉴 수가 없습니다. 체질이 맞지 않기 때문일까요? 비록 농사를 짓지는 않지만 시골에서 나고 자라 전근대적인 농촌공동체의 정서가 남아 있어서일까요?

주말에만 제대로 숨을 쉽니다. 주중 서울에서 겨우 숨을 깔딱거리다가 주말 아침 거실에 앉아 창문을 열고 병풍처럼 펼쳐진 내장산 자락을 바라보며 비로소 숨을 크게 내쉽니다. 그렇다고 고즈넉한 농촌 마을 안에 앉아 있는 그럴듯한 흙집은 아닙니다. 조그만 아파트 4층입니다. 하지만, 베란다 바로 아래엔 여전히 푸르게 무성한 복분자밭이 있고, 그 너머엔 누렇게 영글어 가는 벼이삭이 넘실거립니다(실은 멀리 골프연습장 철골 기둥이 시야를 거스릅니다만, 그래도.).

지금보다 훨씬 젊은 시절 수년간 서울에서 산 적이 있음에도, 그리고 다시 서울에서 일을 시작한 지 1년이 지났음에도 갈수록 적응이 안 됩니다. 콘크리트 숲속 매캐한 공기를 마시는 것도 싫고, 지하철이나 버스 안에서 사람들 어깨 부딪치는 것도 몹시 불편하지만, 무엇보다 온몸의 감각을 마비시키는 듯한 소음은 정말 견디기 힘듭니다. 길거리와 지하철 안은 물론이려니와 생맥줏집이나 서대문 사무실, 심지어 성수동 잠자리에서까지 온갖 소음이 사람의 혼을 뺍니다.

물론 서울 한복판에서도 깨끗한 공기 속에서 숨 잘 쉬며 고요하게 지내는 사람들도 있을 것입니다. 완벽한 방음창에 사시사철 공기청정기와 냉난방기가 돌아가면 문을 열어 둘 필요가 없을 테니까요. 가보진 못했지만 아마도 무슨 캐슬이나 무슨 팰리스는 꼭 그럴 것 같습니다. 세계 11대 경제강국의 특급 호텔, 그들만의 제국입니다.

자유시장의 제국

사실 FTA(Free Trade Agreement)는 이미 우리 안에 있습니다. 자유를 명분으로 '적대적으로' 합병된 지구제국(자본주의)의 논리는 벌써부터 생활 속 깊숙이 스며들었습니다. 스타벅스나 아웃백스테이크 같은 초국적 식음료 프랜차이즈에서의 품격 있는 대화와 가족 만찬은 단지 에피소드에 불과합니다. 저널리즘이 '미드'라고 이름 붙인 식민지 본국의 문화와 정신은 이미 일상입니다('미국 드라마'라도 '미드'라도 하면 왜 이렇게 있어 보이는지.). 시골에서도 주말이면 공중파 텔레비전이 쏘아대는 '위기의 주부들'과 '그레이 아나토미'를 선택의 여지없이 지켜보아야 합니다. 인터넷에 접속하면 영국 프로축구단의 경기 결과가 동네 어르신의 부고(訃告)보다 빨리 톱뉴스로 전달됩니다.

프런트에서 왼쪽으로 이십 미터를 가면 스타벅스

오른쪽으로 다시 백오십 미터를 가면 맥도널드다

아침을 먹고 다시 돌아와 메일을 연다

돈에서 건강, 여행에서 포르노까지 스팸, 스팸, 스팸

언제나 접속되어 있는 e-인간들

(후략)

-이문재, 「제국호텔―서부전선 이상없다」, 『제국호텔』

감수성 예민한 시인의 한숨과 자괴감이 당연해 보입니다. '제국호텔'은 그의 옛 일터(아마도 시사저널)가 있는 제국의 한반도 권역의 수도 서대문 부근에 존재하는 모양이지만, '미드 인간'과 'e-인간'에 미치는 제국의 지배력은 전라도 정읍과 같은 한적한 시골에서도 마찬가지입니다. 햄버거나 한정식 밥상이나 별반 다르지 않습니다.

그렇습니다. 실제로 마음보다 치명적인 것은 몸, 즉 정체 모를 '제국(諸國)의 밥상'의 자유(시장)주의입니다. 조상을 모시기 위해 차려진 제사상과 아이들과 마주앉은 아침저녁 밥상까지 고스란히 다국적입니다. 서민들에겐 명절 때만 상에 오르는 기름진 소갈비는 접어 두고서라도 고사리 같은 나물들과 참깨 같은 양념류를 비롯해, 전라도 사람들이 좋아하는 홍어, 주전부리로 인기 만점인 호두는 물론 간식으로 애용되는 바나나 등 언젠가부터 먹거리는 온통 다국적입니다. 미국, 칠레, 필리핀, 중국 등등. 더욱이 김밥○○과 같은 전국적인 분식

체인점에서는 흔히 수입산 쌀을 쓴다니 더 말할 나위가 없습니다.

이렇듯 우리는 끼니때마다 수천 · 수만 킬로미터를 이동해 온 식품들의 박람회를 목격하고 있습니다. 그 이동해 온 거리만큼(food mileage) 화석연료를 불태우고, 탄산가스를 배출하며, 지구 생태계를 아프게 만들고 있다는 것도 모른 채. 하루에도 세 번씩이나 마주하는 다국적 밥상은 지구적 소통과 관계망의 살아 있는 증거이기도 하지만, 지구 자본주의 제국의 촉수가 몸속에까지 들어와 '소비와 욕망의 자유'를 충동질하는 명백한 물증이기도 합니다.

제국의 모범생, 난민의 시대

새로운 잡지 〈숨〉의 편집자님이 FTA를 주제로 주고, 친절하게도 관련 자료까지 이메일로 보내주셨지만, 글쓴이의 마음은 FTA에서 떠났습니다. 아니 쳐다보고 싶지가 않습니다. 무력감이 들 뿐입니다. 한반도 남쪽이 자유시장의 지구제국에 편입된 지 벌써 오래라는 생각이 엄습해 마음에서 떠날 줄을 모르기 때문입니다. 정말 패배주의인지도 모르겠습니다.

하지만 충분히 그렇게 생각할 수 있지 않을까요? 한미 FTA는 시작에 불과할 뿐 수많은 FTA들이 득달같이 몰려들고 있습니다. 한-EU, 한-중, 한-인도 FTA에다가 '대한민국'과 '조선인민민주주의공화국' 사이의 FTA까지.

올해 안에 한-EU FTA가 타결될 수도 있다는 소식이 들립니다.* 한국의 양돈업자들이 한-EU FTA협상이 진행되는 브뤼셀에서 시위를 벌이는 화면이 텔레비전에 나오는 뒤끝, 한국 정부가 공산품에 대해서는 7년 이내에 관세를 철폐하고 농산물에 대해서도 협상 대상에 돼지고기를 넣는 등 '성의 있는' 협상안을 제시할 것이라는 소식이 전해집니다. 답답할 뿐입니다. 만약 한국과 유럽 사이에 FTA가 체결되고, 나아가 중국과의 FTA 체결이 순조롭게(?) 이어질 경우, 한-미 FTA는 비할 바가 아닙니다. 값싼 공산품과 농산물이 더욱 값싸게 더 빠르게 한국 땅에 들어오면 "한미 FTA 저지해 광우병소와 한국농업 붕괴를 막자."는 절규는 허망한 얘기가 되어 버릴 수밖에 없을 것 같습니다.

이미 FTA가 실행되어 하나의 상품-서비스 시장이 된 중국과 동남아시아(ASIAN) 나라들과 북미자유무역협정(NAFTA) 체제 속 멕시코의 민초들은 갈 곳이 없습니다. 국적의 문제가 아닙니다. 중국 농민과 필리핀 농민들이 농산물 경쟁력(비교우위)에 따라 서로가 서로의 목줄을 누르는 결과를 낳고 있습니다. 농민들만의 문제도 아닙니다. 자영업자건 중소기업이건 경쟁력 없는 약소자(弱少者) 종족은 모두 도태되어야 합니다. 누군가 20세기의 또 하나의 종족은 '난민'이라고 했는데, 오늘 우리는 자본주의 시장경제의 경쟁에서 도태되는 21세기의 난민

---

* 이 글은 2010년에 쓴 것이며, 한-EU FTA는 2010년 10월에 체결되었습니다.

이 양산되고 있는 현실을 목격하고 있습니다.[*]

요컨대 미국이 지구 제국의 심장·패권자이기 때문에 미국에 대해서는 더욱 치열하게 저항해야 한다면 모를까, 문제는 이미 '신자유주의적 시장경제의 세계화' 그 자체에 있는 듯합니다. 수많은 FTA들은 그것을 실행하는 도구일 뿐입니다.

많은 사람들이 지적하듯, 한국의 신자유주의는 이미 1997년 이른바 IMF가 폭발되기 전 김영삼 정부의 세계화 정책에서부터 시작된 것 같습니다. 한국의 속도 전쟁은 정말 놀랍습니다. 군사독재에 의해 국민경제의 꼴이 나름대로 갖추어지자마자 곧장 신자유주의로 넘어갑니다. 그것은 사실 필연이었습니다. 미국-일본의 하위구조에 편제된 한국 자본주의의 위계와 그에 따른 수출주도형 경제구조 등. 그리고 IMF 시절, 민영화라는 이름의 자유시장화가 곧 개혁이 되었습니다. 이른바 '철밥통' 깨기를 개혁이라며 박수를 보내면서도 그것이 양날의 칼이 되어 우리의 몸과 마음을 할퀼지는 잘 몰랐습니다.

그렇습니다. 우리는 이미 제국의 일부가 되었습니다. 그것도 자본주의 지구 제국에서 최고로 '범생이과'에 속합니다. 혹자는 한국 사회가 저개발국의 절대 모범이라고 상찬을 보내기도 합니다. 자칫 삐끗

---

[*] 지구적으로 볼 때, 앞으로 정말 문제가 될 것은 지구적 환경 재앙으로 인한 '환경' 난민입니다. 남태평양 투발로섬의 주민들의 예가 극적으로 보여주듯 기후변화가 대량 생산하고 있는 '기후' 난민, 환경 난민은 21세기 자본주의 지구 제국이 만들어 낸 최대의 난민 사태입니다.

하면 나락에 떨어질 수도 있지만, 분명한 것은 지금 대한민국은 세계 10위권 진입을 눈앞에 두고 있는 경제 강국이라는 것입니다. 사실 근대화의 선구자들이 그리도 염원하던 '선진조국'의 목표를 달성한 셈입니다. 1년이면 인구의 1/4(1천만 명 이상)이 비행기를 타고 탄산가스를 품어대며 바다 건너로 여행을 떠나고, 3만 명의 초·중등학생들이 일찌감치 해외유학을 떠난답니다.

"만국의 비자본주의여 단결하라!"

어찌해야 할까요? 이 도저한 자본의 패권적 성취와 배제된 약소자의 이중적 현실, '만인의 만인에 대한 투쟁'을 어찌해야 할까요? 한 치열한 생태주의자 선생님은 '결국 우애와 환대의 공동체만이 근본적 대안'이라고 강조하십니다. 그러나 여전히 답답합니다. 잘 보이지 않습니다. 경제동물을 강요하는 무한 경쟁과 속도의 전장에서 '다른 삶'은 정말 가능할까요?

밥상에서 마음까지 모든 것을 장악하고 있는 것처럼 보이는 자본/기업의 강고한 지배력. 하지만 그 이면엔 '아니다'의 세계가 존재합니다. 조금만 주의 깊게 보면 그렇습니다. 자본주의의 약탈적 팽창은 '비(非)'자본주의의 세계가 존재했기에 가능했습니다. 근래 20여 년 동안 지구 자본주의를 이끌었던 동력은 지금껏 시장경제의 광대한 변방이었던 중국과 인도가 개발의 나팔을 불며 진군하는 데서 만들어졌습니다. 국내에서도 마찬가지입니다. 농촌과 농업이라는 개발의 처녀지를 희생시키고, '재생산 노동'이라고 불리기도 하는 비화폐적 돌봄노동을 딛고 한국 자본주의는 성장의 토대를 닦을 수 있었습니다.

그러나 제국의 식민지인 아프리카와 남아메리카 등은 여전히 저개발의 땅, 비자본주의의 세계로 남아 있습니다(일부러 남겨 두고 있는지도 모릅니다). 혹 자본이 욕심을 조금만 줄여 비자본주의의 세계에 대한 약탈을 자제한다면 지구생태계의 절멸이라는 파멸적 재앙을 늦출 수 있을 뿐만 아니라, 자본주의도 좀 더 오래갈 수 있을 것입니다. 하지만, 안타깝게도 자본의 제국은 욕망의 확대재생산을 통해서만 유지되는 모양입니다. 어쩌면 투발로섬처럼 지구호는 통째로 바다 속에 가라앉을 운명인지도 모릅니다(다행인지 불행인지 한국 자본주의는 절반의 비자본주의, 즉 북녘이 존재하므로, 그 생명력을 좀 더 길게 유지할지도 모릅니다).

더욱이 생명세계 전체의 관점에서 보면 자본의 지배는 빙산의 일각일 뿐입니다. 전근대적 공동체의 흔적을 말하는 게 아닙니다. 새로운 차원으로 꿈틀거리는 비자본주의적 삶에 대한 희구와, 더불어 그것을 낳은 생명세계의 살아 있음에 주목하려는 것입니다. 경제(eco-nomy)의 어미인 생태계(eco-logy)와 영성문화적 세계는 근원적으로 자본과 상품으로 환원될 수 없습니다.

돌이켜보면 70~80년대 민중들의 투쟁도 자본에 대한 저항이 아니라 '산업화에 대한 저항'이었을지도 모릅니다. 지독한 가난 속에서 쫓

겨오듯 도시로 왔지만 아련한 농촌공동체의 기억이 남아 있던 민초들, 노동 현장에서의 배고픔과 비인간적 대우에 대한 분노는 투쟁의 동력이 되었을 것입니다. 이 점을 전근대적 한계라고 말할 수도 있겠지만, 거꾸로 오늘날 노동운동이 체제내화되었다고 지적할 수도 있습니다. 삶 그 자체와 공동체를 위한 조건 없는 투쟁이 아니라, 더 많은 돈과 부의 확대를 위한 투쟁으로 전락했는지도 모릅니다.

옛 슬로건이 생각납니다. '만국의 노동자여 단결하라.' 대신, '지구의 비자본주의여 연대하라.'는 어떨까요? 열쇠는 비자본주의에 있습니다. 우선 우리 안의 비자본주의를 지키고 살려야 합니다. 공동체, 호혜적 관계, 돈 떼먹지 않는 계(契), NGO(비정부단체)와 NPO(비영리단체), 돌봄 노동과 공동체 경제의 확대…. 이는 전(前)자본주의와 후(後)자본주의의 연대이기도 합니다.

그리고 나아가 자본과 국가의 논리를 동시에 넘어서는 제3의 자율적 삶의 시스템(체제)을 만들어 내야 합니다. 대한민국의 가장 큰 문제 중 하나라고 하는 교육을 예로 들어 봅니다. 사람들은 흔히 공교육과 사교육을 대비해 각기 처방을 제시하지만, 본질은 전혀 그렇지 않습니다. 사실은 공교육(public, 공동체)도 사교육(private, 가족)도 이미 사라지고 없습니다. 국가/국민(nation) 교육과 시장(market) 교육만이 조폭처럼 활보할 뿐입니다. 진보는 국가 교육에 편향되어 있으며, 우익은 시장 교육만이 경쟁력 강화의 해법이라고 강변합니다. 국가 교육과 시장 교육을 넘어 (지역)공동체 교육으로 새롭게 창조해 내야 합니다. 그런 관점에서 대안학교과 홈스쿨링 등의 대안교육을 살려내야 합니다. 복지도 마찬가지입니다. 국가 복지와 시장 복지를 넘어 공동체(혹은 지역) 복지로 가야 합니다.*

가을의 공모

결론을 말하면, 전환 혹은 중심 이동입니다. 세계관의 전환, 생활양식의 전환, (사회경제)체제의 전환 혹은 중심 이동, '경제'에서 '생명'으로의 중심 가치의 이동입니다.

문명의 전환을 이야기하는 서양사람들이 많습니다. 그런데 우리 근대사의 개벽사상은 '가을의 시대'라는 말을 전해줍니다. 여름에서 가을로. 우주사적으로 보면 그렇다는 것입니다. 저는 그것을 하나의 비유로 여깁니다.

이를테면 이런 생각입니다. 모든 생명엔 생장소멸(生長消滅)이 있는 법, 우리 시대는 확대 성장의 임계점을 넘어선 시기입니다. 가을이 되면 나무들은 여름내 무성했던 잎들을 하나둘 떨구고 몸을 가볍게 합니다. 열매를 맺어야 할 시기이기 때문입니다. 그저 무성하기 위하여 탐욕스럽게 영양분을 흡수하고 가지를 뻗으면 열매를 맺을 수가 없

---

* 물론 시장도 국가도 당장 없애자는 것은 아닙니다. 일찍이 김지하 시인이 '시장의 성화(聖化)'를 언급했거니와, 강팍한 (상품)시장조차도 공존해야 합니다. 문제는 시장 만능과 시장 독재. 국가도 마찬가지입니다.

습니다. 열매를 맺기도 전에 초가을 태풍이 와서 뿌리째 뽑힐지도 모릅니다.

가을은 줄임의 시대입니다. 느리게, 가을 햇살을 받으며 알갱이를 여물게 해야 합니다. 함석헌 선생님의 표현을 빌리자면, 씨 올 입니다. 올 은 얼입니다. 정신입니다. 그래서일까요? 어떤 이들은 다가올 미래를 영성의 시대라고 합니다.[*] 자연과의 소통 속에서 전일적 인간성을 실현하는 것. 생태적 삶에서 문화적 삶으로, '문화적인 것에서 신성한 것으로'(피에르 고디베르의 책 제목, 1993, 솔출판사)의 전환. 물론 당대의 일은 아닐 것입니다. 길게 보아 하나의 흐름을 말하는 것입니다.

앞서 언급했듯이, 경제활동은 생명활동의 한 부분입니다. 노동, 육아, 수행, 예술도 모두 생명활동입니다. 인간성의 실현을 위해서는 전일성(全一性)·통합성이 중요하지만, 더불어 중심 이동이 필요합니다. 그래야 희망을 찾을 수 있습니다. 소비와 욕망의 사다리에서 내려와 영성문화적인 삶, 생태적인 삶, 더불어 사는 삶으로 옮겨와야 합니다.

그리고, "행동하라!" 투기 안 하기, 시민단체 가입하기, 봉사활동 참여하기, 기아난민·환경난민·북녘동포 돕기, 생협 참여하기, 옆집 아이 돌봐주고 공부 도와주기, 자신의 근기에 맞는 수련하기, 지역으로 내려가기, 그리고 체제 전환 상상하기 등등.

---

[*] 자본과 기업에 철저히 복무하는, 『메가트렌드(Megatrends)』를 써서 유명해진 나이스빗 (John Naisbitt)이라는 사람조차도 그렇게 얘기하더군요.

『뉴에이지혁명』(매릴린 퍼그슨 저, 김용주 역, 정신세계사, 1994)이라는 책이 있습니다. 그런데 그 책의 원제목은 '물병자리의 공모(aquarian conspiracy)' 입니다. 서양의 점성술에 의하면 문명이 물고기자리에서 물병자리로 전환한다는 것입니다. 그런데 문명의 전환도 흥미롭지만, 글쓴이에게는 conspiracy가 의미심장하게 다가왔습니다. 보통 '공모'라고 번역되는데, 어원을 분석해 보면, con(=with)+spire(숨 쉬다), 즉 함께 숨쉰다는 의미입니다. 저는 그것을 '기(氣)가 통한다'라고 해석하고자 합니다. 『뉴에이지혁명』이라는 책 자체가 그런 내용들입니다. 지금은 전환의 시대, 지구 전체적으로 대안적 사고와 삶이 하나의 흐름으로 형성되고 있다는 것입니다. 서로 모르고 있지만, 보이지 않게 기가 통하고 있다는 말입니다.

믿습니다. 아무리 인터넷 포털사이트를 대자본이 장악하고 있다 하더라도 지구적 네트워크, 어떤 학자가 '글로벌 브레인'이라고 표현했던 새로운 기운의 공명과 공모가 이루어지고 있다고 말입니다. 때가 이르고, 우리의 노력이 본격화되면, 그 전환은 큰 강물을 이루어 체제를 변혁하게 될 것입니다.

반(半)백수로 다시 살기

　모두들 알다시피 한국의 노동시간은 살인적입니다. 2012년 기준으로 연 2천92시간 일을 한다고 합니다. 이러한 노동시간은 멕시코와 칠레 다음으로 길고, 1천317시간인 독일이나 1천334시간인 네덜란드에 비해 연간 700시간 이상 긴 노동시간입니다. 연간 근로일수로 환산하면 독일이나 네덜란드 근로자들보다 하루 3시간 이상 근무시간이 긴 것으로 분석됩니다. 요컨대 한국 사람들은 예나 지금이나 엄청난 노동의 부담 속에서 살고 있다는 말입니다. 안타까운 것은 이렇게 일을 하고도 행복하지 않다는 겁니다. 돈벌이에 만족하지도 못하고 '저녁이 있는 삶'과도 거리가 멉니다.

　그런데 여기 '하루 3시간 노동'을 예측한 유명 경제학자와 '주 21시간 노동'을 주장하는 경제연구소가 있어 우리의 상상력을 자극합니다.

케인스의 '하루 3시간 노동'

　경제 대공황에 빠진 미국을 구해 냈으며, 20세기 세계에서 가장 유명한 경제학자 중의 한 사람인 존 메이너드 케인스(John Maynard Keynes,

1883~1946)는 1928년 「우리 손자들의 경제적 가능성」이라는 짧은 에세이를 씁니다. 케인스는 이 글에서 그때로부터 100년 후인 2028년쯤이면 유럽과 미국에서의 삶의 질은 매우 높아져서 돈 버는 일에 대해 걱정하지 않아도 될 것이라고 예측합니다. 노동해방을 열망한 마르크스의 꿈이 실현된 사회가 되는 셈입니다. '우리 손자뻘 되는 사람들은 하루에 3시간만 일해도 충분할 것'이라고 노동시간까지 꼭 집어 말했다고 합니다. 때문에 케인스가 진심으로 걱정한 것은 '그 많은 여가시간을 어떻게 할 것인가'였습니다.

케인스의 예견은 절반은 맞고 절반은 틀렸습니다. 케인스의 시대 이후 미국의 실질 국내총생산(GDP)은 16배, 1인당 GDP는 6배가 증가했다고 합니다. 세계경제도 엄청난 경제성장을 이루었습니다. 그러나 노동시간 단축은 전혀 아닙니다. 한국의 경우엔 앞서 통계로 드러난 것처럼 더욱 끔찍합니다. 3시간 노동은커녕 맞벌이 노동에 주말 노동까지, 도대체 여가를 기약할 수가 없습니다. 아직도 많은 사람들에게 여유 있는 '주말'과 '저녁'은 꿈입니다.

그렇다면 왜 케인스의 예측은 빗나갔을까요? 왜 자본주의는 인류를 구원하지 못했을까요? 전 세계의 경제적 부는 거의 케인스의 예측대로 커졌는데, 왜 노동시간은 줄지 않고 사람들은 행복하지 못할까요? 왜 부자들은 더 많은 돈을 벌기 위해 분초를 아껴 쓰는데, 가난한 사람들은 더욱 가난해져서 저녁과 주말에도 일해야 겨우 먹고 살게 되었을까요?

사회적 불평등 때문일 수도 있고, 개인의 욕망이 커졌기 때문일 수도 있고, 인간의 본성 자체가 노동을 좋아하기 때문이라는 말도 틀리지 않을 것입니다. 하지만 뭔가 다른 게 있을 것 같습니다. 유럽의 노동 패턴과 라이프 스타일에서 시사점을 얻을 수 있습니다. 1970년대에는 영국이나 프랑스, 독일 사람 모두 미국 사람들만큼 많은 시간을 일했습니다. 그러나 최근 유럽에서는 여가를 위해 소득을 포기하기 시작했다고 합니다. 2012년 기준으로 미국 사람들은 평균적으로 프랑스 사람에 비해서는 311시간을 더 일하고, 독일 사람보다는 393시간 더 일하는 것으로 나타났습니다. 미국 사람들은 앞으로도 더 많이 일하고 더 많이 벌고 더 많이 소비하는 데 집중할 것으로 보입니다만, 유럽 사람들은 소득이 줄더라도 노동시간을 줄이면서 여가를 늘려가는 경향을 보일 것이라고 미국의 경제학자 스티글리츠(Joseph Eugene Stiglitz, 1943~)는 예측합니다. 미국 사람과 유럽 사람들의 차이는 무엇일까요? 왜 누구는 더 많은 일과 돈과 소비를 택하고, 누구는 더 많은 여가 시간을 택할까요? 조금 딱딱하게 말하면, 세계관과 가치관의 차이 때문 아닐까요?

"21세기에는 주 21시간 노동을!"

주 21시간 노동. 영국의 대안적 경제연구소 '신경제재단(new economy foundation)'은 조금 다른 맥락에서 노동시간 이야기를 합니다. 행복하

지 못한 삶과 기후변화와 지구적 불평등과 경제 위기에 대한 유럽의 대안적 경제연구소의 대안은 노동시간 단축입니다. 속된 말로 지구촌의 복합 위기를 '한 방'에 해결하는 비결인 셈입니다. 여기서 '노동'은 물론 기업이나 정부 조직에 고용되어 돈 받고 일하는 임금노동(paid work) 혹은 고용노동을 말합니다. 그렇다면 노동시간 단축으로 어떻게 당면한 위기를 한 방에 해결한다는 말일까요? 어떻게 사람들을 행복하게 할 수 있을까요? 신경제재단의 답은 대강 이렇습니다.

> 주 21시간 노동은 초과 노동시간, 과소비, 실업, 탄소 배출, 삶의 질 저하, 불평등의 고착과 같은 절박하고도 서로 연결된 여러 가지 문제들의 해결을 위한 열쇠가 된다. 오히려 삶을 즐기고, 서로를 돌보고, 지속 가능한 삶을 위해 더 많은 시간을 쓸 수 있게 해 준다.

다시 정리해 보면 이렇습니다.

첫째, 과도한 생산 활동으로 인한 에너지와 자원의 사용을 줄여 탄소 배출을 감소시킵니다(더불어 임금소득의 감소는 자연스럽게 소비의 감소로 이어집니다). 둘째, 일자리 나눔을 통해 구조적인 고용 위기를 해소하고 작은 일자리들을 확대하여 여성, 노인 등 노동 약자들의 노동 기회가 늘어나게 합니다. 셋째, 자율적인 생활노동(살림노동)과 충분한 여가를 통해 삶의 질을 높입니다.

더욱이 이러한 과정은 자본주의적 생활양식과 자본주의적 사회경제 시스템을 바꾸는, 문명 전환의 전략적 연결고리가 될 수도 있습니다. 물론 아직은 먼 훗날의 이야기처럼 보이기는 하지만 말입니다.

이를테면 '반(半)백수의 경제학'이라고 할 만합니다. 주당 40시간을 넘는 돈벌이 노동시간을 절반으로 싹둑 자르는 것입니다. 부분 취업 자체를 현실로 받아들이는 것이기도 합니다. 종일제 정규직 노동 시스템을 전제로 한, 비정규직 철폐에 대한 다른 대안이라고 말할 수도 있습니다.

'위험사회'로 유명한 독일의 사회학자 울리히 벡(Ulrich Beck, 1944~2015)은 『아름답고 새로운 노동세계』(홍윤기 역, 생각의나무, 1999)라는 책에서 임금노동의 단축과 새로운 노동의 가능성과 의미를 펼쳐 보인 바 있습니다. 간단히 말해 완전고용 사회를 포기하고 부분 취업을 제도화하면서 동시에 사회적 일자리, 혹은 '시민노동'으로 불안정 노동문제도 해결하고, 동시에 삶의 질을 높이자는 것입니다. 한국에는 『유로피언 드림』(이원기 역, 민음사, 2005)으로 널리 알려진 제레미 리프킨(Jeremy Rifkin, 1945~)이 쓴 『노동의 종말』(이영호 역, 민음사, 2005)의 해법도 결국 생활노동과 시민노동이 주가 되는 '제3 부문' 혹은 '사회적 경제'입니다.

물론 21시간의 임금노동(돈벌이노동)만으로 생활을 꾸려 가기는 어렵습니다. 다른 방식으로 뭔가 더 일을 해야 합니다. 생활노동과 시민노동(혹은 공동체노동)이 그것입니다. 텃밭을 가꾸고 음식을 만들고 빨래를 하며, 매일 혹은 매주 부모님을 문안하고 아이들을 돌봅니다. 대형마트의 식료품 코너와 세탁소와 요양원과 학원으로부터의 해방이라고 볼 수도 있습니다. 노동력을 팔아 구매했던 '생활의 필요(needs)'를 직접 자기 손으로, 자립적으로 해결하는 것입니다. 더불어 돌봄 서비스, 생태계 보호, 교통안전 캠페인 등 '공동체적 필요'를, 시민들 스스로가 주체가 되는 시민노동을 통해 협동적으로 풀어냅니다.

노동시간 단축은 '시간 주권'의 회복이기도 합니다. 노동력을 상품으로 팔아 얻는 화폐소득은 줄어들지만 대신 임금노동에서 해방되어 더 많은 자유시간을 얻게 되는 것입니다. 한마디로 돈 대신 시간을 취하는 것입니다. 정말 반절은 돈벌이 노동을 하고 반절은 자기가 하고 싶은 일을 하는 반(半)백수가 되는 것입니다. 백수(白手), 즉 '빈손'이라는 말 뜻 그대로, 가진 것은 별로 없지만 시간은 엄청 많은, 무궁무진한 창조의 여백을 만들어 내자는 것입니다. '자유의 왕국'으로 들어가는 길은 바로 노동시간 단축에서 시작되는 것입니다.

신경제재단의 21시간 노동은 케인스의 하루 3시간 노동의 문제의식과 비슷한 것 같으면서도 다릅니다. 노동시간 단축은 자본주의의 과실이면서, 동시에 선택과 결단, 그리고 전략의 문제가 됩니다.

'비정규직' 문제를 어떻게 볼 것인가?

노동시간 단축은 그냥 스쳐 지나가는 아이디어가 아닙니다. 노동 사회, 자본 사회를 넘어서고자 하는 많은 연구자, 운동가들이 제안하는 전환의 핵심 전략입니다. 이를테면, '생명활동으로서의 노동'에 대한 성찰이기도 하고 전일적 생명, 즉 생활·생태·생령(生靈)의 관점으로 본 '자본주의 노동의 재구성'이기도 합니다. '돈의 길(money based path)' 대 '삶의 길(life based path)'의 구도에 대응시켜 보면, '임금노동'에 대한 '생활노동'의 대안이라고 말할 수도 있습니다. 정확히 말하면 임금노동과 생활노동의 '역동적 균형'이라고 해야겠지만 말입니다.

이는 우리 시대 최대의 사회문제 중 하나인 비정규직 문제에 대한 생명 담론의 대답이기도 합니다. 비정규직 철폐와 정규직으로의 전환이 비정규직 문제의 진정한 답일까요? 가능한 일일까요? 물론 1960, 70년대 서유럽의 황금시대에 '완전고용의 전설'이 있었습니다. 그러나 지금은 아닙니다. 단지 신자유주의 탓만은 아닙니다. 산업자본주의 이후 이윤 창출 구조가 바뀌고, 노동 형태 자체가 달라지고 있는 현실을 인정해야 하지 않을까요? 제조업의 시대로 돌아가는 것은 불가능하거니와 복지국가와 완전고용의 시대로 돌아갈 수도 없다는 것을 인정해야 하지 않을까요? 그리고 반드시 기억해야 할 이야기가 있습니다. '노동해방'이 그것입니다. 자본주의 사회의 임금노동, 고용노동, 소외된 노동으로부터의 해방이 진보의 꿈이 아니었던가요?

물론 전제가 필요합니다. 임금노동과 생활노동과 시민노동이 균형을 이루는 새로운 노동 시스템이 가능하기 위해서는 정규직과 비정규직 사이에 차별 없는 '동일노동 동일임금' 원칙이 도입되어야 합니다. 근본적으로는 임금노동을 하지 않아도 사회(공동체)가 시민(혹은 민중)의 생존과 생활을 보장하는 '기본소득제'와 진정한 '사회적 안전망'

이 선행되어야 합니다.[*]

요컨대 거시적인 노동문제에 대해서도 다른 접근이 필요하다는 것입니다. 산업사회의 노동양식, 자본주의 노동양식에 대한 근본적인 질문이 절실한 때라는 말입니다. '비정규직' 이슈는 생존의 문제이기도 하지만, 새로운 생활양식과 노동 양식의 문제이기도 합니다.

지금 여기서 '삶의 전환'

생활협동운동은 일찍부터 '노동의 대안' 혹은 새로운 노동 양식을 탐색해 왔습니다. 〈두레생협연합회〉가 '지역생명운동'의 전략 찾기의 일환으로 '두레노동'을 열쇠말로 새로운 노동의 의미와 주체·가치 등을 정리한 바 있으며, 〈한살림〉도 임금노동과 살림노동의 관계를 중심으로 생활협동조합에서의 노동의 의미에 대해 토론한 바 있습니다. 하지만 그것을 사회적 대안으로 만들기 위해서는 더 심도 있는 토론과 이론적 정립, 그리고 무엇보다 파격적인 실험이 필요합니다.

순전히 이론적으로만 말하면, 임금노동을 절반으로 줄이는 것은 화폐소득을 절반으로 줄이는 것이고, 이는 곧 자본주의 돈벌이 경제를 절반으로 줄이는 것이며, 선물경제 혹은 호혜경제를 만들어 가

---

[*] 기본소득과 보편적 복지 혹은 사회적 안전망의 주체가 누구인가에 대해서는 토론이 필요합니다. 노동자, 기업, 협동조합, 종교계 등 사이에 사회계약이 이루어지더라도 국가에 재분배 권력이 집중되는 문제에 대해서는 많은 고민이 필요할 것 같습니다.

는 것입니다. 나눔을 통해 생태적으로나 사회적으로 '성장 없는 번영 (prosperity without growth)'*을 가능케 하려는 것입니다. 물론 당장 그 결과를 기대하기는 어렵지만 말입니다. 다시 한 번 강조하거니와 노동시간 단축의 실천은 그만큼 사회적으로나 생태적으로나 대사건이 될 수 있다는 것입니다.

비영리단체들과 협동조합과 이러저러한 공동체에서부터 먼저 실험하고 연구해 볼 일입니다. 제도와 정책으로 국가에 요구하기 전에 직접 한번 해 보는 겁니다. 활동가들에게 기본소득을 보장하고, 협동조합 직원들의 임금노동 시간을 대폭 줄이고, 청년 백수들과 일자리를 나누고, '작은 일자리' 네트워크를 만들고, 〈청년유니온〉을 지원하고, 생산자(노동자) 협동조합 지원 센터를 만들고, 지역통화나 에코머니 혹은 현물 등 비화폐적 보상 체계를 만들고, 생활노동(살림노동) 지원 센터를 만들고, 매주 하루 농사 짓는 날을 정하고, 소생산자들을 위해 무이자 은행을 만들고….

노동시간 단축은 삶의 전환의 출발점이 될 수 있습니다. 사실 귀농귀촌과 마을공동체와 다양한 형태의 협동조합들은 그 자체로 임금노동으로부터의 탈주라 할 수 있습니다. 새로운 노동의 실험은 이미 진행 중입니다. 이제 필요한 것은 다른 선택의 사회화 혹은 삶의 전환의 사회화입니다.

---

* '성장 없는 번영'은 영국 지속가능발전위원회가 2009년 발행한 보고서의 제목입니다.

삶의 전환이란 노동시간 단축이 보여주듯 곧 다운시프트(downshift, 축소 전환 혹은 축소 이행)입니다. 삼소(三少) 혹은 3S. 적게 일하고 적게 벌고 적게 씁니다. 느리게(slow), 조그맣게(small), 유연하게(soft). 그리고 세 개의 S를 아우르는 단 하나의 S가 있습니다. Simple, 단순 소박하게 사는 것이 우리 시대 행복의 길입니다.

다운시프트는 새로운 풍요입니다. 돈은 적게, 삶은 풍요롭게. 삶의 전일성을 회복하는 것입니다. 영성·문화적인 삶과 생태적인 삶, 사회·공동체적 삶이 어우러지는 전일적인(holistic) 삶. 전환하는 사람들에겐 충분한 여가와 자연과의 교감, 사회적 관계와 자기실현이 바로 진정한 풍요입니다.

다시 애벌레 이야기입니다. 더 많은 먹이(소비)를 위해 더 많은 노동을 선택하는 애벌레가 될 것인가, 조금 먹고 조금 일하고, 자유의 왕국을 비상하는 나비가 될 것인가?

몸 생명에 관한 명상

몸의 위기

예사롭지 않습니다. 몸이 아픕니다. 노동자의 몸도 아프고 고등학생의 몸도 아프고 엄마의 몸도 아픕니다. 과잉 노동으로 아프고, 과잉 영양으로 아프고, 과잉 약물로 아픕니다.

삶이 고단합니다. 여성들은 출산을 기피하고, 수많은 청소년들이 스스로 목숨을 끊습니다. 그것은 차라리 존재의 위기에 대한 생명의 역설적 대응입니다. 인류와 지구 생명공동체의 지속 가능성에 대한 근본적인 불안과 공포 때문입니다.

무엇보다 몸 자체가 위태롭습니다. 대기가 오염되면서 호흡이 어려워지고, 농약과 착색제와 성장촉진제 따위의 화학물질을 통해 생산된 공장식 농작물과 축산물은 어린이들과 여성들을 위협하고 있습니다. 디지털 기술이 만들어 낸 자기장과 전자파에 의해 몸 안의 에너지장이 교란되고 있습니다. 이를테면 몸의 위기라 할 만합니다.

첫째, 우리 몸은 새로운 형태의 육체적·정신적 질병의 만연을 겪고 있습니다. 의학의 발전에도 불구하고, 면역력 감소와 면역체계 교란으로 인해 이른바 만성 성인병과 문명병 혹은 환경병에서 벗어나지 못하고 있습니다. 특히 광우병과 AI, 신종인플루엔자 등 괴질의 우려가 증폭되고 있습니다. 만연한 우울증과 과도한 집착과 분열증 같은 마음의 병 또한 몸의 위기를 반증합니다.

둘째, 현대 산업/자본주의 문명의 몸은 물질적 탐욕의 포로가 되었습니다. 탐식(貪食)과 과도한 소비 성향, 그리고 여러 가지 형태의 과시 욕구 등이 몸 안의 자연과 몸 안의 우주를 파괴하고 있습니다. 노동력과 외모와 인격을 포함해 몸의 모든 것이 경쟁력 있는 상품으로 무장되고 화폐로 환원됩니다. 자본주의는 육체적 영생의 욕망이 투사된 것인지도 모릅니다.

셋째, 가장 결정적인 몸의 위기는 몸과 마음, 정신과 물질을 이분법으로 갈라 놓는 '몸의 분열'이라고 할 수 있습니다. 육체의 영원성을 탐하고 있는지도 모릅니다. 물질적 탐욕과 영혼의 평화가 따로 놀고, 이제 몸의 신성(神性)은 사라지고 없습니다.

몸 생명학

'돈의 길(money based path)'인가 '삶·생명의 길(life based path)'인가? 불안사회, 성장의 종말, 문명의 위기를 관통하고 있는 언어는 돈 혹은 자본입니다. 이에 반해 새로운 문명의 가능성을 여는 열쇠말은 '삶' 혹은 '생명'입니다. 요컨대 패러다임의 전환입니다.

그 출발점은 생명 세계의 뿌리이며 열매이자 꽃이라 할 수 있는 몸에 대한 명상과 통찰입니다. 사람의 몸은 50조 개 이상의 세포로 구성되어 있으며, 박테리아와 바이러스와 곰팡이 같은 100조 개의 미생물과 공생을 하고 있다고 합니다. 몸 자체가 하나의 우주인 셈입니다. 각각 1천억 개의 별을 지닌 은하계가 1천억 개 이상(사실은 셀 수 없을 만큼) 존재한다는 우주와 다르지 않습니다.

모든 생명체는 '몸[體]'을 형성합니다. 세바스찬 승(한국명 승현준)이라는 신경과학자는 뇌를 설명하면서 이렇게 말한 바 있습니다. "나는 나의 연결 그 자체다(I am my connectome)." 이 말이 함축하고 있듯이 유기적인 몸(organic body)이 없는 생명체는 있을 수 없습니다. 몸에 관한 이야기는 당연히 생명 담론의 바탕이 됩니다.

1) 생태적인 몸

사람은 하루 2만5천 번의 호흡으로 대기권과 연결됩니다. 지구생명도 사람생명도 70%가 물입니다. 밥을 먹고 물을 마심으로써 우리는 이미 생태적입니다. 다만 물과 공기가 없다면 존재할 수 없다는 사실은 잊고 지낼 뿐입니다. 마치 물고기가 물속에 사는 것을 잊고 있는 것처럼 말입니다. 몸은 밥을 먹고 똥을 싸며 수많은 생명과의 먹고 먹히는 생태 순환의 한 고리가 됩니다. 동학의 2대 교주 해월(海月) 최시형(崔時亨, 1827~1898)은 이천식천(以天食天), 즉 한울이 한울을 먹는다고 말합니다. 나아가 생화학 작용을 책임지는 장기 외에 눈에 보이지 않는 경락계에서는 쉼 없이 지구 에너지 장과의 교통이 이루어지고 있다고 합니다.

지구는 확장된 몸이기도 합니다. 그런데 인간은 지난 수백 년 동안 지구라는 몸을 파헤치고 쓰레기를 투기하고 허파를 파괴해 왔습니다. 마치 제 몸을 무한정 혹사시키는 일중독 환자처럼 말입니다.

2) 우주적인 몸

한 사람의 몸에 있는 수소 원자들은 7년마다 완전히 새롭게 바뀐다. 나이가 들어갈 때의 우리는 사실상 우주만큼 나이가 많은 원자들의 강이다. 우리 몸의 탄소들은 별의 먼지에서 만들어졌다. 우리의 손, 눈, 심장에 있는 물질 집합은 수십억 년 전, 거의 시간이 시작될 무렵에 만들어졌다. 우리는 보기보다 훨씬 나이가 많다.

케빈 켈리(Kevin Kelly, 1952~)가 쓴 『기술의 충격』(2011)이라는 책에 나오는 이야기입니다. 사실 생태적인 몸은 이미 우주적인 몸입니다. 우리는 태양 에너지를 받아 생성된 식물이라는 생명체를 섭취함으로써 생명을 유지합니다. 인간은 최소한 태양계적 존재인 것입니다.

우리 몸 안에는 137억 년 우주 진화사가 응축되어 있습니다. 수소 원자와 탄소원자뿐만이 아니라 진화의 기억과 정보가 유전자를 비롯한 이러저러한 형태로 몸 안에 켜켜이 쌓여 있습니다. 우리 몸은 '생명의 그물(web of life)'이며 우주적 '월드와이드웹(www)'입니다. 또한 장자가 말했듯이 "사람은 천지우주와 온 생명과 함께 살고 있습니다[天地與我幷生 萬物與我爲一, 재물편]."

그리고 우주적인 몸은 모든 생명이 그러하듯 열과 에너지의 죽음이라는 엔트로피에 저항하는 네거티브 엔트로피의 몸이기도 합니다. 일찍이 슈뢰딩거(Erwin Schrodinger, 1887~1961)가 "생명은 정보를 먹고 엔트로피를 거스른다."고 말했듯이 생명으로서의 몸은 정보 혹은 정신의 조직화를 통해 네거티브 엔트로피를 이루어 낸다고 합니다. 물살을 거스르는 연어들처럼 마음의 진화를 통해 새로운 질서를 창조해 냅니다. 사실 진화란 거스르는 것, 역행하는 것이기도 합니다. 물질-생명-의식의 진화 과정에서 생명은 물질을 거스르고, 의식은 생명을 거스릅니다.

또한 우주적 몸은 '양자적 몸'이기도 합니다. 물론 사과가 떨어지는 지구 중력장 안에 살고 있는 '뉴턴적 몸'이기도 하지만 동시에 우리 몸 안 티끌보다 작은 미시세계에서 우주 저 멀리 양자 수준의 상호 주체적 교감과 공명이 이루어지는 양자적 몸입니다.

3) 사회적인 몸

"너는 네가 먹은 것이다(You are what you eat)."라는 말은 생태적일 뿐만 아니라 사회적 의미이기도 합니다. 밥 한 그릇은 햇빛과 바람과 물과 공기의 협동으로 만들어지지만, 또한 밥 한 그릇 안에는 농민의 땀과 트랙터라는 생산수단과 종자회사의 횡포가 녹아 들어가 있는 것이기도 합니다. 당연히 우리 몸 안에는 농촌 생태계와 도시문명이 함축되어 있고, 자본의 논리(상품으로써의 몸)가 스며들어 있습니다.

사회적인 몸은 공학적인 몸이기도 합니다. 디지털 기술과 생명공학은 인간의 촉각을 확장하고 몸의 존재 양태를 바꾸어 놓았습니다. 물론 아직 그 미래는 예단할 수 없습니다. 그러나 우리 몸은 이미 기계화하고 있습니다. 기계에 점령된 몸의 위기라고나 할까요? 반면에 이는 기회가 될 수도 있습니다. 유기적 기계, 즉 인공지능적 몸은 새로운 감각기관 혹은 생명기관이 될 수도 있을 것입니다. 디지털 시대의 몸, 사이보그적 몸도 진화하는 사회적 몸의 일부가 될 수 있습니다.

그러므로 '몸을 살린다'는 것은 건강해지는 일이기도 하지만, 사회와 문명을 살리고 또 바꾸는 일이기도 합니다. 유럽의 대안교육기관인 가이아 에듀케이션(www.gaia.org/gaia/education)은 이렇게 말합니다. "만약 내 몸이 사회적 몸의 일부라면, 내 몸을 치유하는 것이 곧 사회적 몸의 치유를 돕는 일이다." 내 몸과 사회적 몸은 둘이 아닌 것입니다. 몸을 살리는 일은 지구를 살리는 일입니다. 지구와의 관계를 치유하는 것이 몸을 치유하는 일입니다. 때문에 몸 살림, 즉 '건강한 삶'이란 일종의 생활양식의 문제라고 말할 수 있습니다. 어떤 생활양식을 선택할 것인가? 혹은 어떤 생활양식을 창조할 것인가?

4) 몸과 마음

> 물질 없는 정신은 존재할 수 없고, 정신 없는 물질은 존재하지만 접
> 근할 수 없다.
> 정신은 신체와, 신은 그 피조물과 분리될 수 없다.

생명과 마음의 과학을 탐구한 대사상가 그레고리 베이트슨(Gregory
Bateson, 1904~1990)의 말입니다.
『기술의 충격』의 저자 케빈 켈리는 최신 과학의 성과를 이렇게 소
개하기도 합니다.

> 과학자들은 한 가지 놀라운 깨달음에 이르렀다. 생명을 어떻게 정의
> 하든 간에 그것의 본질은 DNA, 조직, 살 같은 물질 형태 속에 있는
> 것이 아니라, 그 물질 형태에 담긴 만질 수 없는 에너지와 정보의 체
> 계 속에 있다는 것이다.

그렇습니다. 몸은 단순히 정신의 그릇이 아닙니다. 몸이 곧 마음입
니다. 인지과학자들의 말대로 '마음은 본유적으로 신체화'되어 있다
는 말입니다. 생태적 몸도 우주적인 몸도 사회적인 몸도 그 이면은 곧
마음인 것입니다. 그러나 불일불이(不一不二), 몸과 마음은 생명세계
의 모든 이치가 그러하듯이 하나도 아니고 둘도 아닙니다. 거꾸로 하

나이면서 동시에 둘입니다. 결국 생명체는, 따라서 정신을 내포한 몸 (Spiritual Body)이요 몸을 가진 정신(Embodied Spirit)인 것입니다. 동학에서 불연기연(不然其然)이라고 말하는, '아니다-그렇다'입니다. 아니기도 하고 그렇기도 하며, 그렇기도 하고 아니기도 합니다. 몸/마음의 생명학에 이분법과 이원론은 없습니다. 차라리는 그것은 '깊은 몸/마음의 음양론'이라고 말할 수 있습니다.

오히려 몸의 생명학은 마음의 생명학으로 패러다임의 전환이 이루어지고 있습니다. 정신문명 시대, 영성 시대의 비전으로 연결됩니다. 과학과 종교의 만남을 통해, 과학적 인식과 영성적 깨달음의 접목을 통해 새로운 시대를 열어 갑니다. 이때에 몸은 물질과 분리된 몸이 아니라, 혹은 마음을 담은 몸(mind in body)이 아니라, 마음의 드러남으로서의 몸(body in mind)입니다.

몸을 살린다는 것은

몸과 생명에 대한 이러한 인식은 이를테면 고체적(固體的) 생명관으로부터의 탈출입니다. 고체적 생명관은 내 몸과 너의 몸을 눈에 보이는 대로 분별(分別)합니다. 내 몸은 내 몸이고 너의 몸은 너의 몸입니다. 고체적 생명 이해에 따르면 내 생명만이 주체이고 다른 생명은 대상이 됩니다.

그러므로 사회적 몸ㆍ생태적 몸ㆍ우주적 몸을 통으로 보고, 몸과 마음을 하나로 본다는 것은 그 자체로 의식의 진화입니다. 하나의 큰 깨달음입니다. 너와 나를 나누어보는 고체적 생명관은 접촉하고 순환하는 액체적 생명관으로 진화하며, 숲이 우리에게 제공하는 산소를 호흡하는 기체적 생명관으로 더욱 넓어집니다.

그리고 양자적 생명관으로 차원 변화합니다. 몸과 마음은 파동이면서 입자이고, 물질/에너지이면서 정보/신호인 양자적 생명의 바다입니다. 나의 '양자마음'은 우주의 끝에 닿아 있고, 나의 '양자몸'은 137억년 전 빅뱅으로부터 비롯되었습니다.

요컨대 살아 있는 몸과 마음의 세계는 이러합니다. 다른 말로 표현된 생명세계의 삼법인(三法印), 혹은 '삼무(三無)'라고나 할까요. 양자적 생명관은 우리를 개체적 생명 인식, 고정 불변의 영원성에 대한 희구, 기계적 평등 의식으로부터 벗어나게 해 줍니다.

첫째, 관계.

홀로인 것은 없습니다. 모든 존재는 서로 연결되어 있습니다. 한마디로 생명의 그물입니다. 장자의 말대로 깨달은 사람은 에고(ego)가 없습니다[至人無己].

둘째, 변화.

영원한 것은 없습니다. 머물러 있는 것은 없습니다. 움직이지 않으면 죽음입니다. 몸 안의 세포의 1%는 매일매일 교체된다고 합니다. 오늘의 몸은 어제의 몸이 아닙니다. 이것이 진실입니다.

셋째, 차이.

똑같은 것은 없습니다. 차이가 있어야 에너지가 흐를 수 있습니다. 높은 곳에서 낮은 곳으로, 뜨거운 것에서 차가운 것으로. 차이가 있어 관계가 만들어집니다. 제각각 모두 달라야 생명입니다. '복잡화'라는 진화의 법칙은 곧 차이를 만드는 과정입니다. 화이부동(和而不同), 어우러지되 똑같을 수는 없습니다.

몸을 살린다는 것이 먹고사는 문제만이라면 그저 생존경쟁일 뿐입니다. 몸 살림이 질병 없는 상태라면 그저 생존 욕구일 뿐입니다.

그렇습니다. 몸을 살린다는 것은 생명세계의 일부로서 관계적인 몸을 깨닫고 또 그 관계를 더욱 풍요롭게 만드는 일입니다. 진정한 몸 살림이란 살기 위해서가 아니라 삶과 죽음의 경계를 넘어서는 것입니다. 생명세계는 조물주(造物主)에 의해 만들어진 것이 아니라 나와 우리가 함께 만들어 가는 상호주체적 그물망입니다. 어울려 서로를 살리는 공동체 만들기, 이것이 진정한 '몸생명학'입니다.

죽임의 문명에서 살림의 문명으로, 지속 가능한 지구 생명공동체와 창조적으로 자기실현하는 70억 인류, 아니 70억 지구 생명공동체의 몸을 꿈꾸어 봅니다. 인간과 더불어 동식물들마저도 제각각 몸/마음이 만개(滿開)하는 백화제방(百花齊放)의 우주 생명공동체를 염원합니다.

교황 프란치스코와 자본주의 넘기*

　교황 프란치스코가 '화제'입니다. 아니 '화두'입니다. 가톨릭 역사상 첫 남미 출신 교황이기도 하고, 미국의 시사주간지 〈타임(TIME)〉이 선정한 2013년 올해의 인물이기도 하지만, 그것 때문만이 아닙니다. 교황의 자본주의 비판 때문입니다. 교황 프란치스코는 "규제가 없는 자본주의는 새로운 독재다.", "경제 불평등은 살인자와 같다."며 자본주의의 폐해를 매섭게 질타합니다. 첫 해외 방문지 브라질에서 교황은 100만 인파를 향해 "불평등과 부정부패를 일상화하고 있는 야만적 자본주의와 가진 자의 횡포에 맞서 싸우라."고 호소합니다.

　교황 프란치스코의 어록은 최근 한국 신문에서도 단골 소재가 되었습니다. 『녹색평론』 김종철 발행인이 교황의 권고 「복음의 기쁨」을 주제로 칼럼을 쓰고, 〈한겨레신문〉에 소개된 '보이지 않는 현현'이란 제목의 기자 칼럼이 눈에 들어옵니다. 철도 파업 등 한국의 현실과 결부되어, "두려워할 필요가 없다."는 교황의 메시지가 실감나게 인

---

*　이 글은 모심과살림연구소에서 발행하는 반년간지 〈모심과살림〉 2013년 겨울호에 실렸다.

용되기도 했습니다.

　그렇다면 교황 프란치스코의 자본주의 비판의 숨은 뜻은 무엇일까? 물론 마르크시즘이나 사회주의와는 아무런 인연이 없습니다. '반(反)자본주의'나 '비(非)자본주의'라고 말하기도 어렵습니다. 미국의 석학 로버트 라이시(Robert Bernard Reich, 1946~)의 '슈퍼 자본주의론'과도 다릅니다. 자본주의에 대한 통렬한 비판은 똑같지만, 라이시는 시민의 눈으로 말하고 교황 프란치스코는 하느님의 마음으로 봅니다. 2차 바티칸 공의회의 표현을 빌리자면, 그것은 '인간 안에 심어진 신적인 어떤 씨앗'이 파괴되고 있는 현실, 즉 인간의 존엄과 신성이 무너지고 있는 '사태'를 아프게 바라보는 수도사의 단호한 신앙고백입니다.

　결론부터 말하면 이렇습니다. 장안의 화제(?)가 되고 있는 교황 프란치스코의 자본주의 비판의 정체는 '초월적 자본주의' 혹은 '자본주의 넘기'라고 말할 수 있습니다. 자본 그 자체의 부정이 아닙니다. 돈도 물질도 삶의 일부입니다. 문제는 자본이 왕이 되고 신이 되어 삶과 사회를 지배하는 현실입니다. 그러므로 '자본주의 넘기'는 자본이 지배하는 시스템과 자본 중심 패러다임을 넘어서는 '시스템과 문명의 전환'입니다. 그리고 그것은 일주일에 한 번 교회 안의 자본주의 넘기가 아니라 일주일 내내 이루어지는 전 사회적 자본주의 넘기입니다. '내재적 초월'이라고 말하는 그것, 인간 안에 내재한 신성(神性), 즉 하느님 마음의 사회적 실현입니다.

성인 프란치스코의 물질주의 넘기

가톨릭 역사상 교황의 이름으로 프란치스코라는 이름을 붙인 것은 2013년 3월에 선출된 현 교황이 처음입니다. 물론 이때 프란치스코는 '빈자의 성인'이며 '생태주의 성인'으로 유명한 '아시시의 성 프란치스코(1182~1226)'를 말합니다. 1,200여 년 전 프란치스코의 삶과 정신이 교황 프란치스코의 메시지를 통해 되살아납니다. 자본주의 넘기의 원형은 이미 가톨릭 교회 역사 안에 흐르고 있었던 것입니다.

널리 알려져 있듯이 이탈리아 출신의 이 수도사는 13세기 초에 작은형제회라는 수도회를 설립하여 세속화된 로마 교회의 개혁을 이끈 교회 개혁가였습니다. 그러나 아시시의 성 프란치스코는 무엇보다 교황 프란치스코가 넘어서고자 하는 '돈이 왕 행세를 하는 정의롭지 못한 시스템'을 삶으로 극복한 교회 역사상 최초의 인물이라고 말할 수 있습니다.

프란치스코는 젊은 날 무모할 정도로 쾌락을 쫓던 부유한 상인의 아들이었습니다. 그러던 어느 날 기사의 꿈을 안고 전투에 참가했지만 투옥됩니다. 석방된 후 그는 오랫동안 중병에 시달리다가 자신의 경박한 생활이 허무함을 깨닫게 됩니다. 그는 딴사람이 되어 갔습니다. 삶의 전환입니다. 예수를 따라 프란치스코는 기도를 통해 자신을 비웠고, 끝내는 길에서 나병 환자를 만나자 말에서 뛰어내려 끌어안아 줄 정도로 그는 변화되었습니다. 그 후 그는 평생을 복음대로 살

것을 결심하고, 포목상이었던 부친의 유산을 포기하며 오로지 하느님 사람으로서의 삶에 전념합니다.

어느 날 그는 황폐한 성당에서 계시를 듣습니다. "프란치스코야, 가서 나의 집을 지어라. 나의 집이 무너져 가고 있다." 프란치스코는 벽돌을 한 장씩 쌓으면서 '아무것도 아닌' 가난뱅이로 사는 것에 만족하게 되었습니다. 그는 비천한 노동자가 되었고 '가난과 결혼'을 선언합니다. 아들의 '전환'에 분노한 아버지가 가난한 사람들에게 나누어 준 물건을 반환하라고 요구하자, 사람들 앞에서 입고 있는 옷을 모두 벗어던짐으로써 물질적인 모든 것을 포기하였습니다. 그리고 미사에 참례하던 어느 날 하늘로부터 마태복음의 말씀이 들립니다. "하느님 나라를 전하라. 너희 주머니에 금이나 은이나 동전도 가지지 말며, 여행 가방도 신도 지팡이도 가지고 다니지 말라." 프란치스코는 11명의 동료들과 함께 극도의 청빈 생활을 시작함으로써 프란치스코회가 첫발을 내딛게 되었고, 그 수도회의 공식 명칭은 '작은형제회'였습니다.

성인 프란치스코의 삶은 철저하게 나를 버리고 예수를 닮아 가는 삶이었습니다. 그리고 예수로 사는 이들의 수도공동체가 작은형제회였습니다. 이 명칭이 프란치스코의 영성을 요약해 주고 있습니다. '작음(minority)'과 '형제애(fraternity)'가 그것입니다.

'작음의 정신'은 그 안에 가난과 겸손이라는 덕목을 함축하고 있습니다. 따라서 작은 형제들은 가난하고 겸손한 예수의 제자들로서의 삶을 본질적인 것으로 여깁니다. 노동이 생계 유지의 일차적인 수단이 되며 나머지는 하느님의 자비하심에 의존합니다.

'형제애의 정신'은 사랑을 전제로 합니다. 모든 이들의 맏형인 예수 안에서 모두가 한 형제들이라는 것입니다. 이 형제애는 '어머니가 자식을 기르고 돌보는 이상으로 형제들 상호간에 기르고 돌보는 정신'이라고 합니다. 이러한 형제애는 가난 속에서도 기쁨이 넘치는 공동체를 가능케 합니다. 또한 형제애는 공동체를 넘어서 신분과 계급, 남녀노소를 넘어서 모든 이에게로, 사회 전체로 확장됩니다. 기독교인이든 이교도이든, 성한 사람이든 병든 사람이든, 원수나 강도 · 동성애자마저도 하느님의 자녀로서 받아들이도록 해 줍니다. 더 나아가 자연과 우주 만물과의 하나됨으로 깊고 넓어집니다. 바로 이 우주적인 형제애, 즉 하느님의 세계에서 만인(萬人)/만물(萬物)이 모두 한가족이라는 깨달음이 성인 프란치스코가 말하는 형제애의 본질입니다.

그렇습니다. 성인 프란치스코의 초(超) 물질주의, 즉 물질주의 넘기는 원인이 아니라 결과였던 것입니다. 초물질주의가 행위의 윤리적 동기가 되어 '빈자의 공동체'를 선택한 것이 아니라, 형제애의 결과가 물질주의를 넘어서게 했던 것입니다. 만인/만물과의 하나됨이 나병환자와 이교도와 동성애자를 형제자매로 받아들이게 합니다. "그와 나는 둘이 아니다."라는 각성, 즉 '숨겨진 하나됨(전일성, wholeness)'을 깨달았기 때문입니다. 다시 말해, '영성의 사회화'입니다.

숨겨진 하나됨과 열망의 공동체

국제협동조합연맹(ICA)이 규정한 협동조합의 정의에 따르면, 협동조합은 조합원의 필요와 열망 충족을 사명으로 합니다. '필요의 충족'이 협동조합의 필요조건이라면, '열망의 충족(정확히 말하면 열망의 실현)'은 충분조건입니다. 협동조합 구성원의 꿈과 숨은 바람이 실현되지 못한다면 그것은 또 하나의 경제적 이익 공동체에 불과합니다. 그 열망(熱望)은 뜨거운 바람이기도 하지만, 열망(aspiration)은 영어 표현대로 영혼(spirit)의 간절한 염원입니다. 애초에 하나로 연결되어 있던 생명공동체로 돌아감, 즉 숨겨진 하나됨에 대한 열망이 그것입니다.

협동촌을 꿈꾸었던 로버트 오웬(Robert Owen, 1771~1858)의 열망도 하나됨이었습니다. 종국적으로 생산자-소비자 코뮌을 목표로 했던 로치데일 협동조합의 열망도 이를테면 하나됨이었습니다. 동학의 후천개벽 사상과 부자와 빈자가 서로 돕는 유무상자(有無相資)의 생활공동체도 그랬고, 일제시대 협동운동의 이상촌운동도 그러했습니다. 1970년대와 80년대 원주의 지학순 주교와 무위당 장일순 역시 도시와 농촌, 소비자와 생산자, 인간과 인간, 인간과 자연, 인간과 신이 하나되는 생명공동체를 꿈꾸었습니다.

하나됨의 형제자매애는 물질을 초월합니다. 물질을 외면하고 정신만 추구한다는 것이 아닙니다. 적자생존과 승자독식이 진실의 일부이긴 하지만, 전부는 아닙니다. 인간을 비롯한 생명세계의 모든 존재는 서로 연결되어, 상대가 없으면 내가 없습니다. 너와 내가 둘로 나뉘지 않습니다. 거룩한 영으로 하나된 마가의 다락방 사람들은 마음을 나누고, 사랑을 나누고, 물질을 나눕니다. 하나됨에 대한 깨달음을 통해 '내' 삶의 전환이 '우리' 삶의 전환으로 확장됩니다.

> "믿는 사람들이 다 함께 있어 모든 물건을 서로 통용하고, 또 재산과 소유를 팔아 각 사람의 필요를 따라 나눠주었다."(사도행전 2:44-45)

자매애 혹은 형제애는 윤리가 아닙니다. 윤리 이전 생명의 원초적 열망입니다. 내 안에 있는 '숨겨진 하나됨'이 드러난 것입니다. 동학을 창도한 수운 최제우의 고백처럼 하느님(한울님)과 내가 하나가 된 것입니다. "내 마음이 네 마음(吾心卽汝心)"이 된 것입니다. 하느님의 세계 안에서는 너와 내가 둘이 아니기 때문입니다. 무위당 장일순의 이야기를 묶은 『나는 미처 몰랐네 그대가 나였다는 것을』이라는 책의 제목이 말하려 하는 것처럼, '숨겨진 하나됨'에 대한 깨달음입니다.

너와 내가 둘이 아니라면, 내 재산과 소유 역시 나의 것만이 아닙니다. 나의 것이면서 동시에 너의 것이 됩니다. 주고받기, 즉 먼저 주고 나중에 받는 것이 아주 자연스러운 일이 됩니다. 하나됨이란 '나' 없는 전체가 아니라 수많은 '나'들이 서로 연결되어 있다는 것, 숨겨진 하나됨은 '서로살림'으로 구체화됩니다. 프란치스코와 그의 동료들이 회개한 후 첫 번째 한 일은 가진 것을 나누어주는 일이었습니다. 그리고 그는 "가난이라는 부인과 결혼했다."고 선언합니다. 프란치스코의 삶은 숨겨진 하나됨의 실현과 상생(相生)의 정신을 증거합니다.

주는 것이 받는 것보다 더 행복하다. (사도행전 20:35)

분명히 말한다. 너희가 여기 있는 형제 중에 가장 보잘 것 없는 사람 하나에게 해준 것이 바로 나에게 해준 것이다. (마태복음 25:40)

그렇습니다. 교황 프란치스코를 인용해 쓴 〈한겨레신문〉 국제부 기자의 칼럼(2013.12.22, 한겨레프리즘, 이유주현 기자) 제목처럼 '보이지 않는 것의 현현'입니다. 하늘과 땅이 둘이 아닙니다. 작은형제회와 수많은 열망의 공동체들은 땅 위에 세워진 천국입니다. 굶고 있던 형제와 밥을 나눌 때 그곳은 이미 하늘나라가 됩니다. 그러한 일이 일주일에 단 하루 실현되는 것이 아니라 일주일 내내 이루어질 때, 그곳은 이미 지상천국이 됩니다.

문제는 자본주의다

그렇다면, 어떻게 '숨겨진 하나됨'을 실현할 것인가? 가능한 일인가? 현실은 하나됨의 실현은커녕 정반대로 가고 있습니다. '단절'이 지배하는 사회가 되었습니다. 가진 자와 못 가진 자가 단절되고, 승자와 패자가 단절되고, 소비자와 생산자가 단절되고, 하늘과 땅이 단절되고, 인간과 인간이 단절되고 인간과 자연이 단절됩니다. 이웃을 외면하고, 길고양이를 외면하고, 요양원의 할머니와 할아버지를 외면합니다. 1%와 99%로 갈라지고, 20%의 세계와 80%의 세계로 나누어집니다.

그리고 그 사이를 헤집고 자본이 분할 통치를 합니다. 자본이 왕이 되는 시스템 아래서 돈이 절대권력을 행사합니다. 자본은 씨앗과 지구 식량 시스템을 지배하고, 병원과 환자를 지배합니다. 자본은 입맛을 지배하고, 시선을 지배하고, 감정을 지배하고, 안방을 지배하고, 감각을 지배합니다. 문화재와 휴양림을 지배하고, 웰빙과 힐링을 지배합니다. 자본주의의 가장 큰 문제는 생명을 사고판다는 것, 삶을 지배하고 생명을 지배하고 영혼을 지배한다는 것입니다.

문제는 자본주의입니다. 교황 프란치스코는 2013년 11월 '복음의 기쁨'이란 제목의 권고문을 통해 자본주의를 가차 없이 비판합니다. 자본주의는 '현대 사회가 직면한 핵심적인 문제'가 됩니다. 교황은 '배제의 경제', '돈의 맹목성', '금융 체제의 지배', '폭력을 부르는 불평등' 등 자본주의 폐해들을 오늘날 세계가 맞닥뜨린 '도전 과제'로 꼽았습니다. 교황은 십계명의 '살인하지 말라'라는 조항을 들면서 사람을 해치는 경제체제는 더 이상 유지되어서는 안 된다고 암시합니다. 양극화와 빈부 격차를 지적하며 신자유주의 이데올로기가 "자기만의 법과 규칙을 강제하는 독재 체제를 만들어냈다."고 비판합니다.

교황 프란치스코는 "우상으로 숭배했던 고대의 '황금 송아지'가 오늘의 돈"이라며 자본이라는 새로운 우상을 통탄합니다. 교황은 "늙은 노숙자가 거리에서 숨진 채 발견되는 건 뉴스가 안 되지만, 주식시장이 단 2포인트라도 떨어지면 뉴스가 되는 게 말이 되느냐?"고 묻습니다. 교황은 탄식합니다. "배제된 이들은 우리 사회의 밑바닥도, 변방도, 소외된 것도 아니다. 더 이상 우리 사회의 일부로도 여겨지지 않는다. 착취를 당하는 정도가 아니라 아예 내쫓겼다. 버려져야 할 찌꺼기 취급을 받고 있다."

요컨대 자본주의가 인간의 초월적 존엄은 고사하고 삶의 기초적 조건마저도 내팽개치고 있습니다. 다시 말해, 자본주의라는 원초적 불공정 시스템과 돈을 신으로 섬기는 물신주의가 사회적 인내의 한계를 넘어서 용납할 수 없는 단계에 이르렀다는 것입니다. 그렇다면 자본주의는 분명 하늘의 법을 거스르는 '죽임의 시스템'인 셈입니다.

가톨릭의 자본주의 비판은 어제오늘의 일이 아닙니다. 일찍이 120여 년 전인 1891년 교황 레오 13세는 「새로운 사태」(흔히 '노동헌장'이라 불립니다)라는 문서를 통해 산업혁명기 자본가의 탐욕과 민중의 빈곤의 참상을 준열하게 비판합니다. 한참 세를 넓혀 가던 사회주의에 대해서 자연법적 재산권과 무신론의 무지를 근거로 대안이 될 수 없음을 분명히 하면서, 동시에 약탈적 자본주의의 위세에 대해서도 매서운 비판을 가했습니다.

21세기 새로운 도전에 직면한 교황 프란치스코의 인식은 19세기

말 '자본가의 탐욕'과 '처참한 가난'이라는, 「새로운 사태」에 대한 인식과 궤를 같이 합니다. 그리고 1991년 바티칸은 「새로운 사태 100주년 기념 회칙」을 발표하고 1989년 베를린장벽의 붕괴로 상징되는 현실 사회주의의 몰락을 재확인하면서, 동시에 자본주의에 대해서도 근본적인 문제를 제기합니다.

> "이제 처음 문제로 다시 돌아오면, 공산주의의 몰락 후 자본주의가 승리를 거두는 사회체제인가, 또 자본주의를 경제와 사회를 재건하기 위하여 노력하는 나라들의 목표로 삼아야 하는가? 이것이 실제 경제적이고 정치적 발전의 길을 찾고 있는 제3세계의 국가들에게 제안되어야 할 모형인가?"(100주년 회칙 42절)

교회의 대답은 복합적입니다. 인간의 자유로운 창의력을 고양하는 한에서는 긍정적일 수 있지만, 경제 영역의 자유를 인간과 사회 전체로 일반화하려는 체제라면 부정적일 수밖에 없습니다. 인간 안에 내재하는 신의 씨앗을 부정하고 영혼의 자유를 부정하는 사회주의에 대해 그러한 것처럼 똑같은 기준으로 현실 자본주의는 대안이 되기 어려운 시스템인 것입니다.

그렇다면, 자본주의를 넘어서야 합니다. 그러나 내재적 초월입니다. 밖에서의 초월적 관여가 아니라, 내 안에 씨앗으로 존재하는 하느님을 살려야 합니다. 영적으로나 문화적으로, 또한 사회적으로도 그렇거니와 경제적 대안도 마련되어야 합니다. 이렇게 말할 수도 있습니다. 사회적 의미의 '내재적 초월', 우리 안에 있는 하느님을 되살려야 합니다. 시장 안에 숨겨진 형제애를 되살려야 합니다.

이를테면 그것은 숨겨진 하나됨에 기반한 사회이며, 영성의 인간학적 표현인 우애에 기반한 경제 사회 질서가 그것입니다. 프랑스 혁명의 3대 이념을 빌려 말하면, 자유의 정치경제학과 평등의 정치경제학을 넘어 박애의 정치경제학이 요구되는 것입니다.

시장의 성화

"교회는 제시할 모형을 가지고 있지 않다." 바티칸의 자본주의에 대한 우려와 비판적인 입장은 분명하지만, 구체적인 대안을 제시하지는 않습니다. 1991년 「새로운 사태 100주년 기념 회칙」을 통해 분명하게 밝혔습니다. 자본주의와 사회주의를 동시에 넘어서야 하지만, 대안적 시스템을 만들고 발전시켜야 할 몫은 교회 밖에 있습니다.

우리 안에 대안적 모형의 싹이 자라고 있는지도 모릅니다. 시장이라는 경제생활의 바다 속에서 무언가 꿈틀거리고 있을지도 모릅니다. 문제는 시장경제가 아니라 자본주의입니다. 시장을 지배하고 왜곡하고 약탈하는 자본주의. 그렇다면 어떤 시장이냐가 중요합니다. 로마 가톨릭은 「100주년 회칙」을 통해 '시장경제'에 대해 이렇게 말합니다.

"국제 관계에 있어서와 마찬가지로, 개별적 국가들에게 있어서 자유 시장은 재원을 배치하고 다행하게도 욕구에 대응하기 위한 가장 효과적인 방법으로 보인다. 그러나 이것은 '지불 능력이 있는', 구매력을 가진 욕구에 대해서만 그리고 '시장에 판매될 수 있는', 정당한 가격을 받을 수 있는 재원에 대해서만 그렇다. 그러나 시장으로 충족되지 않는 인간 욕구들이 있다. 인간의 기본욕구가 충족되지 않은 채 남아 있지 않고 그 결핍으로 고통당하는 사람들이 멸하지 않도록 하는 것은, 사랑과 정의의 엄격한 의무이다."

'시장 없는 사회주의'를 목표로 하는 책, 『화폐 없는 세계는 가능하다』라는 책이 얼마전에 출판되었는데, 이를 빗대어 말하면 이제 '시장 있는 유토피아'를 꿈꾸어야 할 듯합니다.

시장은 '장(場, field)'입니다. 바다와 같습니다. 바닷물 없이 배가 뜰 수가 없습니다. 해적선이든 유람선이든 말입니다. 시장 없는 유토피아란 무중력 상태의 죽은 유토피아일 수밖에 없습니다. 폭풍이 몰아치는 대양에서, 시끌벅적한 저잣거리에서 새로운 질서가 창조됩니다. 3퍼센트(정확히는 35퍼밀)의 '숨겨진 하나됨'이라는 염분이 있다면, 시장은 전쟁의 바다이기도 하지만, 평화의 바다가 되기도 합니다. 자본의 독재로부터 시장을 되찾아와야 합니다.

시장은 물질 생활의 그물망이 약동하는 큰 마당입니다. 주고받기의 장입니다. 시장 어느 구석 좌판의 잠깐의 눈속임은 용인될 수도 있으나, 구조화된 속임수와 약탈적 독점시장은 용납될 수 없습니다. 그런 점에서 가톨릭교회의 시장 인식은 새로운 시장, 거룩한 시장을 향하고 있다고 말할 수 있습니다.

'시장의 성화(聖化)'라고 말할 수도 있습니다. 시장 안에 내재한 숨겨진 하나됨을 드러내는 것입니다. 시인 김지하는 '(후천개벽의) 그날은 장바닥에 비단이 깔릴 때'라는 동학 2대 교주 해월 최시형의 예언을 빌려서 '시장의 성화'라는 말을 했는데, 이때에 '시장 있는 유토피아'를 꿈꿀 수도 있을 것입니다. 윤리적 시장·따뜻한 시장·인간적인 시장 등 다양한 시장론이 나오고 있지만, 근본은 시장 안에 숨겨진 형제애를 되살리는 일이 될 것입니다.

시장의 문제가 파우스트의 그것처럼 물신주의에게 영혼을 팔아 버린 데 있다면, '영혼 있는 시장'이 시장의 성화입니다. 한자로 시장의 장(場)은 원래 신을 모시는 곳을 의미했다고 합니다. 이제 시장 안에서 거룩함을 되살려야 합니다. 사람들은 물품 안에 들어 있는 신령을 볼 수 있는 눈을 가져야 하고, 화폐로 환원되지 않은 인격적 관계와 생명의 관계를 복원해야 합니다.

'음(陰)의 시장'의 부활이라고 말할 수도 있습니다. 자본주의가 지배하는 '양(陽)의 시장' 아래 숨죽이고 있는 음의 시장, 즉 호혜시장을 되살려내야 한다는 것입니다. 음의 시장의 재발견이고, '보이지 않는 것의 현현'입니다.

음의 시장의 부활은 한마디로, '자본주의 시장에서 호혜주의 시장으로의 전환'입니다. 돈벌이 시장에서 살림살이 시장으로의 전환입니다. 약탈적 시장에서 주고받기 시장으로의 전환입니다. 제로섬의 상극적 시장에서 윈윈의 상생적 시장으로의 전환입니다. 적대적 교환에서 호혜적 교환으로의 전환입니다. 받고주는 시장에서 주고받는 시장으로의 전환입니다.

돈벌이만을 목적으로 하는 자본주의 시장은 이제 더 이상 나아갈 곳이 없습니다. 2008년의 글로벌 금융위기를 계기로 자본주의는 시스템적 한계를 드러내기 시작합니다. 자본주의의 사회적 폐해, 정신적 폐해는 두말할 것이 없거니와 전 지구적 양극화는 더 이상 용인하기 어려운 상태가 되었습니다. 전 지구적 자본주의로 인해 역설적으로 시장의 확대는 한계에 봉착했고, 유효수요의 정체로 인해 더 이상 물건을 팔 수 없게 되었습니다. 이제 시장은 그 자체의 지속 가능성을 위해서라도 바뀌어야 합니다. 시장 안에 내장된 숨겨진 하나됨을 찾아야 합니다.

박애의 경제학, 사랑의 경제학입니다. 숨겨진 하나됨이 자기실현하는 일입니다. 숨겨진 하나됨의 다른 이름인 형제애, 박애, 우애, 사랑, 자비, 인(仁)이 중심가치가 되는 경제 시스템을 탐색해야 합니다. 최근 한국의 협동조합 신드롬은 그 드러난 모습 중 하나입니다. 『초생명 공동체』의 저자 린 맥타가트(Lynne McTaggart, 1951~)는 이렇게 말합니다; "협력은 자연에 내재된 고유한 충동이며 생명 자체의 배후에서 끊임없이 뛰고 있는 맥박임에 틀림없습니다. 주고받기는 협력의 열쇠이며, 사회에 없어서는 안 될 접착제일 뿐 아니라, 진화적으로 가장 안정된 전략이었던 것입니다."

가톨릭에서 형제애의 경제학은 연대성의 원리로 구체화됩니다. 연대성의 원리란 '모든 사람은 서로 연대되어 있고 서로에게 책임지는 것'을 말합니다. 연대성의 핵심은 바로 '주고받는 관계'입니다. 주고받는 관계의 회복, 즉 호혜 시스템의 복원과 확장은 시장의 공정성 확보와 더불어 자본주의 극복의 핵심적 과제가 됩니다.

그것을 호혜주의 시장경제라고 이름을 붙여 봅니다. 시장을 인정하되, 자본의 지배가 아닌 숨겨진 하나됨이 드러나는 시스템, 그것이 호혜경제입니다. 시장 안에서 화폐와 상품으로 환원되어 몰개성화된 인격과 개체생명이 봄꽃 피듯이 되살아나는 시장경제, 그리고 주고받는 생명세계의 기본 원리가 경제 시스템으로 작동되는 새로운 시장 생태계로의 진화와 재구성이 요구됩니다.

교황 프란치스코와 문명 전환

교황 프란치스코는 아시시의 성 프란치스코가 그런 것처럼, 교회 안팎의 세속주의와 싸우고 있습니다. 물론 교황은 반자본주의자가 아닙니다. 그러나 그의 메시지는 성인 프란치스코의 '물질주의 넘기'처럼 일종의 '자본주의 넘기'라고 말할 수 있습니다. 하느님의 형상이 사라진 인간을 통탄하고 있습니다. 물질과 화폐/자본에 영혼을 팔아

버린 삶과 시스템, 그리고 문명에 문제를 제기하고 있습니다.

어쩌면 교황 프란치스코 자체가 문명 전환의 신호인지도 모릅니다. 프란치스코라는 이름이 예사롭지 않습니다. 시스템의 위기, 문명의 위기 시대에 교황 프란치스코는 성인 프란치스코의 영성으로 새로운 삶과 사회에 대한 열망을 드러내고 있습니다.

음(陰)개벽을 떠올리게 합니다. 21세기의 프란치스코는 생태주의의 성인으로 생태 시대를, 하나됨의 영성으로 사랑과 영성의 시대를, 어머니 같은 교황으로 여성성의 시대를 열고 있는지도 모릅니다. 물질문명을 넘어 정신문명의 전환을 촉구하고 있는지도 모릅니다.

제2차 바티칸 공의회가 밝힌 것처럼 교회와 세상은 둘이 아닙니다. 성(聖)과 속(俗)은 둘이 아닙니다. 물질과 정신은 둘이 아닙니다. 하나됨의 영성은 상생의 문화와 생태공동체와 호혜경제로 드러납니다.

교황 프란치스코의 메시지는 분명합니다. 인간과 인간, 인간과 자연, 그리고 인간과 자기 안의 신성과 단절된 문명에 대해 단호합니다. 하느님의 나라를 이 땅에 실현하려 하는 것입니다. 호세마리아 (Jose Maria, 1902~1975) 신부가 몬드라곤(Mondragon)에서 그런 것처럼, 가가와 도요히코(賀川豊彦, 1888~1960) 목사가 고베(고프 고베 협동조합)에서 그런 것처럼, 지학순(池學淳, 1921~1993) 주교와 무위당(无爲堂) 장일순(張壹淳, 1928~1994)이 원주에서 그런 것처럼, 교황 프란치스코는 고국 아르헨티나에서 그러했고, 이제 하나뿐인 행성 지구에서 하느님의 나라를 이루려 합니다.

교황 프란치스코는 빈자들의 빛과 소금일 뿐 아니라, 새로운 삶과 사회, 그리고 새로운 문명의 빛과 소금이 될 수도 있습니다. 의식의 전환과 생활의 전환, 그리고 문명의 전환. 시스템을 바꾸고 가치의 중심이 이동합니다. 나아가 전환의 방식, 새로운 사회운동의 방식에 대해서도 영감을 줍니다. "옆으로, 아래로, 섬세하게, 보이지 않게….."

자본주의를 통렬하게 비판한 교황의 권고 「복음의 기쁨」은 '복음화의 어머니'이신 마리아께 드리는 기도로 끝을 맺습니다.

> "교회의 복음화 활동에는 '마리아 방식'이 있다. 우리가 마리아를 바라볼 때마다 혁신을 불러일으키는 사랑과 온유의 힘을 다시 한 번 믿게 된다."

II

전환, 사회적 중심 이동

생명평화와 문명의 전환*

다른 삶을 선택하는 사람들

반세기 동안 계속된 한국 사회의 이촌향도(移村向都) 추세가 반대로 돌아섰다. 도시에서 농어촌으로 되돌아오는 인구가 많아지기 시작한 것이다. 통계청에 따르면 2010년에 농어촌(읍/면)에서 도시(동) 지역으로 거주지를 옮긴 사람들이 약 829,814명이었는데, 도시에서 농어촌으로 되돌아온 사람들은 그보다 10만여 명이 더 많은 926,125명이었다. 2011년에 농어촌으로 이주한 귀농 가구 수가 6,541호로 집계되었는데, 이는 농림수산식품부가 귀농 인구를 집계한 1990년대 중반 이후 가장 높은 수치라고 한다. 그리고 매년 직업으로서 농업을 시작하는 신규 취농자(就農者) 중 30% 이상이 농사를 지어 본 적이 없는 귀농자로 추정되고 있다. 도시의 아이들이 부모와 가족을 떠나 농산어촌에서 생활하며 학교에 다니는 농산어촌 유학도 해마다 증가해 2011

---

* 이 글은 2013년 민주화운동기념사업회에서 발행한 『생명평화세상만들기』 교재에 실린 글을 수정·보완했다.

년 현재 전국에서 35개의 농산어촌 유학 센터가 운영 중이다.

'웰빙(Well-being)'에서 '힐링(Healing)'으로. 방송가에선 '힐링캠프'가 시선을 모으고, 출판계와 여행업계에서 힐링은 새로운 산업이 되고 있다. 위로와 격려와 지혜를 주고받는 멘토(mentor)와 멘티(mentee) 그리고 멘토링(mentoring)이 보통명사가 되었다. 힐링 신드롬은 역설적으로 힐링(='몸과 마음의 치유')의 결핍을 반증한다. 학업과 입시 전쟁을 벌이는 학생들, 취업 절벽에 좌절하는 청년들, 업무와 경쟁에 지친 직장인들, 은퇴를 눈앞에 두고 불안해하는 중년들까지…. 경쟁과 속도에 내몰린 사람들에게 몸과 마음의 보살핌과 위로는 너무나 절실하다.

양극화와 실업, 비정규직의 해답을 찾기 어려운 현실에서 '협동'의 경제, '살림'의 경제, '호혜'의 경제 등 대안적 경제 담론이 확산되고 있다. 생활협동조합이 시민들의 주목을 받기 시작한 지 불과 10여 년, 협동조합기본법이 제정되고 협동조합과 사회적 경제는 이미 국가적 의제와 정책이 되었다. 한국 협동운동의 메카로 알려진 원주를 비롯해, 서울·경기·강원·충남·전북 등 전국의 주요 도시와 지역에서 협동 사회를 지향하는 연대 기구가 만들어졌다. 그동안 서로 만나지 못했던 협동조합, 마을기업, 사회적 기업, 자활 센터 등이 지역사회를 기반으로 협동과 호혜의 네트워크를 형성해 가기 시작한 것이다. 협동조합과 사회적 기업은 진보와 보수의 이념적 틀과 대기업과 시민단체의 벽도 넘어서고 있다.

그렇다. 귀농귀촌과 힐링과 협동공동체는 사회적 변화를 상징하는 시대적 징표들이다. 물질적 풍요와 경쟁으로부터 벗어나 다른 삶을 선택하는 사람들, 산업화와 근대화의 위태로운 정점에서 돌아오려는 사람들이 도도한 흐름을 형성해 가고 있다. 기존의 라이프 스타일과 사고방식, 경제생활로부터의 탈출과 새로운 선택이 하나의 사회적 현상이 되고 있다.

요컨대 '삶의 전환'이라고나 할까? 아파트의 평수와 자동차의 크기를 줄이고 농촌에 새로운 삶터를 구하고 힐링콘서트를 찾는다. 전쟁터와 같은 직장과 도시를 떠나 새로운 인생을 찾는 여행을 떠난다.

어쩌면 삶의 근본 자리로 되돌아오는 것이라고 말할 수 있다. 공동체와 농촌과 숲과 가족의 품으로 돌아오기를 열망한다. 공동체적 삶, 생태적 삶, 영혼이 있는 삶으로의 전환이다. 이를테면 연어의 회귀처럼 본능적인 연결(connecting) 욕구이다. 고립되고 분열된 '나'로부터 '관계 속의 나'를 재발견한다. 내면의 자기, 자연 생태계, 이웃 공동체에 대한 그리움과 사랑이다. 삶의 근본, 생명공동체로의 귀향이다.

지속 불가능한 사회와 삶·생명의 위기

삶의 전환은 현실의 고단함을 반증한다. 귀농·귀촌과 힐링과 협동은 희망 부재 사회에서의 새로운 출구에 대한 열망을 상징한다. 사람들 내면에 있는 삶의 감각, 생명 감각의 분출이라고 할 수 있다. 삶의 터전인 사회와 생태계의 지속 가능성에 대한 강력한 의문부호이자 삶·생명의 위기에 대한 본능적 대응이다.

귀농과 산촌 유학이 생명 감각의 적극적이며 긍정적(positive) 대응이라면, 자살과 저출산은 극단적인 부정적(negative) 반응이다. 차라리 그것은 생명 지속 불가능성에 대한 일종의 최후의 저항이다. 세계 최고의 자살률과 OECD 최저의 출산율은 이를 반증한다. 묻지마 살인과 막장 범죄는 더욱 끔찍하다. 살아 있으되 삶이 아니다. 어느 한편에선 부동산 투기 실패로 세 모녀가 자살을 하고, 다른 한편에선 고급 유모차가 세계에서 가장 잘 팔리는 나라에서 우리는 살고 있다.

희망 부재의 사회에서 삶의 전환은 불가피한 선택이다. 기후 붕괴와 생태계 파괴, 경제 위기를 말하기 전에 이미 우리의 삶 그 자체가 위태롭다. 내 몸의 깊은 내면과 감각이 그것을 알아차린다. 생명의 위기, 즉 생명 지속 가능성에 근본적인 의문이 든다면 다른 삶을 선택할 수밖에 없다. 이런 식으로는 더 이상 삶을 지탱할 수 없기 때문이다.

생명은 삶, 곧 살아 있음이다. '삶'은 '생명'의 동사형(動詞形)이다. 그러므로 생명 위기는 살아 있는 존재들의 위기이다. 생명 세계를 구성하고 있는 하늘, 땅, 사람 세 기틀의 전면적 위기이다. 사회적 삶의 기초인 공동체가 무너지고 있으며(사람), 삶의 자궁인 생태계가 위태롭고(땅), 하늘사람이었던 인류는 영혼 없는 존재(하늘)가 되어 가고 있다. 사회의 위기요, 생태계의 위기이며, 근본적으로 영혼의 위기다.

1) 사회 위기: 공동체의 붕괴와 희망의 부재

양극화의 심화 속도가 무섭다. 저소득층(하위소득 20%) 가구의 엥겔계수는 계속 높아져 2011년 20.70%로 나타난 반면 상위 20%인 고소득층의 엥겔계수는 2005년 12.04%에서 2011년 11.83%로 낮아졌다. 소득 불평등 정도를 나타내는 지니계수도 악화됐다. 2007년 0.431에서 매년 증가해 2010년에는 0.446에 이르렀다(수치가 0에 가까울수록 소득분배가 평등하다는 뜻). 부채 양극화도 더 심해졌다. 저금리 기조가 시작된 지난 4년 동안 최하층 가계의 이자 부담이 두 배 넘게 증가했다. 2012년 소득 하위 20% 가구의 월평균 이자 비용은 3만4,580원으로 2008년 3분기보다 124.4% 늘었다. 반면 소득 상위 20%의 이자 비용은 같은 기간 14.6% 느는 데 그쳤다. 소득 최상층에 비해 8배 이상 증가 속도가 빠르다.

경제력의 양극화가 우리 사회를 두 개의 세계로 갈라놓는다. 빈부격차가 사회적 격차로 고착되고 현대판 신분제의 우려가 커지고 있다. 가계부채 상태와 고용의 질이 나빠지면서 신용불량이 1년 새 24%가 늘고 그들은 이 사회에서 배제된다. 경쟁 시스템의 낙오자가 되고, 언제 이 사회에 복수의 칼끝을 들이댈지 알 수 없다. 도시 한복판에서 연달아 발생하는 흉기 난동이 무섭다. 이른바 '묻지마 범죄', '절망 범죄'가 심상치 않다.

희망 부재와 구조적인 절망이 더욱 치명적인 이유는 아예 생명의 자포자기, 즉 자살로 이르게 하기 때문이다. 경제 선진국들이 모였다는 OECD 국가 중 최고의 자살률을 기록하고, 하루에 42.6명이 자살하는 나라. 소년소녀들이, 청년들이, 노인들이 절망 때문에 하루에만 수십 명이 스스로 목숨을 끊는 나라. 특히 청소년들의 자살이 예사롭지 않다. 2011년 통계청 조사 결과 15~24세 청소년 사망 원인의 1위가 '자살'로 나타났다고 한다.

또 다른 희망의 부재는 출산 거부로 나타난다. 출산율은 이미 세계 최저수준(2010년 1.23명)으로, 2017년에는 유소년(684만 명)보다 노인(712만 명)이 더 많은 인구 역전 현상이 나타날 것이라고 한다. 자살은 늘고 출산이 줄어드는 것은 '희망 없는 사회'에 대한 생명의 저항이다.

지난 50년 동안 한국 사회는 꿈꾸는 애벌레들처럼 부를 좇아 왔지만, 양극화는 고착되고 경쟁의 낙오자는 잉여인간이 되었다. 한편에선 고독사(孤獨死), 또 다른 한편에선 현대판 고려장이 된 초대형 요양병원이 우리를 기다린다. 삶에도 죽음에도 이웃사촌과 공동체의 따뜻한 손길은 찾을 길이 없다. 사회 위기는 한국이라는 공동체 자체의 지속 가능성에 의문을 제기한다. 과연 출구를 찾을 수 있을까?

2) 생태 위기: 기후변화와 위태로운 먹을거리

기후변화로 한반도가 뜨거워지고 있다. 그 속도도 매우 빨라 지구 평균의 2배씩 상승하고 있다. 한국 정부의 한 보고서에 따르면, 급속한 온난화로 인해 2050년에 한반도는 겨울이 27일 줄고 여름은 19일 늘며, 해수면이 27㎝까지 상승하고 폭염과 집중호우 같은 극한 기후도 대폭 증가할 것으로 예상된다고 한다.

탄소 배출은 기후변화만을 야기하는 게 아니다. 바다를 산성화시켜 해양 생물을 녹이고 있다. 인류가 이제까지 배출한 이산화탄소의 절반 가량은 바다가 흡수했으며 현재도 1/3 가량을 받아들이고 있다. 그 영향으로 바다 산성화가 급속하게 진행되었고, 해양생태계의 기초가 무너지고 있다. 해양생태계의 맨 아래층 핵심 연체동물인 바다달팽이의 껍데기 손상이 확인됐다고 한다. 이런 추세라면 2050년쯤 인류 먹을거리의 1/3을 제공하는 전 세계의 바다가 산성화할 것으로 우려되고 있다.

한국을 비롯한 전 세계 4개 대륙에서 꿀벌이 동시에 사라지는 군집 붕괴 현상이 현실이 되고 있다. 식량의 3분의 1은 곤충의 수분 활동에 의해 생산되는데, 수분 활동의 80%를 꿀벌이 수행한다. 아인슈타인은 꿀벌이 사라지면 인류도 4년 안에 사라질 것이라고 말했다고 한다. 농약과 휴대전화 전자파 등 환경오염과 도시 및 과학기술 문명 자체가 원인이 되고 있다. 전 지구적으로 20분마다 1개 종, 1년에 26,000여 종이 지구에서 사라지고 있다.

기후 붕괴는 농업의 붕괴로 이어지고, 이에 따른 식량 가격 폭등을 예고하고 있다. 또한 한국의 경우 지난 5년간 총 10만 ha의 농지가 개발로 사라졌다. 농지의 축소는 곧 생태계의 축소를 의미한다. 새만금과 같은 갯벌 생태계의 파괴는 망둥어와 백합에게만 재앙이 아니다. 어패류 생산으로 생계를 이어 온 어부들과 주민들은 삶터를 잃고 생계 수단을 잃었다.

생태계의 파괴는 근본적으로 생명의 자궁을 파괴하는 것이지만, 인간에게는 먹을거리의 공급 중단을 의미한다. 생태 위기에 대한 한국 사회의 가장 큰 우려도 역시 안심하고 먹을 게 없다는 것이다. 광우병과 구제역과 GMO 식품 등등. 삶·생명의 지속 가능성이란 관점에서 생태는 곧 밥이고, 경제인 것이다.

핵발전소와 핵 폐기물, 4대강과 생태계 파괴, 도시화와 농지 약탈, 쓰레기 매립, 해양쓰레기 투기 등에 의해 야기되는 생태·경제 위기를 넘어설 수 있을까? 근본적으로는 자연 생태계와 분리된 도시와 인간들, 산업문명, 도시문명의 문제다. 한뿌리인 생태와 경제의 균형은 가능할 수 있을까?

3) 정신 위기: 영혼을 부정하는 자본주의

폴라니(Karl Polanyi, 1886~1964)는 자본주의의 극단적인 형태인 파시즘의 위기를 지적하면서 근본적인 문제를 '영혼을 부정하는 것'라고 지적한 바 있다.

분명 경제적 불평등은 심대하나, 본질은 탐욕 증식의 시스템과 정신의 위기다. 영혼을 부정하는 자본주의, 자본에 팔리고 자본에 길들여진 영혼이 근본적인 문제다. 그것을 조장하고 그것에 복무하는 시스템이 근본적인 문제다. 필요의 충족이 어지간히 이루어졌는데도 삶과 사회가 피폐하다. 지식은 물론이고 감정과 영성마저도 상품이 되고 또 독점된다.

오늘날 한국 사회에서 삶의 척도는 성공이며, 성공의 척도는 돈이다. 돈이 있어야 출세를 할 수 있고 명예를 얻을 수도 있다. 한편에서는 극도의 물질주의와 물신숭배가, 다른 한편에서는 유물주의 도그마가 삶을 구속한다. 이쪽에서는 상극적 변증법으로, 다른 쪽에서는 무한경쟁 논리로 영혼을 압박한다.

우울증과 정신질환이 만연하고, 성형하는 '나'는 이미 정신질환 수준이 되었다. 학교는 거짓말을 가르치고, 제도 종교는 부의 축적과 사회적 성공을 축복한다. 죽음에 대한 공포와 죽음에 대한 외면이 이중적으로 공존한다. 삶과 죽음에 대한 건강한 토론을 볼 수 없다. 사람의 마음 안에 새겨진 '하늘의 무늬[天文]'가 위태롭다. 영혼 없는 사회를 어떻게 할 것인가? 개인적 힐링을 넘어 사회적 힐링이 가능할까?

전환의 시대

영국의 작은 도시 토트네스에서는 생태적 재지역화(ecological re-localization)를 통해 석유를 넘어서 전환(transition)을 준비한다. GTI(Great Transition Initiative)라는 글로벌 시민사회 단체는 분기점에 선 지구와 인류의 길을 우려하면서 지속 가능한 공동체의 지구적 네트워크를 이행의 전략으로 제시한다.

오늘날 우리가 목격하는 삶·생명의 위기는 지구적이며, 이에 대한 대응도 전 세계적이다. 한국 사회만의 위기가 아니다. 이미 세계는 하나로 연결되어 있다. 한국 사회의 변화만으로는 전환이 불가능하다. 사라지는 꿀벌도, 생태 경제로의 전환도 한국 사회만의 문제가 아니다. 한반도의 문제이며, 동아시아의 문제이며, 지구의 문제다.

지구적 관점은 문명사적 관점이기도 하다. 정권 교체의 문제가 아니다. 그것이 생명의 문제이고 지구 전체의 문제라면 '자본주의냐 사회주의냐?' 같은 이념과 체제의 문제는 이미 지나간 얘기가 될 수밖에 없다. 산업문명 자체, 정확히 말하면 자본주의가 패권을 장악한 지구적 산업문명의 문제인 것이다.

요컨대 위기는 이미 지구적이고 문명사적이다. '시스템과 문명의 위기'가 2011년 세계사회포럼의 주제였다. 2012년 1월 개최된 다포스 포럼은 '대전환(The Great Transformation): 새로운 모델의 형성(Shaping new models)'을 주제로 다룰 수밖에 없었다. 2012년 '세계사회포럼'은 '자본가의 위기(Capitalist Crisis), 사회 환경적 정의(Social and Environmental Justice)'라는 주제로 진행되었다.

오늘 우리는 영혼을 부정하고, 생태계를 유린당하고, 공동체가 파괴되는 세상을 살고 있다. 원인은 복합적이지만 근본 원인은 산업문명에 있다. 결국 삶의 전체성을 시스템적으로 파괴하고 지구생명공동체의 절멸을 재촉한다는 점에서 산업·자본주의 문명은 '죽임의 문명'이다. 새로운 패러다임, 새로운 세계로의 전환만이 희망이다.

인류는 물질적으로 필요의 충족을 이미 이루었다. (인구문제가 있긴 하

^{지만)} 산업문명은 전 인류가 충분히 먹고 살 만큼의 경제적 부를 성취했다. 이제 인류는 새로운 비전을 세워야 한다. 몸이 성장했으니 정신의 성숙과 관계의 풍요를 꾀해야 한다. 지구적 초연결사회(Hyper-connectivity Society)를 타고 인간과 인간, 인간과 자연, 인간과 신의 재연결(re-connecting)의 길을 열어야 한다. 이것이 행복의 길이다. 지구적 차원의 문명의 전환이다. 새로운 지구적 인류의 탄생이다.

새로운 세상이 열리고 있다. 지구적인 변화다. 동아시아적 맥락에서는 천지인 삼재의 재구성이다. '위기(危機)'란 천지인 세 기틀의 파괴와 전도(顚倒)와 왜곡이다. '기회(機會)'란 천지인 세 기틀의 재구성이다. 낡은 세계가 무너지고 새로운 시대가 열리고 있다. 인간과 자연, 인간과 인간, 인간과 우주(신), 나아가 물질과 정신, 남성과 여성과의 관계가 재정립되고 있다.

1) 물질에서 정신으로

"물질이 개벽되니 정신을 개벽하자!"라는 원불교의 주장은 지구적으로도 의미심장하다. 문명사적으로 인류의 몸은 이미 성년이 되었다. 경제적 불평등은 극복하되 동시에 물질문명을 넘어서야 한다. 다 자란 어른에게 먹을 것만 주어서는 행복할 수 없다. 내 안의 우주, 내 안의 자연, 내 안의 공동체를 찾아야 한다. 그리고 나는 하나가 됨으로써 영원히 살 수 있다.

문제는 세계관이다. 세계를 보는 눈에서 가치가 생성된다. 세계관이 바뀌어야 의식이 바뀌고 생활이 바뀌고 드디어 체제 전환의 가능성이 보인다.

패러다임의 전환이다. 고전역학적 패러다임에서 양자역학적 패러다임으로의 전환. 입자와 파동은 둘이 아니다. 하나 안에 여럿이 있고 소립자 안에 우주가 있다. 물질과 함께 정신이, 인간과 더불어 온 생명이, 생산만이 아니라 소비가 함께, 유일신이 아니라 온갖 신령을 관통하는 문명으로의 무게중심의 이동이 이루어져야 한다. 물질과 남성성으로 기울어졌던 문명의 무게중심을 정신과 여성성으로 옮겨와야 한다. 새로운 균형점을 찾아야 한다.

깨달음과 영성의 시대이다. 종교성이 중요하다. 보이지 않는 세계, 삶과 세계의 근본을 다시 물어야 한다. 그러나 기존의 제도종교의 울타리를 넘어설 수밖에 없다. 모든 존재 안에는 불성이 있고, 하느님 나라는 이미 내 안에 있다. 천지만물막비시천주(天地萬物莫非侍天主), 이 세상의 모든 존재는 '하늘님'을 모시고 있다. 그러므로 하늘님만 공경해야 할 일이 아니라[敬天], 사람만 공경해야 할 일이 아니라[敬人], 나무와 풀과 바위마저도 공경해야 한다[敬物].

좌와 우, 여성과 남성을 넘어서야 한다. 생명의 지평을 열어야 한다. 사회주의·공산주의는 자본주의를 넘어서고자 했으나 오히려 산업문명의 구조에 함몰됐다. 이제 산업문명을 제패한 자본주의는 더 이상 갈 곳이 없으나, 새로운 길은 보이지 않는다. 자본주의 이후의 가치와 시스템을 준비해야 한다.

새로운 문명의 척도는 '삶·생명'이다. 모든 존재는 살아 움직인다. 살아 있는 존재는 각각 다르되 모두 연결되어 있다. 관계적이고 변화하며 다양하다. 저명한 생태신학자 토마스 베리(Thomas Berry, 1914~2009) 신부의 말처럼 "세계는 객체의 집합이 아니라 주체의 친교(communion) 다."

2) 에코노미에서 에콜로지로

ecology(생태)와 economy(경제)의 eco라는 접두사가 설명해 주듯이 서구의 역사 속에서도 생태와 경제는 둘이 아니다. 오히려 경제는 생태의 일부이다. 오늘날 경제에 의해 지배되는 생태의 위치는 전복되어야 한다.

그런데 자본주의는 모든 존재를 재화상품(생태계)과 용역상품(인간관계)으로 환원한다. 생태계와 인간관계 안에 있는 정령과 인격을 해체하고 파괴하고 배제한다. 오로지 화폐가치만 남길 뿐이다. 자본주의는 두 가지 측면에서 생태계를 착취하고 파괴하며 성장해 왔다(비용으로 계산하지 않으면서). 자원의 무한 약탈과 쓰레기의 무단 투기가 그것이다. 해양 투기가 극적인 예이다.

자본주의 생산양식은 생명의 원리를 거스르는 두 가지 구조적 한계가 있다. 첫째, 무한 생산의 한계. 두말할 나위가 없다. 무한한 자원은 없다. 둘째, 무한 소비의 한계. 인간은 일정하게 필요가 충족되면 더 이상의 소비가 불가능하다. 무한한 유효 수요 창출은 없다. 1974

년 일찍이 「성장의 한계」라는 보고서가 자연자원의 한계를 적시했거니와, 이제 글로벌 자본주의는 필요를 넘어선 탐욕이 한계에 봉착했음을 인정하지 않을 수 없다. 시장 포화, 유효 수요 창출의 한계다.

오늘날 전 지구적인 공황적 경제 위기는 냉엄한 현실이다. 쪼그라드는 풍선처럼, 디플레이션은 불가피하다. 생산도 소비도 소득도 부채도, 이제 경제 규모는 줄어들 수밖에 없다. 생명 관점에서 디플레이션은 과잉생산-과잉소비를 끊어주는 선순환의 시작이다. 생태계에게나 인간에게나 '미덕'이다. 아파트 평수, 자동차 배기량이 줄어 탄소 배출량이 줄고, 야간 노동이 줄고 노동시간이 줄고줄어 여가 시간이 넉넉해지고, 사회적 관계가 확장되고, 텃밭을 가꿀 시간과 자연과 함께할 시간이 많아진다.

진정 생태와 경제는 둘이 아니다. 이제야 생태계 안의 경제가 편안해진다. 석유 문명(화석연료 문명)에서 태양 문명으로의 전환이 이루어지고 드디어 무한 소비-무한 생산-무한 축적의 비정상의 암적인 성장 경제가 끝이 나고 '정상계의 경제(Steady State Economy)'가 시작된다.

진정한 생태 시대는 온갖 꽃들이 제각각 아름다움을 뿜내는 백화제방(百花齊放)의 시대, 모든 생명이 제각각으로 자기실현하는 만물 해방의 시대이다. 억압되고 파괴된 생태계는 회복되고 재생되어야 한다.

3) 국가에서 새로운 공동체로

커뮤니티(community)의 어원은 '함께(com=together) 선물(munus=gift)을 주고받는 관계'라고 한다. 그 호혜성을 되살려야 한다. 동아시아식으로 말하면 공동체(共同體)를 복원해야 한다. 공동체의 한자 어원처럼 두 손을 모아 서로 섬기며(共), 밥상을 중심으로 둘러앉아 밥을 나누는 밥상공동체(同)로 복원되어야 한다. 호혜와 협동의 사회문화와 제도를 만들어야 한다.

바야흐로 지구촌은 국가에서 공동체로 전환되고 있다. 그러나 전통 시대의 공동체와는 결별해야 한다. 전통사회의 그것은 보살핌의 공동체이기도 하지만, 구속의 공동체였다. 개체성 없는 집단성이 신명을 억눌렀다. 개체 안의 전체성과 신명을 길러주고 고양하는 것이 새로운 공동체의 모습이다. 서유럽의 공동체는 개인주의적 협력주의(individual cooperation)를 이야기한다. 새로운 공동체는 탈국가주의적이면서도 개체성을 살리는 자유의 공동체이다.

노자의 소국과민(小國寡民)은 단지 이상이 아니다. 간디가 꿈꾸었던 70만 개의 마을공화국은 꿈이 아니다. '생태적 공동체'는 이상이 아니라 현실적인 전략이다.

새로운 공동체의 또 다른 열쇠말은 여성이다. 탈가부장제와 여성의 시대다. 한국의 신종교는 음개벽(陰開闢)을 이야기하며 여성의 시대를 예언하기도 했다. 서유럽의 급진적 공동체에서는 여성성을 중심으로 '가모장적(家母長的, 家父長的이 아닌)' 공동체가 탐색되고 있다.

생명과 평화: 한국적 대안의 화두

"지구적으로 사고하고 지역적으로 실천한다."는 경구는 여전히 유효하다. 지구적 전환·문명의 전환이 큰 흐름이라면, 지금 여기 한국 사회에서 혹은 각각의 삶의 현장에서 무엇을 어떻게 할 것인가?

생명과 평화는 한국적 대안의 열쇠말이다. 생명평화운동은 한국적 맥락의 대안운동이다. 생명평화운동은 유럽의 생태주의운동에 비견되는 한국적 대안 담론과 실천을 축적해 왔다. 무엇보다 생명평화운동은 새로운 세계관과 가치관을 제시하였다. 인권과 생태를 아우르며 또 더욱 깊게 하였다. 또한 생명평화운동은 사회운동의 새 지평을 열었다. 공리적 협동조합을 넘어서는 도농상생, 생산-소비 공동 참여로 새로운 형태의 협동운동 모델을 제시하였고, 탁발순례와 삼보일배 등을 통해 깨달음과 영성의 사회운동을 창조해 왔다. 이제 생명평화운동은 마을-지역을 기반으로 협동과 호혜의 사회경제적 시스템을 모색하고 있다. 수행과 생활과 정치가 통일되는 동아시아적·동양적 전통을 잘 보여주고 있다.

학교와 정당과 노동조합 등등, 근대적 구조물들이 아무리 붙잡으려 해도 무너지고 있다. 주나라 말기 공자가 정명(正名)을 말했던 것은 한 시대를 지탱하던 질서(名, 이름)가 무너지고 있는 현실에 대한 대응이었다. 오늘날 학교는 학교답지 못하고 정당은 정당답지 못하다. 한국 사회에서도 탈(脫)학교, 탈정당, 탈도시… 기존의 질서로부터 탈출이 시작되었다.

문명 전환의 실질적인 과제는 자본주의를 극복하는 것, 우리 시대의 구원은 상품과 자본의 논리와 굴레에서 생명의 어울림과 만개(滿開)를 실현하는 것이다. 생명평화운동이 바로 그것이다. 생명평화운동이 이제 낡은 것에 대해서는 호스피스 역할을, 새로운 것에 대해서는 산파 역할을 해야 한다.

다른 세계는 가능하다. 깨우친 민초들의 포괄적이고 능동적인 활력이 절실하다. 삶·생명을 중심 가치로 하는 새로운 '운동(movement)'만으로 불가능하다. 운동은 생명활동의 일부일 뿐이다. 사회운동은 방편이다. 생명은 스스로 조직하고 또 운동한다. 그러므로 '생명'의 운동은 사족일 뿐이다. 다시 말해 '생명'과 '운동' 사이에는 무언가가 있다. 생명세계의 균형과 조화를 이루는 생명'평화'운동, 아프고 고단한 생명을 살리는 생명'살림'운동, 온 생명이 한살림이 되는 생명'공동체' 운동 등이 그것이다. 통칭하여 '생명운동'이다.

생명운동은 새로운 에너지의 발견으로부터 시작된다. 요컨대 생명운동의 힘은 바로 깨달음과 영성에서 나온다. 사회주의와 자본주의는 생산력에서 동력을 찾는다. 기술 혁신과 생산관계가 변화를 추동한다고 믿는다. 생명운동의 동력은 전일적 생명력이다. 몸에서 비롯되고 의식과 무의식을 망라하는 전체로서의 정신성이 생명운동의 힘이다.

1) 생명 · 평화 세상

생명과 평화의 가치가 실현되는 사회는 어떤 모습일까? 이를테면 그것은 생명평화공동체이다. 그 범역이 한반도라면 한반도에 사는 사람들과 생태계와 서로 균형과 조화를 이루는 공동체를 말할 것이다. 그것이 어느 마을이나 지역사회라면 좀 더 작은 생명평화공동체가 될 것이다. 요컨대 생명평화 세상은 사람과 사람, 사람과 자연이 균형과 조화를 이루는 사회라 할 수 있을 것이다. 생명 지속 가능성은 사회정의와 생태적 균형과 자기실현이 함께 실현될 때 진정 가능하다.

이렇게 표현할 수도 있다. 하늘과 땅과 사람이 조화로운 세상, 생태적으로 지속 가능하고 사회적으로 정의롭고 창조적으로 자기실현하는 세상, 지속 가능하고 정의로운 창조사회라 할 수 있을 것이다. 품격 있는 사회, 성장이 아닌 '성숙' 사회로의 전환이라고 말할 수도 있다.

사회적 삼재(三才)라 할 국가, 시장, 시민사회의 재구성이기도 하다. 국가에 기울어지고 시장에 빠진 한국 사회의 무게중심이 시민사회로 옮겨지도록 긴 호흡으로 준비가 필요할 것이다. 한반도적 관점, 동아시아적 관점, 세계시민의 관점에서 동북아생명평화연대와 지구적 생명평화연대도 꿈꾸어야 할 일이다.

2) 세 개의 전환

생명평화 세상을 향한 전환의 내용은 구체적으로 무엇일까? 마음과 몸, 그리고 관계의 변화가 기본이다. 그것을 사회적인 맥락에서 말하면 첫째, 의식이다. 세계관과 가치관, 사고방식의 전환이 이루어져야 할 것이다. 둘째, 먹고 쓰고 입는 생활양식의 전환이다. 셋째, 사람들의 기본적인 필요를 사회적으로 뒷받침하는 경제 시스템의 전환이 수반되어야 한다. 요약하면 의식, 생활, 체제라고 말할 수 있다.

첫째, 의식의 전환이란 삶의 중심가치를 바꾸는 일이다. 가치의 중심 이동이다. 그러기 위해서는 세계에 대한 인식이 바뀌어야 한다. 한마디로 생명의 세계관이다. 물질에서 생명으로, 돈에서 삶으로. 생명의 관점에서 볼 때 이 세계는 하나로 연결된 살아 있는 전체다. 사회주의적 유물주의와 자본주의적 물질 숭배를 동시에 넘어서야 한다. 삶의 전일성에 대한 자각이다. 한국과 동아시아의 전통 속에 살아 있는 음양론과 천지인 삼재론, 불교의 연기적 세계관, 동학과 원불교 등 생명의 세계관에 주목해야 한다.

둘째, 생활의 전환이란 사고방식만이 아니라 생활양식을 바꾸는 일이다. 생태적 삶, 공동체적(협동적) 삶, 깨달음의 삶 혹은 영적인 삶의 전일적 실현이다. 생태적 삶은 적게 일하고, 적게 벌고, 적게 쓰고, 적게 버리며, 자연과의 교감 속에서 행복을 찾는 삶이라 할 수 있다. 공동체적 삶이란 사회적 신뢰를 바탕으로 많이 사귀고 많이 놀되, 협동을 통해서 생활의 필요를 해결하는 삶이다. 영적인 삶이란 보이지 않는 나의 본래 면목을 깨닫고 또 깨어 있는 삶이다. 이제 나 자신과 사회와 자연에 대한 성찰과 수행은 삶의 일부가 된다.

셋째, 체제의 전환이란 사회경제 시스템의 중심 이동을 말한다. 생활의 필요를 사회적 해결하기 위해서는 자급자족만으로는 불가능하다. 거래와 교환, 즉 시장은 자연스럽게 만들어진다. 재화와 자원 교환의 장이 없는 사회는 불가능하다. 그런데 현재의 자본주의 시스템은 브레이크 없는 수요의 무한 창출, 즉 무한 소비·무한 생산을 통한 이윤의 극대화로 자연을 파괴하고 공동체를 위태롭게 하고 있다.

문제는 시장 그 자체가 아니라 탐욕스런 자본주의의 이윤 창출 시스템이다. 그렇다면 시장의 성격을 바꿔야 한다. 호혜시장이 그것이다. 원래 소비와 생산의 순환이 잘 이루어지는 시장은 경제사회적 정상계(正常系)라고 말할 수 있다. 그러나 자본주의 시장은 자본 무한팽창의 비정상계이다. 시장의 정상화가 필요한 것이다. 이윤 추구의 투전장으로서의 시장을, 서로의 필요를 교환하는 본래의 시장으로 되돌려야 한다. '자기 증식을 다투지 않는 시장'으로 바꾸어야 한다. 나아가 시장 안에 물질관계만이 아니라 비(非)물질적 관계, 영성과 인격이 녹아 들어가야 한다. 시장 안에서도 따듯한 마음, 기룩한 마음이 움직이도록 해야 한다.

3) 사회운동의 새로운 패러다임

오늘 한국의 사회운동은 새로운 패러다임을 요청받고 있다. 가치, 주체, 방법 등에서 전면적인 전환이 절실하다. 지난 30여 년간의 생명평화운동의 전개 과정과 2008년 촛불시위에서 새로운 가능성을 보여주었으나 아직은 생성 중이다.

1960년대 이후 한국의 사회운동은 주된 흐름의 변화를 보여주었다. 이를테면 1960년대에서 1980년대까지를 '대항형 사회운동'의 시대라고 말할 수 있다면, 1990년대와 2000년대 중반까지는 '대변형 사회운동'이 주류를 이루었다. 그러다가 2000년 중반 이후 생명평화운동과 다양한 형태의 풀뿌리운동과 함께 '대안형 사회운동'이 우후죽순으로 성장하였다.

사회운동으로의 전환은 세 가지 차원에서 살펴볼 수 있다.

첫째, 주체의 전환이다. 계급 주체에서 보편적 인간으로, 나아가 인간 주체에서 생태계를 포함하는 생명 주체로 확장되어야 한다.

둘째, 가치의 전환이다. 중심 가치와 지향이 바뀌고 있다. 지금까지 자유와 평등이 중심 가치였다면 이제 박애가 새롭게 조명되고 있다. 경제 가치가 아니라 생명 가치로, 성장에서 성숙으로의 가치의 중심 이동이 이루어지고 있다.

셋째, 운동 방식의 전환이다. 남을 바꾸어 세상을 바꾸는 운동에서 나를 변화시켜 나와 우리를 바꾸고 결국 세상을 바꾸는 운동으로 변화되고 있다. 만들어 놓고 짜맞추는 운동에서 함께 참여하여 만들어가는 운동이 되고 있다. 이를테면 '구조 기획'에서 '과정 기획'으로의 전환이라고 말할 수도 있다. 조직 형식에 있어서도 대중(mass) 선동에서 결사체(association)의 조직으로, 그리고 네트워크(network)로 진화해 왔다. 그리고 지금은 한국의 마당, 그리스의 아고라와 같은 플랫폼(plat-form)이 중심이 되고 있다. 물론 이들은 공존하는 것이지만.

기존 사회운동의 동력이 사회의식의 변화였다면, 이제 영성적 깨달음이 새로운 사회운동의 에너지이다. 새로운 사회운동은 전복이 아니라 중심 이동이다. 정치적 변혁을 통한 권력의 교체가 아니라 차원 변화를 꿈꾼다. 전환은 전복이나 권력의 탈취가 아니라 무게중심의 이동이다. 문화운동, 즉 사람들의 마음을 움직이는 활동이 중요하다. 새로운 운동은 전선을 만들어 반대파를 척결하는 것이 아니라, 깊어지고 넓어지는 것이다.

그리고 이러한 새로운 사회운동의 실현지는 무엇보다 마을과 지역이다. 삶·생명을 중심 가치로 하는 재지역화를 기획해야 한다. 한국에서 '70만 개의 공화국*으로 이루어진 인도를 꿈꾼다. 마을과 지역이 희망이다.

전환이 희망이다

사회적 불평등, 생태적 불균형, 무너진 영혼. 사회적으로나 생태적으로, 인간 내면에 있어서도 오늘 우리는 지속 불가능한 사회에서 지속 불가능한 삶을 살고 있다. 삶·생명의 위기는 담론이 아니라 현실이다. 전환이 아니면 희망도 없다. 세계관을 바꾸고 생활양식을 바꾸

---

* 간디가 스와라지(자치) 운동을 전개할 때 '인도에는 70만 개의 마을이 있고, 70만 개의 공화국이 있다.'라고 주장한 것을 지칭한다.

고 시스템을 바꿀 때에 새로운 희망의 싹이 돋아날 수 있다. 어린이·학생에게도, 젊은이들에게도, 여성들에게도, 노인들에게도 전환만이 희망이다. 1%의 기득권자를 제외하고 99%는 변화를 원한다. 이미 '전환'은 시작됐다.

생명평화로의 전환은 무엇보다 의식의 전환이다. 마음을 바꾸는 운동이다. "나는 너다. 나는 너의 밥이다."가 캠페인의 슬로건이 되고, '주고받기' 혹은 '먼저 주기'가 활동의 의제가 된다. 또한 생명평화로의 전환은 생활을 바꾸는 일이다. 적게, 느리게, 부드럽게, 나누며 산다. 생명평화운동은 사회적 결단이다. 청년들과 노인들이 더불어 농촌과 지방으로 내려가는 전 사회적인 신(新)브나르도 운동도 필요하다.

생명평화는 한국적 문명 전환 운동의 열쇠말이다. 생명평화 세상은 아무도 만들어 주지 않는다. 생명평화 세상은 저절로 만들어지지도 않는다. 지금 여기서 창조된다. 생명평화는 나에게서 시작되어 전 사회로 퍼져 간다. 작은 마을, 하나의 씨앗으로 뿌려져 우주로 확장된다. 한국에서 울리고 뉴욕에서 공명한다. 공동체적 삶, 생태적 삶, 영성적 깨달음의 삶이 지금 여기서 실현된다. 내가 발 딛고 사는 그곳이 곧 우주의 배꼽이다. 문명 전환의 발신지다.

"내가 바뀌면 우리가 바뀌고, 우리가 바뀌면 세상이 바뀐다."

박애의 패러다임과 호혜사회의 비전*

거대담론의 추억

생명 담론도, 사회적 비전이라는 말도 크다. 큰 이야기다. 큰 이야기의 시대가 있었다. 세계관과 '주의(主義)'와 체제가 이야기의 중심이었던 때가 있었다. 시대정신을 운위하기도 했다. 예컨대 1960년대와 70년대엔 근대화와 산업화가, 80년대엔 민주주의, 그리고 1990년대 이후 한국 사회의 시대정신은 '세계화'와 '경쟁력'이었다. 인정하지 못하는 이들도 많겠지만.

큰 이야기의 시대가 간 것일까? 혹 21세기에도 시대정신이란 게 있다면 그것은 무엇일까? 적어도 사회운동만을 본다면 확실히 작은 이야기의 시대라고 해야겠다. 생활과 풀뿌리가 강조되고 1인 NGO와 작은 공동체운동이 소중하단다. 간혹 큰 이야기를 꺼내 들어도 재미가 없다. 민주주의는 여전히 중요하지만 옛 노래 같고, 혹 선진화이거나 진보일 수도 있으나 손에 잡히질 않는다. 말만 들어서는 큰 차이를

---

* 이 글은 2013년 출간된 『녹색당과 녹색정치』(아르케)에 실린 글을 수정 · 보완했다.

느낄 수도 없다. 서유럽의 경우 한때는 생태주의가 새로운 시대정신이었을 법하지만, 우리의 경우는 모르겠다.

전 지구적 시장자본주의의 시대가 되면서 자본주의의 구조적 위기가 현실화되고, 디지털 기술은 상상력을 뛰어넘어 진보를 거듭하고 있다. 대전환기라고 말한다. 어디에서 어디로의 전환이란 말인가?

예컨대 이런 문제 제기라면 귀를 기울일 만도 하다. '성장의 한계'와 '경쟁의 한계'. 성장의 한계는 너무도 유명한 로마클럽의 보고서의 제목이기도 하다. 1972년 인류 역사상 처음으로 경제성장과 생산력주의에 경고를 보내며 지구환경의 위기를 예고했다. 그리고 30여 년이 흐른 2000년에 이른바 리스본 보고서라는 것이 만들어져서 '경쟁의 한계'*를 경고하였다. 시장원리주의, 경쟁이라는 지배적 이데올로기에 함몰된 지구촌에 비경쟁 체제와 공동 협력을 위한 지구촌 계약을 제안한다.

성장과 경쟁의 한계를 넘어서는 21세기의 시대정신은 무엇일까? 글로벌에코빌리지 네트워크(www.gaia.org)는 이렇게 묻는다. "돈의 길(money based path)인가, 삶의 길(life based path)인가?" 그런데 지금으로부터 25년 전인 1989년 한국의 「한살림선언」은 전일적 생명의 세계관과 새로운 생활양식을 제안하며 '죽임의 문명에서 살림의 문명으로'의 대전환을 예고하였다. '문명의 전환'이다. 자본주의와 사회주의를 포

---

* 리스본그룹, 『경쟁의 한계』, 바다출판사, 2000.

함한 생산력주의와 산업문명 너머의 '생명의 지평'을 선언한 것이다.[*]

큰 이야기다. 생명 담론도 크고, 생명 담론이 이야기하는 생명의 세계관과 문명론도 거대하다. 새로운 문명을 이야기한 이들이 적지 않았지만, 프랑스의 석학 아탈리(Jacques Attali, 1943~)도 일찍이 형제애의 유토피아론을 이야기한 바 있다.[**] 그는 프랑스혁명의 3대 이념을 검토하며 자유의 유토피아와 평등의 유토피아를 넘어 형제애(박애, 우애)의 유토피아로의 전환을 제안하였다. 형제애의 유토피아는 한국 생명 담론의 문법으로 말하자면 '공생의 철학'이며 '호혜사회'의 비전이다. 상대방의 행복이 나의 행복이 되는 세상, 새로운 삶의 양식은 공생과 호혜에 기반해 재구성된다. 생명의 세계관에 기초한 전환의 기획이다. 세계관의 전환, 생활양식의 전환, 체제의 전환이 그것이다. 호혜사회는 생명 담론의 사회적 대안, 혹은 체제 전환의 기획이다.

박애의 유토피아: 새로운 제3의 길

1989년 11월 9일 베를린장벽이 무너졌다. 사람의 물결이 장벽을 무너뜨렸다. 욕망이면서 열망, 풍요와 자유에 대한 욕망과 열망이 베를

---

[*] 한살림선언은 1989년 당시 도농직거래 중심의 생활협동운동을 펼치던 〈한살림공동체 생활협동조합〉과는 별도로 생명문화운동을 위해 만든 〈한살림모임〉의 창립과 함께 발표되었다. 생명운동의 정신적인 스승이었던 원주의 장일순, 시인 김지하, 한살림운동을 이끌어왔던 박재일, 한살림선언을 대표 집필한 최혜성이 선언문의 정리에 참여했다.

[**] 자크 아탈리, 『합리적 미치광이』, 중앙M&B, 2001.

린장벽을 해체했다. 그리고 '국가의 지배'를 종식시켰다.

장벽이 사라짐으로써 무엇보다 자본주의 시장경제가 확장되었다. 분명 서방의 승리, 자본주의의 승리였다. '국가의 지배'는 곧바로 '시장의 지배'로 대체되었다. 그리고 전지구적 자본주의 시장경제가 구축되었다. 아탈리 식으로 말하면, 평등의 유토피아는 멸망하고 자유의 유토피아가 도래한 셈이다.

그러나 과연 그러한 것인가? 사실은 구도 자체가 바뀐 것 아닐까? 두 세계 사이의 담장이 무너지면서 다른 세계가 열렸다. 상대인 좌가 사라짐으로 해서 좌우라는 구별, 자본주의와 사회주의라는 두 세계도 희미해지고 무의미해졌다. 여전히 그 이름은 '좌파'라 불리더라도 20세기의 그것은 이미 아니다. 지나간 강물이다. 바람이 불고 여전히 좌파의 물결과 우파의 물결이 맞부딪쳐 싸우는 것처럼 보이지만, 강물의 중심은 소리 없이 도도하게 흐를 뿐이다.

그런 점에서 기든스(Anthony Giddens, 1938~)의 제3의 길은 진정한 제3의 길이 아니다. '사회민주주의의 재구성'이라는 『제3의 길』의 부제처럼, 오랜 과제이긴 했으나 자유와 평등의 사잇길을 다시 한번 탐색하는 노력이었던 것이다. 아탈리의 말대로 '이 체제(서구의 사회민주주의)는 오늘날 자유와 평등 사이에서 취할 수 있는 유일한 타협안'인 것이다. 즉 사회주의와 자본주의 사이, 국가와 시장 사이의 제3의 길인 셈이다. 물론 세계화 시대의 제3의 길이라는 점에서는 분명 일고의 가치

가 있다고 할 수 있다.[*]

냉전체제 해체 이후, 오히려 체제적 대안이 불투명한 시기가 도래했다. 게다가 신자유주의 폐해가 두드러지면서 체제적 대안이 절실하기도 했다. 그러나 그 대안, 혹은 제3의 길은 사회주의와 평등의 유토피아에서가 아니라 박애의 유토피아, 적색(빨강 혹은 분홍)이 아니라 녹색(초록)의 시선에서 모색됐어야 하지 않을까?

이미 서유럽의 녹색은 30여 년 전 녹색당의 창당을 통해 적색과 청색에 대해 제3의 길을 극적으로 제시한 바 있다. 그리고 한국의 전통적 생명사상을 토대로 하고 서유럽의 녹색운동에서 영감을 얻은 한국의 생명운동[**]은 20여 년 전 「한살림선언」을 통해 '생명'을 열쇳말로 하는 한국형 제3의 길을 제시했다. 「한살림선언」은 비록 열흘 뒤에 일어난 베를린장벽의 갑작스러운 붕괴를 예상하지는 못했지만, 자본주의와 사회주의를 기계론적 세계관에 기반한 산업문명의 쌍생아로 동시에 비판하며 생명의 세계관을 선언하였다.

그리고 이 속에 생명운동의 사회적 대안이 숨겨져 있다. 대안의 문

---

[*] 자크 아탈리, 앞의 책.
[**] '생명운동'이란 전일적 생명의 세계관에 의거해 정신과 생활, 사회를 변화시키고자 하는 사회적 운동을 말한다. 예컨대 생명의 세계관 운동, 생명공동체운동, 생명평화운동, 생명살림운동, 생명문화운동이라고 불리는 운동을 통칭한다. '생명 담론'이란 '생명'을 화두로 하는 일련의 사상적, 사회운동적 담론을 말한다. 특히 이 글에서는 김지하와 한살림운동을 비롯하여 생명(평화)운동을 자신의 정체성으로 표방하는 운동 그룹의 주장과 견해를 중심으로 살펴보도록 한다.

법은 동학의 인식론이며 진화론인 불연기연(不然其然),* 즉 '아니다 그렇다'로 설명될 수 있다. 먼저 아니다. 사회주의도 자본주의도 아니다. 그리고 그렇다. 자본주의이기도 하고 사회주의이기도 하다. 시장의 활력도 절실하고 국가의 존재도 엄연하다. 생명 담론엔 관념과 추상만 있고 구체적 대안의 상이 없다는 비판이 적지 않지만, '아니다 그렇다' 속에 체제적 대안이 분명하게 담겨져 있다. 진정한 제3의 길이 펼쳐져 있다.

생명 담론의 세계관은 동아시아의 천지인 삼재론(三才論)을 빌려 설명된다. 삶이란 사람의 길이면서 땅의 길이면서 동시에 하늘의 길을 포괄하는 것이다. 생명세계는 하늘·땅·사람으로 나누어지되, 광대한 하늘 아래 땅이 존재하고 또 땅 위에 사람이 서 있는 포함관계이다. 그런데 천지인의 세계를 각각 문화·경제·정치의 세 범역으로, 시민사회·시장·국가라는 이른바 '사회적 삼재'로 적용해 볼 수도 있다. 그것은 생명 담론의 '천하삼분지계(天下三分之計)'라고 할 만하다.

시장을 통해 자유의 유토피아를 실현하려는 자들이 천하를 통일한 것처럼 보인다. 평등의 유토피아는 지구상에서 사실상 사라진 듯하다. 박애의 유토피아, 형제애의 세상은 애초부터 없었는지도 모른다. 하지만 과연 그럴까. 일찍이 칼 폴라니(Karl Polanyi, 1886~1964)가 발견하고 적시하였듯이 시장을 통한 교환은 보편적인 경제 형태가 아니며,

---

* 수운 최제우가 지은 『동경대전』「불연기연」 참고.

인류에게는 시장과 더불어 재분배와 호혜(성)라는 경제 형태가 존재했다. 더욱이 우리 삶 안에는 자유의 에너지와 평등의 이상과 형제애의 열망이 공존하고 있다. 우리가 사는 사회 속에서도 마찬가지이다. 자유의 유토피아가 천하를 제패하거나 평등의 유토피아가 천하를 통일함으로써가 아니라, 자유와 평등과 박애의 어우러짐을 통해 새로운 차원의 세계가 열리는 것이다. 그것이 곧 진정한 제3의 길이 아닐까?

그렇다면 누가 그 세상을 열어 젖힐 것인가? 자유가 우리를 이끌 것인가, 다시 평등인가? 아니다. 20세기를 경과하면서 자유도 평등도 자본주의도 사회주의도 아니라는 사실을 목격했다면, 이제 삼재(三才)의 새로운 무게중심 혹은 균형추를 기대해도 좋을 것 아닌가? 균형과 조화의 세계로 이끄는 것은 바로 박애·우애·형제애·사랑이며, 공생의 철학과 호혜의 사회적 비전이다.

호혜사회, 이것이 필자가 그려보는 생명운동의 사회적 대안이다. 호혜 대신 우애일 수도 있고 박애일 수도 있다. 그러나 그것이 체제적 대안이라면 호혜라고 하는 게 좋을 듯하다. 우애가 가치 혹은 이념이라면 호혜는 체제적 전망이다. (시장)교환경제와 재분배 경제에 대해 '호혜경제'가 그럴 듯하다. 호혜경제를 '사회적 경제'라고 말할 수 있지만, 사회적 경제엔 사회주의에 대한 추억이 묻어 있긴 하나 새로움을 얻어 내기엔 부족하다. 더욱이 사회적 경제 안에서는 인격과 영혼을 느낄 수 없다. 우애의 경제 혹은 호혜의 경제는 사람의 경제이며,

생명의 경제이며, 동시에 마음의 경제이다.

물론 아직은 탐색 중이다. 호혜 담론은 물론 영혼 있는 사회경제 사상가 칼 폴라니의 발견에 기대고 있다. 폴라니가 대안적 경제체제를 구체적으로 구상한 것은 아니지만, 길드 사회주의를 통해 인격적 관계가 전제되고 생산자조합과 소비자조합이 만나는 복합적 체제를 암시했다고 한다.* 생명의 세계관에 기초하고 생태적 · 공동체적 · 영성문화적 생활양식을 바탕으로 하며 호혜적 원리가 작동되는, 국가와 시장이 아닌 시민사회가 사회적 삼재의 균형추가 되는 사회를 그려본다. 여기 산업 · 자본주의라는 앙상레짐을 뚫고 솟아나는 생명의 열망이 있다.

녹색-생명의 패러다임

호혜사회의 비전은 전일적 생명의 세계관을 바탕으로 한다. 사회진화론이나 사적 유물론이 아닌, 생명의 세계관으로 제3의 길을 탐색한다. 사회진화론의 세계는 주지하다시피 자유로운 경쟁과 우승열패(優勝劣敗)의 시장 원리주의와 맥이 닿아 있다. 사적 유물론의 세계는, 물론 지금은 매우 약해졌지만, 과학적이고 필연적이고 유토피아적이

---

* 앞으로 언급될 폴라니는 홍기빈이 번역한 『거대한 전환』, 「전 세계적 자본주의인가 지역적 계획경제인가 외」, 그리고 J. R. 스탠필드가 쓴 『폴라니의 경제사상』 등을 주로 참고하였다.

다. 자본주의의 붕괴와 사회주의의 도래를 예언한다. 서유럽의 녹색(green)은 이 모두를 통틀어 산업문명의 패러다임이라고 비판했다. 그린(Green)의 관점에서 산업주의/자본주의는 기계론적 세계관이며, 요소론과 환원주의, 이분법적 이데올로기일 뿐이다.

녹색/생명의 세계는 개체 생명 하나하나가 전체성을 가지면서도 서로 연결된 생명의 그물이다. 상대가 있음으로써 내가 있으니 공생(共生), 아니 한발 더 나아가 상생(相生)이다. 사람과 사람 사이에서도, 사람과 자연 생태계 사이에서도 공생과 호혜(互惠)이다. 공생과 호혜는 사랑이다. 우애와 박애와 형제애의 그 사랑이다. 생명의 세계는 객관적이기보다 주관적이다. 상호 주체적이다. 생명의 세계는 관계 자체이다. 생명의 세계는 순환함으로써 항상성을 유지한다. 다시 말해 순환함으로써 균형과 지속 가능성을 보장한다. 생태계의 순환은 말할 것도 없거니와 사회경제적 순환도 마찬가지이다. 생산-유통-소비-재생의 순환이 끊기면 구조적 위기가 닥쳐온다. 돈도 돌아야 돈이다.

색깔로 구분한 것은 순전히 방편이다. 녹색 패러다임의 세계관적 기초는 전일적 생명의 세계관(holistic worldview)이다. 지나치게 도식적이긴 하지만, 앞서 언급한 바와 같이 사회진화론·사적유물론과 비교하면 쉽게 보인다. 인간은 어느 하나로 환원될 수 없다. 생명활동(생활)이라는 애매모호하고 포괄적인 정의가 불가피하다. 생명활동은 사회진화론과 사적 유물론이 말하는 '경쟁'과 '물질'의 측면을 분명히 가지고 있다. 문제는 어느 위치에서 보느냐, 즉 시선이 중요하다.

세 개의 패러다임[*]

	청색의 패러다임	적색의 패러다임	녹색의 패러다임
세계관적 기초	사회진화론	역사적 유물론	전일적 생명의 세계관
중심 가치	자유	평등	박애
정치이념	자본주의	사회주의	연대주의
중심 부문1	시장	국가	시민사회
중심 부문2	경제	정치	문화
사회적 목표	발전	진보	창조
사회적 기반 (주체)	자본·기업가 (계몽된 부르주아지)	노동계급 (의식화된 노동자)	주변화된 인간 (깨우친 民)
사회경제적 목표	성장	분배	균형
사회경제적 원리	교환	재분배	호혜
경제학적 중심점	효용·효율	노동(생산)	순환
주된 경제주체	기업(주식회사)	기업+노동조합	협동조합+개인네트
자연에 대한 태도	개발	개발·고려	공생
조직	대중(mass)	연합(association)	네트워크(network)
리너십	기업가형	혁명·조직가형	예술·종교가형
국가상	시장국가	복지국가	平和국가(공동체연방)

[*] 색깔 구분은 전적으로 서구적 맥락에서 한 것이다. 동아시아에서는 청적황백흑의 오방색으로 표현된다. 또 하나, 국가론으로 귀결되어야 하는 것은 아니지만 국가가 존재하는 한 그 이상은 평화국가 아닐까. 여기서 평화국가의 평화는 peace의 의미도 있겠으나, 생명평화의 '평화', 즉 平和의 한자 뜻 그대로 균형(balance)과 조화(harmony)를 뜻한다. 천(정신)·지(환경)·인(사회) 삼재의 平和.

물론 자유도 평등도 박애도 모두 소중하다. 오히려 시장과 국가에 대해 '사회'를 강조하고, 정치와 경제에 대해 '문화'를 드러내고 싶은 것이다. 물질적 풍요가 척도인 '발전'과 '진보' 대신 '창조'적 자기실현을 강조하고자 하는 것이다. 노동은 생산의 3요소 중 하나가 아니라, 오히려 생명활동의 한 측면이다. 노동사회에서 문화사회로의 전환, 생태적 공생사회로의 전환이 필요하다. 성장과 분배도 좋지만, 오히려 생태·경제적 균형을 중요시해야 할 때라는 말이다. 잘 알다시피 ecology와 economy는 eco/집이라는 하나의 뿌리에서 나온 것이니 더욱 그렇다.

시장에서의 교환 원리와 국가의 재분배 원리도 사회적 진화의 동력이 되지만, 사회/공동체에서의 호혜의 원리를 복원할 때에 새로운 사회의 비전이 열리지 않을까 생각된다. 다시 한번 강조하거니와 생태계의 순환이 그러하듯 '돈'도 경제도 돌아야 한다. 생명의 항상성과 사회경제적 지속 가능성은 순환을 통해 이루어진다. 돌아야 한다. 돌지 않으면 죽음이다. 효율 만능은 삶을 깡마르게 하고 생산에 대한 지나친 강조는 비만과 제살 깎아먹기로 귀결된다.[*]

녹색/생명의 세계, 박애의 유토피아를 열 주된 경제 주체는 오늘날 시장을 지배하는 주식회사가 아니라 의식주교의(衣食住敎醫) 등 생활의

---

[*] 그런 점에서 녹색성장은 정말 아니다. 녹색의 척도는 '성장'이 아니라 '순환'이다. 녹색성장은 언뜻 제3의 통합으로 보이지만, 주지하듯이 경제성장주의와 시장원리주의를 세탁하는 것에 불과한 것이 현실이다.

필요를 스스로 조직하는 자율적 공동체의 협동적 조직과 네트워크가 되어야 한다. 다양한 협동조합과 사회적 기업이 대표적인 예가 될 것이다. 그런데 여기서 더욱 주목해야 할 것은 '개인'이다. 소비자, 소농, 자영업자, 소생산자, 프리랜서, 비정규직, 비취업자 등등. 이들의 네트워크가 대안적 경제 주체의 미래다. 그 조직화는 뭉텅이 대중을 움직이는 20세기식 선동으로는 안 된다. 사람들을 하나로 묶는 대동단결과 대연합으로도 어렵다. 이를테면 '대동단결(大同團結)의 공동체'가 아니라 '화이부동(和而不同)의 공동체'이다. 한 사람 한 사람이 귀하게 자기실현하면서도 '서로 살림의 그물', '호혜의 그물'로 연결된 네트워크가 새로운 운동의 조직 형식으로 강조되어야 한다. 한살림의 '한'은 하나(一)이면서 모두(全)이고, 동시에 중(中)인 것이다. 이것은 생명의 존재 양식이기도 하다. 그리고 이 모든 것들의 주체는 '깨우친 민'이다. 사회적 주체란 일정한 사회적 집단이 사회적 의식과 만났을 때 형성된다. 생명의 관점에선 생명 감수성이 예민하고, 생활 친화적인 사람들, 즉 여성·농민·청소년·노인이 중요하다. 이들이 생명의 전일성을 각성할 때, 새로운 주체로 태어난다.

　박애·우애·형제의 패러다임은 이 세상에 없는 유토피아(no-where)의 그것이 아니다. 살아 있는 현실이다. 일본의 우애정치, 우애경제가 부럽다. 일본의 전 총리 하토야마 유키오(鳩山由紀夫, 1947~)의 '우애의 정치학'과 일본 사회운동의 아버지 가가와 도요히코(賀川豊彦, 1888~1960)의 '우애의 경제학'이 그것이다. 자유의 정치경제학과 평등의 정치경제학 사이, 제3의 정치경제학, 또는 우애의 정치경제학이 기다려진다.

하토야마는 2009년 총선에서 '우애혁명', '우애사회'를 기치로 내걸고서 선거라는 현실 정치에서 승리했다. 『나의 정치철학』이라는 에세이를 통해 '자립과 공생의 사회'라는 대안을 제시하며 일본의 다른 미래를 주장한 바 있다. '지역 주권 시대'를 천명하며 한국 자치운동가들의 부러움을 사기도 했다.

하토야마의 '우애'는 '박애'의 다른 표현이다. 자유와 평등의 정치학을 넘어서 박애의 정치학을 제안한다. 그에게 우애는 파시즘적 사회주의와 방임적 자본주의를 동시에 넘어서는 20세기 전반기의 대안이다. 21세기 초입, 자본의 음모(?)를 일단 접어 두고 보면 하토야마의 '우애사회론'은 제법 그럴듯해 보인다.

『우애의 경제학』(그물코, 2009)을 제안하는 일본의 기독교 사회주의자 가가와는 말한다; "새로운 사회를 만드는 길은 인간의 각성된 종교의식에 뿌리박은 새로운 종교적 경제관 속에서만 발견될 수 있다." 일본 노동운동과 협동조합운동의 대부였던 가가와 목사에게 형제애와 우애의 부활은 곧 길이요 생명이다. 협동조합운동은 사랑과 우애의 기독교 이상과 가장 합치되는 운동인 것이다. 물질이 의식과 문화를 결정할 때도 있지만, 이상이 새로운 세계를 열어 가기도 한다. 가가와 목사는 형제애의 행동을 통해 궁극적으로 협동조합 국가를 모색하고, 나아가 세계평화를 꿈꾼다.

우애(박애)의 패러다임이라고나 할까? 사회주의가 평등의 정치경제학이었다면, 자본주의는 자유의 정치경제학이라고 말할 수 있을 것이다. 이제 우애의 정치경제학을 이야기해 보자. 이는 녹색적 사유, 혹은 생명의 세계관에 기초해 사회적 비전을 그려 보는 일이기도 하다.

호혜의 원리

물론 자유도 평등도 귀하다. 다만 잃어버린 박애를 부활시키자는 것이다. 삼박자가 맞아야 리듬이 완성되고, 세 발 달린 솥 정(鼎)처럼 세 발이 튼튼해야 바로 설 수 있다[鼎立]. 박애 없는 자유, 박애 없는 평등이 문제다. 다른 식으로 말하면, 포함관계의 문제이기도 하다. 사회의 기초 위에 서 있던 시장과 국가가 거꾸로 사회를 지배해서 생기는 문제들, 이들이 제자리를 찾아야 아름다워지는 것이다.

그러기 위한 열쇠말은 호혜성(reciprocity)이다. 호혜의 재발견, 호혜의 부활, 혹은 호혜성을 중심으로 하는 사회의 재구성이다. 호혜의 가능성을 전해준 것은 칼 폴라니다. 폴라니는 경제 형태 혹은 그 작동 원리 중 하나로 호혜를 소개한다. 미세하지만 새로운 빛과 같았다. 이를 이어서 가라타니 고진(柄谷行人, 1941~)이 인류의 사회경제사를 교환 양식의 역사로 재해석하면서 호혜를 중심으로 하는 재구성의 가능성을 시사한다. 폴라니와 고진이 말하는 국가·시장·사회의 삼재와 각각의 운영 원리, 즉 재분배·교환·호혜의 재구성이 오늘의 주제다.

1) 호혜(성)의 개념

사회학에서 호혜성은 되갚아야 할 도덕적 의무가 있는 주고받기이다. 친구들의 사이의 밥 사주기, 선물 주기, 농촌에서의 품앗이를 떠올리면 쉽게 이해될 수 있다. 또한 폴라니의 세 가지 도식의 나머지 측면, 즉 시장교환과 재분배와 비교하면 더욱 선명해진다. 시장교환은 화폐를 통한 비인격적 교환, 즉 사고팔기이다. 그것은 인간적인 감정이나 인격적 관계가 불필요하다. 자유롭다. 반면 재분배는 말 그대로 다시 나누기다. 국가 같은 절대권력이 수집한 자원을 시혜적으로 베풀어준다. 옛날 전쟁에서 승리한 권력자의 전리품 배분과 복지국가의 서비스가 그것이다. 물론 시혜의 대가, 즉 권력에 대한 예속은 각오해야 한다.

물론 넓게 보면 교환과 재분배도 호혜라고 할 수 있다. 적든 많든 분명 서로에게 이익이 되니까 말이다. 그것은 인간사회를 비롯한 생명 세계의 관계성 자체를 설명해 주는 말이기도 하다. 거꾸로 이 점은 왜 호혜를 중심으로 사회경제체제를 재구성해야 하는가의 철학적 근거가 되기도 한다. 폴라니도 아리스토텔레스의 말을 빌려 재분배와 교환이 호혜성의 한 측면이라고 언급했다 한다. 그러나 그 작동 메커니즘을 보면 역시 재분배와 시장교환은 분리될 수밖에 없다. 시장교환은 일단 사회에서 이탈(disembedded)되어 이루지고 있으며, 재분배의 행위 주체와 호혜의 행위 주체는 전혀 다른 사회조직을 기반으로 존립하기 때문이다.

『석기시대의 경제학』(stone age economics, 1974)을 쓴 살린스(C. Marshall Sahlins, 1930~)는 폴라니의 세 가지 도식 중 교환을 호혜성에 포함시켜 두 가지로 합쳐 버렸는데, 그러면서 호혜의 스펙트럼을 세 가지로 확대해 설명한다. 일반적 호혜성(generalized reciprocity)과 대칭적 호혜성(balanced reciprocity)*과 부정적 호혜성(negative reciprocity)이 그것이다. 대칭적 호혜성은 전형적인 '기브앤테이크'이며, 그 양쪽에 무조건적 도움을 의미하는 일반적 호혜성과 무력이나 속임수로 이익을 챙기는 부정적 호혜성이 존재한다.

그런데 살린스의 일반적 호혜성과 대칭적 호혜성의 비교는 하나의 시사점을 준다. 쌍방향의 호혜를 넘어서는, 교차하는 호혜적 관계의 형성 가능성이 그것이다. 사회적 신뢰를 기반으로 하는 호혜성의 연쇄 작용이나 호혜적 순환 혹은 '호혜의 그물'이 만들어질 수 있다는 것이다. 그것이 일시적인 행위가 아니라, 하나의 시스템이 되는 것이다. 여기에 호혜 사회, 호혜 체제의 단초 같은 것이 있지 않을까?

2) 공생의 철학과 호혜성

호혜성이 하나의 사회적 작동 원리로 받아들여지기 위해서는 인류학적 증거와 더불어 철학적 근거가 있어야 한다. 또한 인간의 보편적 염원과 열망을 담고 있어야 한다. 박애가 그렇듯이 말이다.

---

*   이를 대개 균형적 호혜성으로 필자는 대칭적 호혜성이 적당할 것 같다.

호혜(互惠)는 관계이며 사랑이다. 서로에게 이익과 은혜를 베푸는 것을 말한다. 호혜의 원리는 관계성(상호의존성)이라는 생명 원리의 사회적 표현이다. 호혜성은 상호 의존성을 인정하고 받아들이고 사회적으로 진화시키는 것이다. 공생이나 상생과 비슷한 뜻이지만, 자율적이면서도 상호 의존적인 생태계나 민초들 사이의 관계를 잘 표현해 준다. 인간과 인간의 호혜적 관계, 자연과 인간의 호혜적 관계를 동시에 표현할 수 있어 더욱 좋다.

자기조직화와 공진화로 대변되는 현대 진화론은 경쟁 진화보다는 공생 진화를 강조한다. 자기 생성이라는 생명의 원리는 공생을 통해서 극대화된다. 자기 생성과 공생 진화는 일종의 자리이타(自利利他)의 원리이기도 하다. 자리이타는 대승불교에서 나오는 말인데, 혼자의 깨달음이 아니라 그 동기와 결과가 모든 생명의 깨달음과 해탈에 있다는 뜻이다. 공생 사회의 원리라고나 할까. 네가 행복함으로써 내가 행복한 우애사회, 형제애의 원리이기도 하다.

생활협동운동도 호혜적 원리도 자리이타를 기반으로 한다고 할 수 있다. 내 이익이 남의 이익이 되고 남의 이익이 내 이익이 되는. 결국은 이타자리의 깨우침에 이르겠지만, 우선은 자리이타로부터 출발한다.* 내 몸에 좋은 먹을거리가 결국 땅을 살리고 농민을 이롭게 한다.

---

* 최근 삼성경제연구소의 보고서 중 '이타자리의 경영'이란 게 눈에 띄었다. 삼성이 대단하고 무섭다.

'밥상살림-농업살림-지역살림-지구살림'이라는 생명살림의 호혜적 순환이 바로 이것이다. 순환이 이루어질 때, 하나의 체계와 제도, 즉 체제가 된다.

3) 호혜경제의 상상력

호혜경제란 호혜성에 기반한 경제체제를 말한다. 더 엄밀하게 말하면 생산양식이라기보다는 호혜적 교환 양식에 가깝다.

사실 호혜경제나 호혜적 교환은 예나 지금이나 여기저기에서 찾아볼 수 있다. 예컨대 대체로 어릴 적 동네 친구들은 영원히 호혜적 관계다. 일제시대에도 상호부조를 목적으로 하는 수많은 협동조합운동의 시도들이 있었고, 1960년대 신용협동조합운동이 시작되었다.* 사회운동적 기획, 즉 의도적 실천도 많았다. 일찍이 20여 년 전 한국에서는 '호혜시장'이 탄생했다. 호혜적 교환이 이루어지는 관계망 혹은 장터를 일러 '호혜시장'이라고 부른 것이다. 재야사학자 김영래 선생이 처음 말을 붙이고, 김지하 시인이 유통시킨 표현이다. 강화도와 보은에서는 일종의 문화 이벤트로서 여러 해 동안 '호혜시장'이 열리기도 했다.

예를 들어 하나의 시스템으로서 본격적인 호혜적 교환의 예는 도농 직거래이다. 〈한살림〉이 중요한 역할을 했고, 지금도 하고 있다.

---

* 흥미롭게도 신협을 제압하기 위해 만든 새마을금고의 모토가 '자조, 호혜, 공동체'이다.

한살림은 지난 25여 년 동안 생산자와 소비자의 직거래를 통해 이윤 동기에 지배되는 시장이 아닌 호혜적 교환 시스템, 즉 호혜시장의 가능성을 보여주었다. 한살림의 물품 가격은 수요와 공급의 논리에 의해 결정되지 않는다. 대신 농민들과 도시 소비자들의 협의에 의해 결정된다. 한살림은 초기부터 "생산자는 소비자의 생명을 책임지고, 소비자는 생산자의 생활을 책임진다."라는 모토로 활동을 해 왔다. 호혜적 교환시장의 역할을 한 것이다.*

어쩌면 계획적인 호혜적 교환시장의 전형적인 예는 지역통화라 할 수 있다. 레츠(LETS)라고 불리는 지역 차원의 물품·서비스 교환 시스템이나 지역화폐를 발행하는 방식 모두 이용자 서로에게 이익이 되고 지역공동체를 활성화시킨다는 점에서 전형적인 호혜적 교환이라고 할 수 있다. 이미 널리 소개되고 있으니 재론이 불필요할 정도이다. 이와 함께 CSA(공동체가 지원하는 농업), 온라인에서의 비상업적인 중고품 교환시장, 벼룩시장과 바자회 등도 주목해야 할 호혜적 교환 시스템의 다양한 가능성들이다.

그런데 여기서 중요한 것은 호혜의 교환 안에 상품교환과 재분배적 측면이 모두 들어 있다는 것이다. 한살림을 비롯한 대부분의 생협은 서울을 비롯한 수도권과 대도시에서 '교환'의 이익을 남긴다. 물론 한

---

* 〈한살림〉은 1986년 조그만 도농직거래 쌀가게로 시작하여 2014년 말 현재 조합원 48만명의 전국적 생활협동조합이 되었다.

국은행권 화폐로 결제된다. 상품 교환이 이루어지고 있는 것이다. 더욱이 유기농 상품의 높은 상품가치는 유기농업의 확대를 자극한다. 또한 '내부적 재분배'가 이루어지기도 한다. 아직은 미약한 수준이지만 대도시 소비지에서 남은 이익을 지방의 소규모 생협 지원에 쓰기도 하고, 농업/농민 혹은 지역사회를 위해 쓰기도 한다. 요컨대 이 안에서 재분배와 호혜와 교환이 동시에 이루어지고 있다는 것이다. 중첩되어야 자연스럽다는 말이다.

이렇듯 호혜적 교환이 이루어지는 생협 같은 공동체 조직 자체가 생활의 필요를 유기적으로 조직하는 작은 공화국이 될 수 있다. 지역에서도 작은 공화국을 구성하려는 시도가 이루어지고 있다. 원주에서는 신협, 생협, 의료생협 등 협동조합과 공동체가 모인 '원주협동사회경제네트워크'를 중심으로 다양한 지역적 작업을 해 오고 있다. 문화적 정체성과 생태·경제적 균형, 사회적 관계가 온전히 살아 있는 지역(농촌을 배후에 끼고 있는 소도시)은 정말로 작은 공화국이 될 수도 있다.

호혜적 시장경제

생활협동조합과 지역공동체운동이 세상을 진짜로 바꿀 수 있을까? 속속들이 내면화된 자본주의의 심층 구조를 변화시킬 수 있을까? 대안적 생활공동체들의 연대로 성장 숭배, 시장 전제의 사회경제체제를 바꿀 수 있을까? 채식의 확산을 통해 초대형 다국적 기업이 만들어

낸 공장형 농업(factory farming)의 시스템을 바꿀 수 있을까? 그저 시장과 자본의 하위구조에 복무하는 데 그치지 않을까?

요컨대 '생활과 체제'의 문제다. 하지만 체제는 강하고 생활은 무기력하다. 녹색성장의 기치 아래서 에너지 대안이자 성장동력이 되는 원자력발전, 4대강을 비롯한 대규모 개발사업, 수만 년 동안 생성되어온 생태계 파괴를 아랑곳 않는 세계 최대의 조력발전소, 국가와 초국적 기업이 주도하는 기후변화 논의도 그러하다. 이른바 체제, 즉 체계(시스템)와 제도의 문제에 대해 대안운동은 할 말이 없다.

수많은 생협과 귀농운동과 대안문화운동, 심지어는 교육과 먹을거리 등 생활의 필요를 공동체적으로 해결하고자 하는 성미산 공동체도 자족적이라는 비판에서 자유롭지 못하다.* "자족적인 것이 나쁜가?"라는 반문을 일단 접어 둔다면, 체제 전환의 가능성에 대해 무언가 답을 해야 할 듯하다.

분명 생활 단위의 단순한 합으로만 이 세상이 만들어지는 게 아닌 모양이다. 국가 시스템과 자본주의 경제체제, 국제 질서 등 거대한 체계와 제도는 많은 경우 생활세계와 상관없이, 개인의 의지와 관계없이 독립적으로 작동한다. 거꾸로 의식의 변화와 새로운 생활양식을 창조한다고 해서 저절로 새로운 사회가 만들어지는 것은 아니다. '대

---

* 사실 성미산은 그 자체로 압축성장 한국 사회가 보여준 사회운동적 압축 진화의 세계적 사례라 할 만하다. 그만큼 대단하고 훌륭하다는 말이다.

안적 생활'의 조건을 만족시킬 수 있는 '대안적 체제'에 대한 별도의 구상과 기획이 있어야 한다.

채식만으로 세상을 바꿀 수 없다면, 체제(체계+제도)라는 것이 생활과 의식과는 다른 차원의 문제라면, 생활의 성장과 의식의 변화만으로는 체제를 변화시킬 수도 없다면, 이제 별도의 체제적 대안이 필요하다. 보편적 복지국가론이나 국민 기본 수당도 중요하다. 자유로운 삶을 가능케 하는 조건이 되기 때문이다. 이게 없이 자기실현만 이야기하면 부자들을 위한 것이 될 것이다. 시스템과 제도를 재구성하는 체제 전환의 기획, 혹은 정치 기획(그 과정으로서 운동 기획을 포함하여)은 그러므로 반드시 필요하다. 세계관의 전환과 생활양식의 전환과 함께.

앞에서 호혜성의 원리를 살펴보았다면 이제 호혜사회의 실루엣을 그려 보도록 하자. 호혜성을 기초로 하는 사회는 어떤 모습일까? 좀 더 구체적인 상을 그려 본다면 이런 정도가 아닐까.

1) 폴라니의 호혜 사회 모델

폴라니와 고진의 주장을 거칠게 종합해 보면, 국가는 재분배의 원리에 의해, 시장은 교환의 원리에 의해 작동된다고 말할 수 있다. 그런데 문제는 시장의 전제(專制), 시장의 원리가 삶과 사회를 '유일적으로' 지배한다는 것이다. 세상의 모든 것이 사고파는 물건, 즉 상품이 된다. 자연과 인간마저도 상품으로 환원된다. 원래 인간사회에 존재하던 호혜적 관계는 '현실적 차원'에서는 한 올도 남김 없이 사상되고 없다. 그러나 근본적인 차원에서 그것은 결코 사라질 수 있는 것도 아니다. 그러므로 과제는 곧 호혜적 관계의 복원 또는 현실화이다.

국가의 전제(專制), 재분배 유일 원리의 실험도 이미 결론이 난 셈이다. 선진화 담론을 비롯한 서구의 발전 이론과 진보 이론은 여전히 국가를 핵심적 주체로 보아 왔다. 그런데 현실을 들여다 보면 실핏줄처럼 촘촘히 확장된 국가 자체가 비공식적 경제와 지역공동체에 대한 위협이 되고 있다. 예컨대 국가 복지가 간병사업을 실시하기 전에는 공동체가 독거노인을 돌보았는데, 지금은 동사무소가 관리하지 않으면 그대로 방치된다. 국가 복지가 제도화되면서 이웃이 사라졌다. 국가 복지는 반드시 필요하지만, 전제는 시민사회가 주도하는 공동체 복지의 호혜적 그물이라는 것이다.

그렇다면 폴라니의 대안은 무엇이었을까? 호혜의 공동체는 어떤 모습을 하고 있을까? '호혜의 사회 모델'을 살펴보자. 그는 국가보다 작은 단위의 지역분권적인 공동사회를 상정하고 그 속의 호혜적 관계에 주목한다(이하 『지의 논리』, 경당, 2008 참조). 그 속엔 두 개의 권력 단위가 있다. 생산단체(생산자 집단 대표)와 코뮌(소비자 집단 대표)이 그것이다. 두 집단은 가격 교섭, 즉 협의에 의한 가격을 결정한다. 이를 통해 자원의 합리적 분배가 가능하다고 보았다. 그런데 소비자 조직과 생산자 조직 간에 분쟁이 발생하면 누가 조정할 수 있을까? 폴라니의 답변은 이랬다고 한다. 공동사회에서 생산과 소비를 기능적으로 분할했으나, 두 개의 집단은 실은 '같은 사람'이라는 것이다. 다시 말해 이들은 생산 활동과 소비 활동을 하는 양쪽 집단에 모두 속한 '생활자'인 것이다. 한살림의 생활협동운동과 호혜적 교환, 바로 그것이다.

폴라니는 길드사회주의의 동업자들끼리의 내부 거래에 주목했다고 한다. 이러한 내부 거래를 자금, 재화, 서비스에 대한 일종의 '증여 교환'으로 보았던 것이다. '비상업적 교환', '호혜적 교환'인 셈이다. 이때 가정과 기업은 생명활동의 장으로서의 의미를 갖게 된다.

경제가 '생활의 필요'를 사회적으로 조직하는 일이라고 할 때, 공동체의 살림살이를 위해선 호혜적 관계가 생존의 필수 조건이었다. 상업적 교환의 역동성을 인정하면서도 호혜적 교환을 부활시키는 것, 그것이 바로 '다른 삶', '다른 세계' 아닐까.

2) 호혜의 그물

복지국가 담론이 유행이다. 신자유주의 선진화 담론에 대한 진보의 대안으로 이른바 '역동적 복지국가'가 제시된다. 전형적인 재분배경제론이다. 이것이 민간 건강보험과 같은 시장복지를 극복하는 현실성 있는 정치적 슬로건이긴 하나 호혜경제의 기초가 없다면 그것은 단지 '국가의 귀환'에 불과할지도 모른다.

살린스가 일반적 호혜성이라고 말했던 호혜의 그물이 하나의 체계가 되어야 한다. 교차하는 호혜, 호혜적 순환, 호혜의 사회적 연쇄고리를 만드는 것이다. 사회적 안전망은 실상 '국가적 안전망', 시혜적 안전망에 불과했다. 국가가 생존의 안전망이 되어야 마땅하지만 그

전제는 지역공동체를 기반으로 하는 호혜의 그물망이다. 생활협동조합, 의료협동조합, 생산자공동체, 그리고 신망 있는 종교기관들이 호혜적 그물의 일차적 주체들이다. 이들은 국가경제와 시장경제에 대해 '사회적 경제'라고 정의할 수 있다. 노무현 대통령이 열망했던 유러피언 드림의 세계이기도 하다. 제3섹터와 비영리단체와 사회적 경제의 그것이다. 국가와 시장 사이 혹은 너머 시민사회의 자율적·자발적·자치적 네트워크가 그것이다.

그런데 제3섹터와 비영리단체와 사회적 기업과 협동조합은 더욱 깊어져야 한다. 궁즉통(窮卽通)하여 생명의 마음으로 재조직화되어야 한다. 사회적 경제는 복지국가의 위기를 넘어설 대안이다. 그러나 사회적 경제는 호혜적 원리에 주목하고 호혜경제임을 밝힘으로써 심화될 수 있다. 호혜경제는 국가와 시장의 실패와 한계, 나아가 그 철학적·인간학적 한계에 대한 대안으로서 삶·생명과 사회의 전일성의 재발견이기도 하다. (개인)생활의 필요를 사회적으로 해결하는 방법을, 국가에 의한 재분배와 시장에 의한 상품교환 방식으로 해결하는데, 인간적이며 실질적인(물질적인, 경제적인) 한계와 좌절을 경험하고 있기 때문이다. 고용과 소득 등 경제적 목적만이라면, 사회적 경제에서 답을 구했을지 모른다. 하지만 정신, 경제의 사회적 맥락에서 나아가 경제의 인간적 맥락, 즉 영혼(spirit)이 있는 경제를 탐구하려는 것이다.

그러므로 생활협동운동은 생활의 필요를 협동적으로 해결하는 데서 머물지 않고 상품이 아닌 '생활'의 필요에 주목하고, 개인적 소비가 아닌 협동적 공생에 천착해야 한다. 생활 협동의 바탕 위에 정신운동과 사회운동의 전망이 겹쳐져야 한다. 그럴 때에만 생활협동조합운동은 진정한 호혜의 그물코가 될 수 있을 것이다.

3) 호혜시장

호혜사회는 적대적 경쟁사회에 대한 다차원적 관계성의 복원이다. 경제가치가 압도하는 성장사회에 대한 생명의 전일적 열망이다.

생활의 필요를 나누는 교환시장은 돌고 도는 물과 같은 것인지도 모른다. 그리고 어쩌면 호혜는, 폴라니와 살린스의 말대로 공기와 같은 것일 수도 있다. 세상만사와 인간관계가 그렇듯이. 호혜가 가장 잘 이루어지는 곳은 시장이 되어야 한다. 호혜시장을 만드는 것이다. 오랫동안 생명사상, 생명운동, 생명사회를 천착해 온 시인 김지하는 '호혜를 전면에, 교환을 일상으로, 획기적 재분배를'이라는 슬로건을 제시한 바 있다. '교환을 일상으로'가 이런 뜻이었을까?

사회=호혜는 하늘과 같아서 눈에 보이지 않으나 어느 곳에나 스며 있고, 시장=교환은 땅과 같아서 어디에서나 발 딛지 않고 다닐 수 없는지도 모른다. 그리고 국가=재분배는 인간의 몫인지도 모른다. 권한도 크고 책임도 큰.

"셋이 모여 삶이 된다."라는 말이 있다. 천지인 삼재도 그렇고, 영성적 삶과 생태적 삶과 사회적 삶의 전일성도 그렇지만, 천부경의 일석삼극(一析三極)이나 인중천지일(人中天地一)을 빗대어 말할 수도 있다.

'하나가 나뉘어 셋이 되고 셋이 모여 하나가 된다.' 삶·생명은 하나이면서 동시에 셋(여럿)이다.

폴라니가 생애 마지막에 작업을 했던 저널의 제목이 '공존'이었다고 한다. 시장과 국가, 시민사회의 공존. 호혜사회는 호혜가 무게중심을 잡는 사회를 말한다. 호혜의 전제가 아니다. 이는 봉건사회에서나 가능한 일이었다. 계획의 전제나 시장의 전제가 불가능하듯 호혜의 전제도 불가능하고 불필요한 일이다. 호혜가 공기가 되고, 호혜가 균형추가 되는 공존의 세상을 꿈꾼다.

새로운 사회 새로운 인간

홍익인간이나 동학의 유무상자(有無相資)의 생활공동체나 우애와 조화의 대동사회는 민초들의 염원이고 열망이었다. 생명운동의 사회적 비전은 세 가지로 설명될 수 있다. 녹색·생명의 패러다임에 의거하고 영성(문화)·생태·공동체적 가치에 조응한다.

먼저 창조사회는 자아와 내면의 합일, 개인과 공동체의 합일, 나아가 우주적 합일이며 창조적 자기실현의 장이다. 각각의 개성과 에너지가 문화예술로, 사회적 디자인으로, 충만한 영성으로 실현된다. 발전과 진보라기보다 창조가 더 가깝다.

다음은 순환사회이다. 생태와 경제의 균형이 절실하다. 기후변화가 전환을 강제한다. 그런데 균형은 순환을 통해 이루진다. 농업을 기반으로 생태적 순환을 복원해야 하며, 끊겨진 생산-유통-소비-재생의 사회경제적 순환을 되살려야 한다. UN이 제시하는 기후변화의 대안도, 녹색의 진정한 기준도 '순환'에 있다.

끝으로 호혜사회이다. 배제가 없고 소외가 최소화된 사회, 각각의 개인이 지극히 존중되면서도 서로에게 은혜가 되는 관계, 인간과 인간의 관계뿐 아니라 인간과 자연의 호혜적 관계가 상식이 되는 사회를 꿈꾼다. 호혜는 수직적이기보다 수평적인, '정의로운 조화'이기도 하다.

그리고 이 셋을 모아 '平和(평화)'이다. 전쟁과 폭력이 없는 세상, 사회·국가·시장의 균형과 조화, 나아가 하늘·땅·사람 그리고 온 생명의 생명평화공동체…. 이상이고 유토피아다.

호혜사회의 소망은 아주 소박하다. 영혼이 있는 사회, 인격이 존중받는 사회를 호소한다. 경쟁과 속도의 여백을 찾는 것이다. 여백으로 체제를 규정하는 것이다. 마치 고형물의 결정(結晶)을 결정(決定)하는 기포처럼. 우애사회도 좋고, 평화사회도 좋다. 그리고 호혜사회도 좋다. 우리가 살고 싶은 세상, 보수정당의 슬로건처럼 마음이 따뜻해지는 세상을 당장 여기서부터 만들고 변화의 지렛대로 삼자는 것이다.

다시 마뚜라나(Humberto R. Maturana, 1928~)의 말을 빌려 보자. 그에 따르면 사회는 '근본적인 감정을 기초로 해서 더불어 살아가는 개인들의 집합*이다. 그러므로 개인과 사회 사이에는 모순이 있을 수 없다. 군대는 사회가 아니다. 위계에 의해 개인이 소멸되기 때문이다. 사랑은 인간 공존의 특징이라고 한다. 사랑은 성찰의 가능성을 열어준다. 사랑을 기초로 한 사회가 더불어 살기가 가장 안정적이라고 마투라나는 강조한다.

호혜사회는 사랑과 자비와 우애와 형제애가 자연스러운, 강제되는 것이 아니라 기초가 되는 열망의 유토피아다. 성장의 한계, 경쟁의 한계를 넘어서 '삶의 길(life based path)'에 대한 열망이다. 경제적 인간을 넘어서는 호혜적 삶의 양식, 우-자유와 좌-평등의 균형 위에 우애의 시선을 담은 열망의 사회. 2008년 봄 촛불의 대하(大河)처럼 열망이 솟구친다.

새로운 질서는 밖에서 규정되는 것이 아니라 내 안으로부터 생성된다. 이념이 객관의 이름으로 당위를 강제한다면, 가치는 열망의 자발적인 분출, 바람의 분출이다. 내면 깊숙한 곳 마그마와 같은 뜨거움이다. '촛불'이 아름다웠던 이유는 열망의 불꽃 때문이다.

다시 인간에 대한 천착이 필요하다. 인간이란 어떤 존재인가 되물어야 한다. 사람은 정녕 호모 이코노미쿠스(homo economicus), 즉 돈만을 쫓는 존재인가? 인간이라는 양파껍질 안에는 무엇이 있을까? 물론 안전한 먹거리를 먹고 싶은 '생활의 필요'도 열망이다. 밥이 생명이니

---

* 움베르또 마뚜라나 지음, 서창현 역, 『있음에서 함으로』, 갈무리, 2006.

까. 하지만 더욱 근원적으로는 '생명의 필요'가 절실하다. 자연이라는 자궁에서 태어난 인간이 땅을 밟지 않고 삶을 얼마나 지속할 수 있을까? '베트남의 김우중' 기사가 떠오른다.* 이명박과 더불어 또 한 명의 성장과 시장의 신화였던 김우중에게 베트남은 개발의 처녀지이기도 하지만, 따뜻한 남쪽나라이기도 할 것이다. 자연스러운 생명의 욕구, 열망이다. '생태적 삶'의 지향이다. 결론은 이것이다. 오랫동안 폴라니를 연구해 온 원용찬 교수는 이렇게 말한다; "문제는 호혜적 인간이 어떻게 지배적 가치 행위자로 자리 잡고 사회규범의 견인차 노릇을 하도록 하는가에 있다."**

이웃과 함께 하고픈 마음, 30만 명이 어깨를 부딪치며 어우러졌을 때, 우리는 안심(安心)했다. 그리고 강력한 에너지를 교감했다. '공동체적 삶'의 열망이다.

그리고 '영성적 삶'에 대한 희구다. 광화문에서 남대문으로 이어지는 촛불은 은하수였고, 우주적 공명이었다. 촛불 앞에서 내면을 들여다보며 영혼의 흔들림과 설렘을 느낀다.

생명학 이론가인 이기상 교수의 지천명론이 생각난다.*** 공자는 사람 나이 50세를 일러 지천명(知天命)이라고 했다. '하늘의 뜻을 안다.'

---

* 2009년 말 한 일간신문에서는 김우중 전 회장이 베트남에서 주택 사업을 벌여 재기를 도모한다는 기사를 내보냈다.
** 원용찬, 『상상+경제학블로그』, 당대, 2006.
*** 이기상, 「생명학의 미래를 생각한다」, 『세계생명문화포럼 자료집』, 2005.

영성적 삶은 하늘의 세계에 대한 이해와 깨달음이라 할 수 있을 터인데, 동아시아에서 그것은 지천명이 아니었을까. 천(天), 하늘의 뜻을 깨닫고 소통하는 것. 그런데 동아시아의 도학자(道學者)들에게 하늘은 저 위에 있는 것이 아니라, 격물치지(格物致知)에 있고 노래 부르고 춤을 추는 영가무도(詠歌舞蹈)에 있었다. 혹 내 안의 뇌의 주름, 유전자 속에 있는지도 모른다.

영성적 삶, 생태적 삶, 공동체적 삶, 셋이 모여 하나가 된다. 삶·생명의 근원적이고 전일적인 열망이며 가치 지향이다. 양파껍질 속의 인간의 모습이다.

신(우주생명)과 인간과의 관계, 인간과 자연과의 관계, 인간과 인간의 관계의 전일적 복원·만남(관계)과 사랑이 사람들을 설레게 한다. 콩 한쪽을 나눠 먹는 우정과 인정이 그립다.

생명경제와 체제 전환

이제 '체제* 전환'이다

2011년 한 일간지가 '자본주의4.0' 캠페인을 벌여 한국의 좌파와 우파 모두를 놀라게 한 적이 있었다. 그런데 사실은 이미 같은 해 2월 세네갈에서 열린 세계사회포럼에서 '시스템과 문명의 위기'라는 주제로 본격적인 토론이 이루어졌고, 이듬해인 2012년 세계경제포럼(다보스포럼)은 "대전환: 새로운 모델의 형성"을 주제로 내걸어 전환의 불가피성을 토론한 바 있다. 2008년 글로벌 금융위기와 2011년 '월스트리트를 점령하라' 시위 이후, 바야흐로 자본주의 시장경제 시스템의 개혁 혹은 전환은 현실의 과제가 된 것이다.

하지만, 한국의 사회운동은 더 이상 '자본주의 이후'를 상상하지 않는 듯하다. 오히려 자본주의 성장경제를 전제로 하는 복지국가 담론이 사회운동 담론의 주류에 가깝다. 반자본주의, 즉 사회주의를 주장

---

* 여기서 '체제'란 경제 시스템을 말한다. 그러므로 체제전환이란 직접적으로는 자본주의 시장경제 시스템의 전환을 의미한다. 단 이 글에서는 문맥과 문장의 흐름에 따라 '체제'와 '시스템'을 혼용한다.

하는 소수의 전통 좌파 외에는 '체제(system)' 이야기 자체가 들리지 않는다. 오히려 근본 생태주의에서 탈(脫)자본주의와 탈(脫)국가 담론이 오고간다. 그러나 실질적인 체제 전환의 실행과는 아직 거리가 멀다.

한국 사회운동의 지난 역사를 돌아보면, 대항운동에서 대변운동으로 변화하면서 '체제 변혁'의 야심(?)은 '체제 개혁'으로 순치되었다. 그리고 '대항'과 '대변'의 시대를 지나 풀뿌리와 생활의 '대안'이 강조되면서 체제 변혁은 논의조차 사라져 버렸다.*

더욱이 2007년과 2012년, 두 번의 대선에서의 야당의 패배 이후 정치를 통해 세상을 바꾸려했던 진보적 사회운동도 길을 잃어버렸다. 시스템적 대안은 물론이거니와 복지국가, 평화국가 등 개혁적 국가 담론마저도 힘을 얻지 못하고 있다. 거세게 불고 있는 협동조합 열풍도 아직 그 방향은 모호하거니와, 오히려 너무 이른 제도화로 인해 기존 시스템에 흡수될 우려가 큰 것으로 보인다.

요컨대 전 지구적 경제 위기는 더욱 심각해지고 미국과 유럽 등 자본주의 심장부의 사회운동은 자본주의 이후를 예비하고 있는데 비해 한국의 사회운동은 여전히 복지국가에 머물고 있다는 것이다. 치열함도 변혁성도 찾기 어렵다. 체제적 대안 없는 사회운동은 반쪽짜리일 수밖에 없을 터인데 말이다.

---

* 풀뿌리와 생활에 대한 강조가 잘못되었다는 것이 아니다. 사회운동의 거시 기획과 혁명성을 잃어버린 또 하나의 편향이라는 점에서 아쉽다는 말이다.

서유럽의 대안담론은 사회적 경제와 녹색경제를 넘어서 '탈성장(de-growth)의 경제학'(www.degrowth.org)으로 더욱 급진화되고, 그 시스템적 대안으로 생태/경제적 지속 가능성을 강조하는 '정상계의 경제(Steady State Economy, www.steadystate.org)'가 주목을 받고 있다. 자본주의 성장 경제가 더 이상 지속할 수 없다는 것이 분명해지고 있기 때문이다. 생태적으로나 사회적으로, 그리고 경제적으로도 산업문명과 자본주의 시스템 아래서는 더 이상 건강한 삶을 기약할 수 없기 때문이다. 한마디로 '산업문명과 자본주의의 실패'다.

베를린장벽이 무너지고 동구권이 자본주의 시장경제로 포섭하며 글로벌 자본주의는 성장의 정점을 찍었다. 그러나 역설적으로 그때부터 글로벌 자본주의의 추락이 시작되었다. 그렇다. 자본주의는 실패했다. 자본주의는 구조적 한계를 명확히 드러내고 있다. 그 한계를 세 가지로 풀어보자면 이러하다.

첫째, 사회적 한계. 자본주의에 의해 사람과 사람의 관계가 돈으로 환원된 후 공동체는 모조리 파괴되었다. 최후의 공동체인 가족마저도 이미 돈의 노예가 되었다. 물신숭배와 경쟁 시스템 속에서 더 이상 전인격 존재로서의 인간은 설 자리가 없다. '인간의 위기(human crisis)'다. 화폐에 몸과 마음을 팔아치운 채 '영혼 없는 존재'로 살고 있다. 뉴욕의 점거운동이 보여주었듯이 사회경제적 양극화는 이제 도를 넘어 1% 대 99%로 극단화되었다.

둘째, 생태적 한계. 2013년 대기 중의 이산화탄소 농도가 역사상 처음으로 400ppm을 넘어섰다고 보고되었다. 이제 이산화탄소로 인한 기후변화와 해양산성화는 돌이킬 수 없게 되었다. 생물종의 감소, 숲의 파괴, 해양투기로 인한 오염 등, 지구 생태계는 대량생산-대량소비의 결과를 더 이상 감당할 수 없는 상태에 이르렀다. 그리고 남은 것은 치명적인 상처로 신음하는 지구생태계이다. 자본주의는 자신의 자궁을, 삶의 터전을 회복 불가능한 상태로 만들어 버렸다.

셋째, 경제적 한계. 정확히 말하면 경제 시스템의 한계다. 체제 전환의 직접적인 이유는 여기에 있다. 아직도 빈곤지역이 적지 않지만, 지구의 경제력, 즉 부의 총량은 인류를 충분히 먹을 수 있는 정도가 되었다. 그러나 자본주의는 그 속성상 필요의 충족에 만족할 수 없다. 끊임없이 상품을 생산하고 팔아야 한다. 그런데 이제 자본주의 시스템의 지속 가능성에 강력한 의문부호가 찍히게 되었다. 간단하다. '시장의 한계'와 '소비정점(peak consumption)' 때문이다. 동구권이 자본주의 시장경제로 흡수된 이후 더 이상 새로운 시장을 창출할 수 없다. '시장의 한계'다. 또 하나 '소비정점'이다. 행복경제학에 의하면 소득이 1만 5천 달러가 넘어가면서 소비가 정체되기 시작하고 2만 달러가 넘어가면 소비를 통한 행복감이 더 이상 커지지 않는다. 이제 마케팅은 필요(needs)가 아니라 욕망(wants)을 소비하도록 부추긴다. 그러나 그것마저 한계에 봉착한다면 거품이라도 일으켜 경기를 부양할 수밖에 없다. 주택, 자동차, 휴대폰 등 모든 소비생활이 부채로 이루어지고, 이도 모자라 미국과 일본과 유럽의 중앙은행은 '돈 찍어내기(양적 완화)'와 '제로금리'로 소비를 유혹한다. 그러나 근본적으로 시장한계와 소비정점을 넘어설 수는 없다. 이것이 중요하다. 부채경제는 경제위기의 '원인'이 아니라 '결과'인 것이다. 전쟁이나 혹은 우주 식민지(?)가 아니라면 해법이 없다.

자본의 시대가 저물고 있다. 물론 자본주의가 인류에 기여한 바도 크다. 자본주의 돈벌이 경제는 분명 생산력 증대의 동기가 되었고 산업문명의 탄생과 성장에 결정적인 기여를 하였다. 과학기술을 발전시키고 경제적 부를 축적케 하고 인간을 신권과 신분제, 그리고 질병과 빈곤으로부터 해방시켰다. 하지만 양지가 있으면 음지가 있는 법. 자본주의는 부의 대가로 지구생태계와 인간성과 공동체를 치명적으로 파괴하였고, 급기야 자본의 재생산 자체가 한계에 봉착했다.

더 이상 이렇게는 아니다. 체제 전환의 때가 되었다. 사회적 위기, 생태적 위기, 그리고 경제 시스템 그 자체의 위기를 인정하고 또 전환해야 할 때가 되었다. 생활양식의 전환만으로는 건강한 삶을 기약할 수 없다. 거꾸로 '또 다른 삶'에 대한 열망은 라이프스타일의 변화에 머물지 않는다. 새로운 시스템의 자기조직화가 시작되고 있다. 이제 '체제 전환'이다.

또 다른 세계 또 다른 시스템

'또 다른 세상은 가능하다(Another world is possible).' 세계경제포럼(다보스포럼)에 대항해 신자유주의 세계화의 대안을 모색하는 세계사회포럼의 모토다. '또 다른(another)'이라는 말이 의미심장하다. '대안(代案, alternative)'이 아니라, '또 다른(another)'이다. '대안'이란 말에는 양자택일(兩者擇一)의 배타성이 전제되어 있으나, '또 다른'에는 공존과 전환의 비밀이 숨겨져 있다. 기존의 질서를 폐기하고 단번에 새로운 세계를 구축하는 것이 아니라, 또 다른 가능성을 발견하고 키워 내어 이를 통해 새로운 차원으로의 질적 전환을 이루어 낸다는 것이다. 우리 안에 존재하는 또 다른 세계, 또 다른 체제는 어떤 모습일까?

1) 비근대적 세계

벌써 20년이 훨씬 넘었다. 1990년에 발행된 『무크지 한살림』에서 하나의 그림을 발견했다. 적지 않은 지식인들이 자본주의 대안으로 사회주의를 꿈꾸던 시절, '비근대' 이야기가 눈을 번쩍 뜨이게 했다. 『무크지 한살림』을 펴낸 〈한살림모임〉은 베를린장벽이 무너지기 1주일 전인 1989년 9월 29일 한살림선언을 발표하고, 산업문명을 인간과 인간, 인간과 자연, 인간과 내면을 단절시킨 반생명적 세계관이라고 비판하며, 공동체적·생태적·우주적 각성을 토대로 한 문명 전환의 새 길을 천명했다. 하지만 방향은 여전히 모호해 보였고 새로운 사회의 상은 또렷하지 못했다. 그런 가운데 나온 '비근대'의 재발견은 적지 않은 이들의 눈을 밝혀주었다. 근대 세계와 자본주의와 대한 전혀 새로운 접근이었다.

사회주의 관점에서 본 근대세계

| 비근대 (자본주의 이전) | 근대 (자본주의) | 근대 (사회주의) |

녹색의 관점에서 본 근대세계

| 비근대 (자본주의 이전) | 근대 (자본주의 및 사회주의) | 비근대 (자본주의 이후) |

　이 그림은 스웨덴 궤텐부르크 대학 평화/분쟁연구소의 마츠 프리버그와 베른 헷트네가 쓴 「세계의 녹색화」라는 논문에 나오는 그림이다. 위쪽의 그림은 사회주의의 관점에서 보는 근대 세계이고, 아래는 녹색의 관점에서 본 것이다. 세계는 근대와 비근대, 두 개의 세계로 구성된다. 사회주의의 눈으로 보면 근대세계는 마르크스의 예언대로 전면적인 자본주의화 이후 자연스럽게 사회주의로 이행하게 된다. 물론 자본주의의 절정기 이후엔 비근대적 영역은 존재하지 않는다. 그러나 위의 그림은 사뭇 다르다. 녹색의 입장에선 체제로서의 자본주의와 사회주의는 산업문명의 쌍생아다. 더욱 중요한 것은 이 부분, 자본주의의 절정기에도 비근대가 '엄연히' 존재하고 있다는 점이다. 그리고 절정 이후엔 사회주의가 아니라 무어라 규정할 수는 없지만 또 다른 비근대, 혹은 '초(超)근대'가 있다. 비록 매우 느리기는 하지만,

대략 2000년을 분기점으로 근대의 영역은 점차 줄어들고 있다. 관점이 바뀌니 세상이 다르게 보인다. '또 다른 세계(another world)'는 이미 우리 안에 존재하고 있었던 것이다.

베를린장벽 붕괴 이후 현실 사회주의가 몰락한 상태에서 근대는 곧 자본주의다. 그러므로 이제 세계는 자본주의와 비자본주의로 구성된다. 사회경제체제로서도 그렇고 생활세계로서도 그렇다. 그렇다. 과거에도 현재도 우리 안에 비자본주의가 있다. 근대세계의 지배적 시스템으로서 자본주의는 세계를 전유(專有)한 것처럼 보이지만, 비근대적 비자본주의적 세계는 엄존하고 있었던 것이다. 농촌의 고즈넉한 들녘에, 생산-소비 협동을 실현하는 생활협동조합 속에, 여성들과 어르신들이 이어온 계와 품앗이 속에, 그리고 사회적 · 생태적 · 미학적 · 우주적 자기실현을 꿈꾸는 신인간 사이에 비근대 · 비자본주의의 무궁한 세계가 숨어 있다.

2) 협의 시스템

그런데 이즈음 비근대의 숨겨진 세계와는 조금 다르지만, 기존의 자본주의와 사회주의 외에 '또 다른' 경제 시스템의 가능성을 보여주는 또 하나의 책이 있었다(솔직히 고백하자면 책은 일찍 접했지만, 한참 후에서야 그 의미를 깨달았다). 무크지를 냈던 한살림출판부에서 펴낸 『공생의 사회 생명의 경제』(나까무라 히사시 저)가 그것이다. 저자는 사회주의와 자본주의, 즉 계획 시스템과 시장 시스템과 더불어 협의 시스템의 존재

시장 · 계획 · 협의 시스템의 특성

특성＼유형	시장	계획	협의
경제인류학	교환	재분배	상호부조
근대적 가치	자유	평등	우애
경제 메커니즘	시장	계획	제3메커니즘
소유형태	사적 소유	국가 소유	사회적 소유
경영방식	사적 경영	국가 경영	자주관리
분배양식	임금과 이윤배분	고정 임금제	소득분배 협의
인간유형	극대화 타입	표준화 타입	적정화 타입
책임과 권리소재	개인	집단	공동
사회문제	불안	불만	불화
인간관계	원자화	위계화	상호규제
사회구조	계급사회	계층사회	관계사회
정치적 결정	다수결	집단 지도제	다수결
가족관계	부부 관계	부자 관계	형제자매 관계
대표국	미국 · 영국	소련	(구)유고
총칭	개인주의	전체주의	연대주의

를 보여주며, 대안적 시스템으로서의 가능성을 제시한다.

저자에 따르면 시장과 계획과 협의는 이미 우리 안에 공존하고 있다. 자본주의 시장경제와 사회주의 계획경제가 각각 자유와 평등에 기초하고 있는데 반해, 협의 시스템은 '우애'에 기초하고 있다. 협의 시스템은 생산자와 소비자를 비롯한 경제 주체들이 시장이나 국가의 개입 없이 스스로 자원을 분배한다. 또한 협의 시스템은 효율과 통합의 측면에서는 시장 시스템이나 계획 시스템보다 열등하지만, 생산자와 소비자의 관계를 발전키시면서 특정 지역에서 자립적 경제 단위를 유지하는 데는 매우 유용하다. 저자에 따르면, 시장 시스템과 계획 시스템이 각각 '가격'과 '규격'이 중요한 데 비해 협의 시스템은 '인격'적 관계에 의해 유지된다고 한다.

저자는 놀랍게도 협의 시스템의 구체적인 모델을 적시하고 있다. 교토에 있는 아주 작은 생산-소비 직거래 단체 〈쓰고 버리는 시대를 생각하는 모임(이하 '쓰고 버리는 모임')〉이 그 예이다. 1973년에 창립된 이 단체는 기존의 유통시장이나 공권력의 매개 없이 생산자와 소비자가 유기농업으로 기른 농산물과 가축을 직접 거래한다. 이름 하여 '제휴(TEIKEI)'다. 이들에게 생산자와 소비자의 제휴는 물건을 팔고사는 관계가 아니라 사람과 사람의 우호적인 만남과 사귐을 본질로 한다고 저자는 이해한다. 협의 시스템은 시장과 계획 외에 재발견된 '또 다른' 시스템인 것이다.

그런데 사실 비(非)시장, 비(非)계획의 경제 주체 사이의 직접적인 협의 시스템은 역사적으로 보편적인 경제형태의 하나였다. 칼 폴라니와 가라타니 고진 식으로 말하면 그것은 호혜(reciprocity, 互惠) 혹은 호수(互酬)이다.*

---

* 호수는 일본식 한자로 '서로갚기'를 뜻한다. 뜻은 호혜와 같으므로 여기서는 관용적으로 사용되는 '호혜'로 쓴다. 영어 reciprocity는 상호성으로 번역되기도 하는데, 필자의 선물에 담겨진 마음을 고려하면 상호성은 너무 근대적인 감각이라는 생각이 들어 쓰지 않았다.

증여와 답례의 주고받기 시스템이다.[*]

칼 폴라니와 가라타니 고진은 각각 '경제 형태'와 '교환 양식'라는 서로 다른 개념으로 설명하고 있지만, 큰 틀에서는 같은 맥락이라고 볼 수 있다. 인류사적으로 경제 시스템은 크게 호혜(주고받기), 재분배(다시나누기), 상품교환(팔고사기)로 나누어진다. 호혜는 공동체 사회에서 지배적이었고, 재분배의 대표적인 예는 봉건국가나 사회주의 국가에서 찾을 수 있다. 물론 사회주의가 몰락한 오늘날 상품교환은 전 지구적인 지배적 경제 형태 혹은 교환 양식이라고 말할 수 있다. 요컨대 협의 혹은 호혜는 지배적인 경제 형태로서 자본주의 시장경제 안에 숨어 있는 또 다른 시스템의 하나인 것이다.

생명의 경제 전일성의 경제학

그렇다면 스웨덴과 일본의 선각들과 한살림모임은 우리 안에 존재하는 또 다른 세계로서의 '비근대'와 또 다른 경제 시스템으로서의 '협의'를 어떻게 발견할 수 있었을까? 한마디로 보는 눈이 달랐기 때문이다. 계급이나 자본의 관점이 아닌, '녹색'과 '지역'의 눈으로 경제를 보았기 때문이다. 녹색이란 다시 말해 '생태(生態)'적 관점이며, 지역이란

---

[*] 칼 폴라니와 관련해서는 『거대한 전환』(길, 2009)과 『칼 폴라니의 경제사상』(J.R.스탠필드, 한울, 1997)을, 가라타니 고진과 관련해서는 『세계사의 구조』(도서출판비, 2012)와 『세계사의 구조를 읽는다』(도서출판비, 2014)를 주로 참고하였다.

다시 말해 '생활(生活)'의 시선을 의미한다. 그리고 녹색과 지역을 아우르고 관통하는 키워드는 '생명(生命)', 굳이 영어 표현을 빌리면 '라이프(life)'라고 말할 수 있다.

이를테면 '삶의 경제' 혹은 '생명의 경제'다. 삶·생명의 눈으로 본 경제이기도 하고, 경제를 '살아 있는 전체'라고 보는 관점이기도 하다. 삶·생명의 눈으로 볼 때에 또 다른 세계관을 발견할 수 있고, 또 다른 시스템을 상상할 수 있다.

1) 생명의 눈으로 본 경제

생명의 눈으로 본다는 것은, '드러난 경제'와 더불어 '숨겨진 경제'를 동시에 보려는 것이기도 하다. 고정관념으로부터 벗어나 실상을 보려는 노력이라고 말할 수도 있다. 빨간 안경, 파란 안경을 벗고 맨 눈으로 경제를 보자는 것이다. 더불어 인간을 포함한 생명세계 '전체(wholeness)'의 관점에서 보자는 것이다. 그럴 때에 이런 질문이 가능해진다. "과연 경제의 목적은 돈벌이인가?" "무한한 경제성장은 가능한 일인가?" "모든 경제는 팔고사는 관계인가?" "경제는 진정 피도 눈물도 없는 것인가?" 아래는 이러한 물음표에 대한 나름의 답이다.

첫째, 경제는 살림살이다. 생명의 관점에서 보는 경제란 무엇보다 '돈벌이'가 아니라 '살림살이'다. 인간의 생명활동, 즉 생활에 필요한 것을 구하고 만들고 교환하는 것이 경제활동의 본래 목적이기 때문이다. 살림살이의 경제에서 경제의 목적은 '이윤창출'이 아니라 '필요

(needs)의 충족'이다. 백성의 먹고 사는 일을 편안케 하는 경세제민(經世濟民)의 그 경제(經濟)이다. 물론 종국적인 목적은 '좋은 삶(good life)' 혹은 웰빙(well-being)이다.

여전히 많은 사람들이 텃밭을 통해 먹을거리를 해결하고, 이웃 할머니에게 아이를 맡기고, 벼룩시장에서 생활용품을 구한다. 또한 종교기관의 자선경제와 복지시설 자원봉사자들의 돌봄노동은 많은 이들의 생활에 결정적인 힘이 되고 있다. 삶을 영위하기 위해서다. 그런 맥락에서 한 나라의 생산 총량을 지표로 하는 GDP(Gross Domestic Products)는 더 이상 진정한 경제의 척도가 될 수 없다. 생산 중심에서 생활 중심으로, 돈벌이를 위한 경제 시스템에서 필요 충족을 위한 경제 시스템으로 전환이 이루어져야 한다.

둘째, 경제는 주고받기다. 자본주의 시장경제 안에서는 재화와 서비스라는 말 자체가 '상품'을 의미하고 경제활동은 모두 팔고사는(賣買) 관계가 되지만, 이것은 진실이 아니다. 상품 교환이 지배적인 가운데서도 선물 교환, 혹은 호혜적 교환이 공존한다. 아이를 서로 봐주고 축의금과 부의금을 주고받는 넓은 의미의 품앗이는 여전히 사회적 양식(良識)이다. 도시 소비자와 농민이 약정하여 주고받는 농산물 꾸러미는 전형적인 호혜적 교환이고, 생활협동조합의 매장은 겉모습은 매매이나 속은 호혜인 이중적 주고받기이다.

생명세계에서는 상품 교환마저도 넓은 의미의 주고받기이다. 돈벌이의 욕망 속에서도 필요의 충족이 이루어진다. 그런 점에서 인류의 경제사를 교환 양식의 역사로 파악하는 가라타니 고진의 관점은 일리가 있다. 또한 같은 맥락에서 시장은 악이 아니다. 자본주의 상품시장은 강퍅하게 진화된 주고받기의 장(場)이다. 그렇다면, 문제는 '시장'이 아니라 '자본주의'다. 시장을 장악해 돈벌이 메커니즘으로 만들어 버린 자본주의의 문제라는 것이다.

셋째, 경제(economy)는 생태(ecology)다. '에코노미'는 에콜로지의 일부일 뿐이다. 그런데 자본주의 산업문명에게 '자연(nature)'은 '자원(resource)'일 뿐이었다. 지금까지 생태계는 생명세계가 아니라 경제적 대상에 불과했다. 석유와 석탄, 목재 등을 약탈해 왔으며, 복원은커녕 폐수와 오염된 공기를 모두 생태계로 투기(投棄)해 왔다. 요컨대 생태와 경제의 관계가 전도된 것이다.

또한 자본주의는 생산-교환-소비-재생으로 이어지는 생명 순환의 과정을 끊어 버렸다. '재생'의 자리를 '폐기'로 대체하였다. 경제 역시 생명 순환의 과정의 일부인데 말이다. 생명의 경제는 태양의 경제이고 바람과 물의 경제이며, 공업이 아닌 농업이 경제의 기초가 된다. 생명의 경제는 순환의 경제다. 같은 맥락에서 생명의 관점에선 돈(money)에도 나이가 있고, 경제 시스템에도 생장소멸이 있다. 슈타이너(Rudolf Steiner, 1861~1925)가 처음으로 제시한 바 있는 '늙는 돈(aging-money)'이라는 개념이 그것이다.*

---

* 『엔데의 유언』(갈라파고스, 2013) 참조. "『모모』의 작가 엔데, 삶의 근원에서 돈을 묻는

넷째, 경제는 무엇보다 마음이다. 살림살이와 호혜(주고받기)와 에콜로지를 관통하는 보이지 않는 끈이 있다면 그것을 무엇일까? 바로 '마음'이다. 그것은 다름 아닌 이웃과의 정(情)이며, 사회적 신뢰이고, 생태적 감수성이다. 밤늦도록 이웃집 아이를 돌보는 배려, 농업노동을 통해 느끼는 햇살과 바람과 땅의 기운, 폭락한 농산물을 일부러 사는 생협 조합원의 마음이 그것이다. 아니 화폐마저도 하나의 생명체로써 어떤 마음이 있을지도 모를 일이다.

경제는 물질만이 아니다. 경제는 시장이라는 '마당(場, field)' 위에서 펼쳐지는 문명과 생태계와 깊은 마음의 만남이다. 일본의 인류학자 나카자와 신이치에 의하면 모든 경제행위 안에는 상품교환뿐만 아니라 증여의 마음이, 나아가 하느님나라와 자연이 주는 '순수증여'의 마음이 함께 담겨져 있다고 한다.[*] 한마디로 말하면 이렇다. 미국의 대안적 경제사상가 아이젠슈타인의 책 제목 『신성한 경제학(sacred economy)』처럼, 생명의 경제는 거룩하다.

2) 전일성의 경제학

요컨대 지금까지 우리가 경제라고 말했던 것은 경제의 일부분에

다."라는 부제가 붙어 있다.
[*] '돈과 마음'이라는 주제를 비롯해 삶·생명의 경제에 대해서는 『사랑과 경제의 로고스』(동아시아, 2004)와 더불어 김지하의 『춤추는 도깨비』(자음과 모음, 2010), 리이테르 베르베르의 『돈 그 영혼과 진실』(참솔, 2004)에서 크게 영감을 얻었다.

불과했던 것이다. 또 다른 경제가 존재하고 있다는 말이기도 하다. 다시 한 번 강조하거니와, 삶·생명의 눈으로 경제를 본다는 것은 '살 아 있는 전체'를 살핀다는 것이다. '전일성(holistic)'의 경제학이라고나 할까. 속을 들여다보는 것이다. 드러난 경제와 더불어 숨겨진 경제를 통찰하는 것이다. 그것을 잘 보여주는 그림이 앞서 언급한 『공생의 경제 생명의 사회』에 소개되어 또 다른 세계를 꿈꾸는 이들에게 큰 영감을 준 미국의 여성 경제학자 헤이즐 핸더슨(Hazel Henderson, 1933~) 의 그림이다.[*]

헤이즐 핸더슨에 의하면 우리가 흔히 경제라고 말하는 것은 거우 케이크의 절반을 의미할 뿐이다. 화폐로 평가되는 부분만을 경제라 고 이해하고 있었다. 중요한 것은 화폐로 계산되지 않는 부분이다. '경제가 아닌 경제'인 셈이다. GNP는 생산총량을, 그것도 화폐로만 계산하기 때문에 물물교환이나 가사노동, 아이돌보기, 텃밭가꾸기 등은 완전히 무시된다. 이러한 자립과 호혜의 경제는 생활의 절반을 차지하지만 경제로서 인정받지 못하는 것이다. 삶·생명의 관점에서 볼 때에만 이 부분이 제대로 보인다.

그런데 좀 더 자세히 살펴보면 (맨 아래 자연계를 제외하고) 3단 케이크란 말 그대로 3단계의 구조라고 볼 수 있다. '사적(私的) 경제 영역'과 '공

---

[*]   그 책을 해설한 김기섭에 의해 처음 소개되었고, 『그린이코노미』(도서출판 이후, 2008) 에도 조금 다른 번역으로 나와 있다. 여기서는 다른 판본을 반영하여 필자가 일부 수정 하였다. 자세한 내용은 http://www.hazelhenderson.com 참조.

산업사회의 생산적 구조 - 데커레이션 3단 케이크

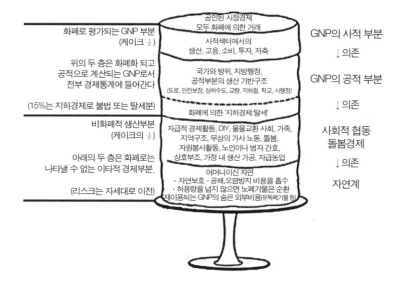

화폐로 평가되는 GNP 부분
(케이크 $\frac{1}{3}$)

위의 두 층은 화폐화 되고
공적으로 계산되는 GNP로서
전부 경제통계에 들어간다

(15%는 지하경제로 불법 또는 탈세분)

비화폐적 생산부분
(케이크의 $\frac{1}{3}$)

아래의 두 층은 화폐로는
나타낼 수 없는 이타적 경제부분.

(리스크는 자세대로 이전)

공인된 시장경제
모두 화폐에 의한 거래

사적섹터에서의
생산, 고용, 소비, 투자, 저축

국가와 방위, 지방행정,
공적부분의 생산 기반구조
(도로, 안전보장, 상하수도, 교량, 지하철, 학교, 시행정)

화폐에 의한 '지하경제·탈세'

자급적 경제활동, DIY, 물물교환 사회, 가족,
지역구조, 무상의 가사 노동, 돌봄,
자원봉사활동, 노인이나 병자 간호,
상호부조, 가정 내 생산 가공, 자급농업

어머니이신 자연
· 자연보호 - 공해, 오염방지 비용을 흡수
· 허용량을 넘지 않으면 노폐기물은 순환
재이용되는 GNP의 숨은 외부비용(유독폐기물 등)

GNP의 사적 부분

↓의존

GNP의 공적 부분

↓의존

사회적 협동
돌봄경제

↓의존

자연계

적(公的) 경제 영역', 그리고 '사회적 협력 돌봄 경제 영역'이 그것이다 (헤이즐 핸더슨은 세 번째 영역을 '사랑의 경제'라고 표현하기도 한다). 이들은 각각 맨 위의 사적 경제 영역은 공적 경제 영역에, 공적 영역은 사회적 경제 영역에 각각 의존하고 있다. 그리고 인간의 경제는 모두 자연 생태계에 의존하고 있다. 이것이 오늘날 경제 시스템의 실제 모습이다.

한편, 유럽의 대안적 경제학자 리이테르 베르베르는 화폐로 평가받지 못하는 숨겨진 부분을 '음(陰)의 경제'라고 표현한다. 화폐경제 부분은 '양(陽)의 경제'로서 경제의 드러난 부분에 불과한 것이다. 보이지 않지만 분명한 실체를 가진 '음의 경제'를 동시에 볼 수 있어야 경제의 전체상을 파악할 수 있다는 것이다.

리이테르에 따르면, 달러와 같은 국가화폐와 더불어 신뢰라는 자본의 바탕 위에 이루어지는 대안적 교환 시스템이 경제활동의 또 다른 축이 된다. 지역통화 시스템이나 호혜적 교환의 약정 시스템, 품앗이와 같은 것들이 바로 '음의 경제'인 것이다. 이를테면 음양의 경제학이다. 드러난 경제와 숨겨진 경제. 겉만 보면 지배적인 경제 형태인 양의 경제만 보이지만, 찬찬히 들여다보면 삶의 버팀목이 되고 있는 보이지 않는 경제가 분명한 모습으로 존재한다는 것이다.

호혜시장과 체제 전환의 상상력

그렇다. 삶·생명의 눈으로 보아야 경제의 전모가 눈에 들어온다. 근대의 그늘 아래 비근대가 존재했듯이, 드러난 양의 경제의 그림자 속에 숨겨진 음의 경제가 엄존하고 있다. 자본주의 시장경제의 패권 속에서 자립과 호혜의 경제는 그야말로 민초들의 목숨 줄이 되고 있다.

그러나 '명맥(命脈)'만으로는 삶의 존엄을 지킬 수 없다. 삶의 풍요를 기약할 수 없다. 삶의 전환과 더불어 시스템의 전환이 이루어져야 한다. 사회적으로나 생태적으로 인류를 파국으로 내몰고 있으며, 경제적으로도 불가항력의 한계에 봉착한 자본주의 시장경제의 한계를 넘어서는 체제 전환의 상상력과 기획이 요구되고 있다. 어디서부터 시작할 것인가?

1) '쓰고 버리는 시대' 모델: 호혜 시스템의 원형

> 우리가 하나의 가족과 같은 긴밀한 신뢰로 묶여진 하나의 원을 만들고, 생산자·소비자의 입장이 다름을 넘어서 협력하는 노력을 시작한다면, 이 원은 좁게 닫지 않고, 넓혀 나가야 한다. 이러한 노력이 계속되면 안전한 농산품의 안정된 공급은 실현될 수 있는 방향으로 갈 것이다.

최근 확인한 일본 생산-소비 직거래단체 〈쓰고 버리는 모임〉의 문서 중 일부다. 1976년에 작성된 생산-소비 협의 시스템의 기본 방침이다. 앞서 소개한 대로 이 모임은 『공생의 사회 생명의 경제』의 저자가 협의 시스템의 사례로 꼭 집어서 소개한 단체이다. 그런데 문서에 표현된 '신뢰로 묶어진 원'이란 정확히 경제인류학에 나오는 고대사회의 '호혜서클'이다. 호혜서클이란 두 공동체 사이에서 필요한 물품을 약정(約定)에 의해 교환하는 시스템이다. 수요와 공급에 의한 개방된 선택을 배제한다는 점에서 '비(非)시장적 쌍방 간 교환'이라고 말할 수도 있다. 이를테면 '호혜 서클'은 '호혜 시스템'의 원형(原形)인 것이다.

40년이 지난 오늘날에도 〈쓰고 버리는 모임〉은 호혜 서클을 지속하고 있다. 초기부터 지금까지 활동하고 있는 야마다(山田) 씨는 2013년 한 잡지 〈AGENDA〉(41호)와의 인터뷰에서 이렇게 말한다.

모임이 시작된 것은 1973년 7월로, 올해 40년이 되었습니다. 지금은 NPO법인입니다만, 당시에는 규약도 없고, 회원명부도 없이 시작하였습니다. 대량생산·대량소비·대량폐기에 의문을 갖고, 우리가 이렇게 살아도 되는 것인가란 생각을 가진 사람들이 모여, 이 '쓰고 버리는 시대'를 '모두가 생각하는 모임'으로 하자고 생각했습니다. 수 십 명의 회원으로 시작하여 지금은 1,700명 정도입니다. 교토, 시가, 오사카, 나라, 산주 등 소비자회원, 전국의 택배회원과 통신회원이 있습니다.

〈쓰고 버리는 모임〉은 굳건히 명맥을 이어가고 있다. 호혜 시스템의 '원형'을 유지하고 있는 것이다. 그러나 부정적으로 보면, 40년간의 정체다. 정신은 오롯하지만, 호혜 시스템은 폐쇄적인 원으로 닫혀 있다고 볼 수밖에 없다. 다람쥐 쳇바퀴가 떠오른다면 지나친 말일까?

〈쓰고 버리는 모임〉은 시대의 반딧불이다. 절체절명의 생태 위기 시대에 반딧불이를 통해 마지막 희망을 발견하듯, 이 모임은 압도적인 자본주의의 패권 아래서 호혜 시스템의 원형을 지킴으로써 '체제 전환'의 반딧불이가 되고 있다. 반드시 '필요'한 일이다. 그러나 이것으로 '충분'한 일일까? 물음표를 던지지 않을 수 없다.

2) 한살림 모델: 호혜와 시장의 융합

한국에서는 30여 년 전 한살림이 〈쓰고 버리는 모임〉을 비롯한 일본의 유기농업운동을 견학하면서 생산-소비 협동의 '제휴농업'에서 커다란 영감을 얻었다. 그리고 이러한 호혜 시스템을 사회운동의 비전과 전략으로 수용하고 실천하고자 했다. 한살림선언의 '비사회주의·비자본주의'의 체제 기획은 공동체의 진화적 복원과 '증여와 답례의 원리에 기반한 호혜 시스템', 즉 호혜경제였던 것이다. 1988년 한살림 사람들은 한살림공동체소비자협동조합과 한살림공동체생산자협의회를 창립한다. 그리고 소비자공동체와 생산자공동체 사이에 약정에 의한 생산-소비 호혜 시스템을 만들어간다. 이는 "생산자는 소비자의 생명을 책임지고 소비자는 생산자의 생활을 책임진다."는 슬로건으로 명제화된다.

생산자공동체의 초대회장이었던 김영원은 1988년 「유기농업이 생명운동이다」라는 글에서 이를 명쾌하게 적시한다. "직거래와 협동조합을 통해 시장 경쟁 자체를 넘어서야 한다."고. 나아가 한살림의 생산-소비 공동체운동을 '자본주의와 사회주의 경제의 한계와 대립을 극복하는 제3의 방향으로 나아가는 것'이라고 꼭 집어서 이야기한다. 한국형 협의 시스템, 혹은 호혜경제 모델의 탄생이다.*

---

* 이와 관련하여 『세계의 녹색화』와 『공생의 사회 생명의 경제』를 번역하고 소개한 이들을 기억할 필요가 있다. 물론 그 당시 한살림운동을 주창하고 또 이끌었던 장일순이나 박재일, 김지하, 김민기 등의 역할도 중요하나, 실제 책을 번역하고 해설했던 당시의 20대 청년들 말이다.
『공생의 사회 생명의 경제』는 오랫동안 두레생협연합회에서 활동했던 김기섭이 소개·해설하고 한살림성남용인에서 활동하는 윤형근이 번역을 했다. 『세계의 녹색화』의 번역자들(4명) 중 김재겸과 노욱은 현재 〈한살림서울〉에서 활동하고 있다.

생산-소비 코뮌은 가라타니 고진이나 칼 폴라니를 비롯한 사회 변혁을 꿈꾸는 이들의 오랜 이상이었다. 한살림은 생산자와 소비자가 서로를 책임지는 호혜적 약정 시스템을 여전히 유지하고 있다. 협력생산자와 예비생산자 제도를 두어 공급 탄력성을 높이려 하고 있긴 하지만, 물량이 부족하더라도 시장에서 수급 받지 않는다는 대원칙은 여전히 지켜지고 있다. 가격 결정도 생산자와 소비자가 협의하여 책정하고 있다. 수요와 공급에 따라 결정되는 '시장가격'이 아니라, 생산자와 소비자의 협의에 의한 '협의가격(호혜가격)'이다. 생산-소비 코뮌의 이상을 구현하고 있는 셈이다.

한살림은 1986년 유기농산물 직거래로 출발해 현재 조합원 수로 보면 한국 최대의 생협이 되었다. 2013년 말 현재 소비자 조합원 41만 세대에 농민생산자 회원 2천 세대가 함께 참여하고 있으며, 이용액/공급액은 약 3천억 원에 이르고 있다. 또한 약 2천여 명의 실무자와 활동가가 일을 하고 있다. 사회적 이상으로서뿐만 아니라 사업적으로도 나름대로 성공한 모델이라는 얘기다.

결과가 보여주듯 한살림은 〈쓰고 버리는 모임〉과는 다른 길을 걸어왔다. 의도했든 의도하지 않았든 폐쇄적인 호혜 서클과는 다른 모델을 만들어온 것이다. 호혜 서클의 차원변화라고 할까? 그 비밀은 무엇일까? 한살림의 성공(?)은 어떻게 가능했을까?

요인은 여러 가지가 있을 것이다. 그러나 시스템적으로 보면 핵심은 '융합'에 있는 것으로 보인다. 호혜 시스템과 시장 시스템의 융합이 그것이다. 100% 순수한 비(非)화폐의 폐쇄적 호혜 서클이나 비(非)시장적 선물경제를 고집하지 않고, 호혜를 전면에 내세우면서도 상품교환의 등에 올라탐으로써 그것을 구현하려 하였다. 이를 통해 호혜 시스템의 극적인 확장이 가능해졌다. 100여 개 생산공동체의 2천여 생산자와 21개 생활협동조합의 40여만 조합원은 결코 가벼이 볼 수 없는 규모 아닐까.

그렇다면 어떻게 호혜와 시장이 만날 수 있었을까? 무엇보다 경제와 시장에 대한 새로운 이해가 있었기에 가능한 일이었다. 앞에서 보았듯이 삶·생명의 눈으로 보면 시장, 나아가 상품교환마저도 보편적인 경제 형태 혹은 교환 양식의 하나라는 것이다. 더욱이 생명세계의 주고받기 원리를 보면 더욱 그러하다.

한살림의 '호혜-시장' 융합은 추상적이지 않다. 눈으로 볼 수 있다. 한살림 매장의 간판을 자세히 들여다보면 융합의 실체를 발견할 수 있다. 간판 왼쪽 위나 아래에는 '생명의 먹을거리 나눔터'라고 적혀 있다. 그런데 같은 간판 오른쪽 끄트머리에는 'ㅇㅇ매장'이라는 글씨가 함께 쓰여 있다. 물론 보통 'ㅇㅇ매장'이라고 부르기는 하지만, 한쪽에 '매장(賣場)'이라고 써놓고서는 또 다른 쪽에는 '나눔터'라고 명시한다. 바로 여기에 융합의 비밀이 숨어 있다. '나눔터'와 '파는 곳'이 만났다. 상품 교환 아래 숨어 있던 '선물의 교환' 혹은 '필요의 교환'이 만난 것이다. 다시 말하면 먹을거리와 생활용품을 팔고사는 곳이기도 하지만, 농민들이 정성껏 생산한 채소와 식품 등을 조합원들에게 '공급'하는 곳이기도 하다. 요컨대 팔고사기(매매)와 주고받기(증여와 답례=호혜)가 동시에 이루어지는 곳이라는 말이다. 매매와 호혜, 상품과 선물의 이중성, 혹은 음양론이기도 하다.

한살림 초기 무위당 장일순과 함께 생명사상/생명운동 담론의 체계를 세웠던 시인 김지하는 2008년 일본에서 열린 〈호혜를 위한 아시아 민중 기금〉의 기조연설을 통해 "호혜를 중심으로 교환을 일상으로 획기적 재분배를!"이라는 슬로건을 제시한 바 있다. 호혜를 중심으로 하되 시장교환을 타고 가라는 말이다. 호혜와 교환의 융합이다.

여기서 다시 '또 다른(Another)'과 '대안(代案, Alternative)'의 함의를 생각하게 된다. 양자택일의 관점이었다면 융합은 불가능했을 것이다. 이념형의 모형만 존재하는 가운데, 진화의 가능성은 사라졌을 것이다. 한살림 모형은 우리 안에 있는 또 다른 시스템을 발견하고, 나아가 융합을 통해 그것을 보다 진화된 형태로 만들었다는 점에서 또 다른 사례가 될 수 있는 것이다. 요컨대 한살림 모형은 시장과 호혜의 만남을 통해서 '호혜시장'을 창조했다.*

---

* 〈한살림〉의 '탈(脫)호혜화'에 우려가 적지 않다. 호혜성은 약화되고 시장성(상품교환)은 커지고 있다는 것이다. 매매와 호혜의 균형이 매매 쪽으로 급격히 기울어지고 있으며, 조합원은 고객에 가깝고 생산자의 마음도 농업경영자로 변하고 있다는 이야기이기도 하다. 하지만 그럼에도 불구하고 한살림 모델은 여전히 의미심장하다. 때문에 오히려 더욱 심화 발전시켜야 할 책임도 크다.

3) 창조적 진화

하지만, 다시 이렇게 묻지 않을 수 없다. 그래서 어떻단 말인가? 한 살림의 작은 성공이 한국 사회 전체, 글로벌 경제 전체의 체제 전환과 무슨 관계가 있단 말인가?

한 가지 시사점을 얻을 수 있는 개념이 있다. '진화적 재구성(evolutionary reconstruction)'이 그것이다(www.alternet.org). 진화, 즉 새로운 종의 탄생을 통한 사회경제적 시스템의 재구성이다. 이는 혁명(revolution)이나 개량(reform)과 같은 기존의 변화 양식과는 명확하게 구별된다. 전통적인 혁명은 현실 사회주의 나라에서 극명하게 드러났듯이 기존의 시스템을 폐기하고 새로운 시스템을 구축하는 것이다. 이에 반해 개량은 시스템의 변화 없이, 다시 말해 지배적 사회경제 질서의 변화 없이 부분적으로 고쳐 쓰는 것이다. 그렇다면 '진화적 재구성'은 무엇일까? 한마디로 '개체 혹은 집단의 사회적 진화와 그것의 확산을 통한 새로운 질서의 창조'다.

그러나 '진화적 재구성'도 언어적으로는 공학적이다. '진화적 재구성'이 아니라 차라리 베르그송(Henri Bergson, 1859~1941)의 '창조적 진화'에 가깝다. 여기서 시스템이란 기계론적 시스템이 아니라, 살아 있는 생명 시스템이다. 전일적 생명의 세계관이 전제되고 있다. 기계론으로 보면 새로운 개체는 공학적 시스템 안에 추가된 부품에 불과하지만 생명론으로 보면 전혀 다르다. 미생물이나 세포 하나가 유기체 전체를 변화시키듯, 베이징 상공 나비의 날갯짓이 태평양의 태풍을 일으키듯이, 새로운 종의 활력은 새로운 세계를 창조한다. 그러므로 새로운 종의 탄생과 성장 및 확산이 중요하다. 각성된 한 사람의 움직임이 귀하고 귀하다. 떡갈나무 숲을 일굴 한 알의 도토리가 소중하다. 집체(集體) 혹은 구조를 바꾸어 개체 혹은 구성요소를 바꾸는 것이 아니라, 새로운 주체를 통해 구조를 바꾸는 것이다.

이는 '숲의 천이'와도 비슷하다. 소나무 숲이 참나무 숲으로 전환되는 과정에 관한 이야기다. 소나무는 빛이 강한 곳에서 잘 자라는 식물이라고 한다. 반면 참나무는 빛이 약한 곳에서 소나무보다 잘 자란다. 처음에 키 작은 나무(관목)들이 자라는 곳에서는 햇빛을 가리는 큰 나무가 없기 때문에 소나무가 햇빛을 많이 받으면서 자랄 수 있다. 하지만 소나무가 크게 자라서 햇빛을 가리게 되면 소나무 그늘 밑에 있는 어린 소나무들은 햇빛을 받지 못해서 잘 크지 못한다. 그런데 참나무는 그늘진 곳에서 소나무보다 빨리 자라기 때문에 금방 자라서 소나무의 자리를 대체하는 것이다. 결국 오래된 소나무는 고사되게 된다.

지배 질서의 성쇠에 따라 음양이 뒤바뀌는 음양전화(陰陽轉化)라고 말할 수도 있다. 때가 되어 음양이 바뀌는 것은 자연의 이치이다. 지배적인 경제 시스템이 쇠(衰)하고, 숨어 있던 '또 다른 경제 시스템'이 승(乘)하기 시작한다. 요컨대 경제 시스템의 전환은 양의 경제 아래 음의 경제를 통찰하는 것에서 출발해, 다음으로 음의 경제를 되살리고, 나아가 음양전화를 이루어 내는 것이다.

오늘날 지배적인 경제 시스템으로서의 자본주의는 극단에 이르고 있다. 양의 기운이 극에 이르렀다는 말이다. 어쩌면 이미 음의 경제로 중심 이동이 시작되었는지도 모른다. 자본주의는 동구권을 몰락시킨 후 글로벌 시장의 구축으로 절정에 이른 후, 2008년 글로벌 금융위기를 신호탄으로 쇠락의 길을 걷고 있는지도 모른다. 이미 음양전화가 시작되고 있는 것이다.

그렇다. 또 다른 시스템의 재발견과 융합, 새로운 종의 탄생과 확대재생산이 중요하다. 그리고 메타시스템의 차원 변화. 주식회사와 돈벌이 시장 중심의 자본주의 시장경제 안에 공존하면서도 동시에 편입되지 않고, 진화된 호혜 서클인 호혜시장을 확장해 가는 것이다.*
그리고 소생태계로서의 호혜 시스템이 확장되어 임계점을 넘어서는 순간 새로운 메타시스템이 형성된다. 자본주의, 즉 상품 교환 시스템 아래 숨죽이고 있던 호혜 시스템이 일정하게 확장되면서 자본주의 시스템이 지배하는 오늘의 경제 시스템 전체에 질적인 변화를 일으킨다는 것이다.

여기서 중요한 것은 새로운 종의 탄생과 함께 참여하는 이들의 열망이다. 물론 한살림 모델의 의미는 적지 않지만 그 자체로는 턱없이 부족하다. 더욱이 거기에 내포된 숨은 뜻을 이해하지 못하고 스스로를 정의하지 못하면 아무런 의미가 없다. 일체유심조(一切唯心造), 새로

---

* 물론 시대의 반딧불이로서 호혜 서클의 원형은 여전히 소중하다. 그러나 밤을 밝히는 가로등도 필요하고 등대도 만들어져야 한다. 호혜경제 자체가 다양하고 풍요로운 하나의 생태계인 것이다.

운 세계는 우리 안에 있는 '또 다른 세계'를 재정의(再定義)함으로써 창조된다.*

호혜주의 시장경제와 순수증여

가라타니 고진은 인류가 교환양식A(호혜), 교환양식B(약탈과 재분배), 교환양식C(상품교환)를 거쳐 다시 '교환양식D', 즉 새로운 차원의 호혜로 전환이 이루어져야 한다고 기대한다. 고진의 표현으로는 '호혜의 고차원적 회복'이다.

그렇다면, 우리가 정의하고자 하는 시스템은 무엇일까? 인간을 비롯한 생명세계의 열망을 담아내고, 삶·생명의 지속 가능성을 근본적으로 위협하는 복합위기 시대를 극복할 수 있는 사회경제 시스템은 무엇일까? 호혜시장이라는 새롭게 진화된 시스템 종이 창조해 낼 세상(메타시스템)은 어떤 모습일까? 아니, 인류는 어떤 모습을 기대할

---

* 북한의 체제 전환은 또 다른 차원에서 관심거리다. 북한 장마당경제는 자본주의의 원시적 축적기로서 이미 맹아 이상의 자본주의가 자라고 있을 것이다. 거의 100% 중국식 사회주의, 다시 말해 사회주의 시장경제로 갈 수밖에 없다는 말이다. 하지만 체제전환의 상상력을 발휘해 호혜시장의 관점에서 재구성할 수도 있다. 북한의 장마당 경제는 사실 생활물자를 수급하는 필요의 교환의 호혜시장의 원초적 모습에 가깝다. 북한 경제를 연구하고 있는 임수호는 『시장과 계획의 공존』이라는 책에서 "북한 민법에 영리목적의 되거리 판매(전매)가 금지되어 있다."고 보고한다. 사실상의 물물교환, 즉 호혜시장만 인정되는 것이다. 물론 현실은 전혀 다른 것처럼 보인다. 생존의 장마당은 당 간부와 장사꾼들에게 치부의 수단일 뿐이다. 그러나 호혜와 시장이 만나는 북한식 새로운 종의 탄생 가능성은 전혀 없는 것일까? 체제전환의 새로운 모형은 전혀 불가능한 일일까?

까?

'호혜주의 시장경제'라는 이름을 붙여 본다. '자본주의 시장경제'와 '사회주의 시장경제'와 비교해서 떠올려 본 표현이다. 시장경제의 보편성과 역동성과 인정하면서도 시장의 주인공과 지향점을 재구성해 보는 것이다. 시장을 더 이상 자본가나 공기업(공산당과 정부가 배후에 있는)에만 맡길 수는 없다. 살림살이 하는 여성들과 새로운 라이프스타일의 청년들이 주인공이 되어야 한다. 또한 시장을 더 이상 합법적 투기꾼이나 재분배 권력의 투전장으로 만들 수는 없다. 시장의 일차 목적인 '필요의 교환'이 잘 이루어지는 시장을 만들어야 한다. 음양전화로 이제 호혜시장이 양이 되고 돈벌이시장이 음이 된다.

자본주의(資本主義)와 사회주의(社會主義)라는 말이 함축하듯, 경제 시스템조차도 사실은 일체유심조다. 옛 표현을 빌리자면 시스템은 객관적 실체라기보다는 이념적 지향에 가깝다. 자본가와 공산당이 과학으로 포장하는 객관주의와 반대로, 경제 시스템도 세계관과 욕망의 투사(投射)다. 호혜주의 시스템은 '욕망의 투사'가 아니라 '열망의 실현'으로 창조된다.

열망은 이미 돋아나고 있다. 호혜시장이 곳곳에서 우후죽순처럼 자라나고 있다. 〈한살림〉과 〈아이쿱(icoop)〉, 〈두레생협〉과 〈행복중심생협〉 등 한국형 생협들의 성장이 그렇고, 협동조합 열풍과 사회적 경제에 대한 기대가 그렇다. 재래시장의 부활과 벼룩시장 및 생활장터와 같은 수많은 필요의 교환이 그렇고, 대전의 한밭레츠와 지방자치단체들의 지역통화에 대한 뜨거운 관심이 그렇다. 로컬푸드와 꾸러미 사업과 온라인으로 이루어지는 수많은 도농직거래가 그렇다. 새롭게 창조될 메타시스템의 주연 배우가, 호혜시장이다. 음양전화의 촉매가, 호혜시장이다. 체제 전환의 지렛대가 호혜시장이다. 호혜주의 시장경제는 살아 움직이는 실체다.

그래도 남는 물음표, 성장하고 확장되고 확산되는 호혜시장은 어떻게 지속할 수 있을까? 현실적 '탈(脫)호혜화' 경향과 이상주의적 '비(非)매매화' 열망 사이에서 어떻게 중심을 잡을 수 있을까? 가라타니 고진의 '호혜의 고차원적 회복'은 무엇으로 가능할까?

다시 헤이즐 핸더슨이다. 맨 아래층 '어머니 자연'에 주목해야 한다. 조건 없이 베푸는 아가페 사랑, 불교의 무주상보시(無住相布施), 선물경제의 '순수증여'가 그것 아닐까? 한살림의 역사에서도 발견된다. 한살림운동의 정신적 스승 무위당 장일순의 '계산 없는 협동'과 '옆으로 답례'와 '뒤로 답례'가 그것이다. 매매와 호혜의 이중구조 혹은 음양론, 혹은 융합. 그리고 아래쪽 깊고 깊은 곳에서 존재하는 순수증여 속에 '고차원'의 비밀이 숨어 있지 않을까?

그림으로 표현하면 이렇다. 매매관계는 빙산 중에서 수면 위에 드러난 부분이다. 가끔 무임승차자도 있다. 그런데 호혜시장의 보이지 않는 실체는 그 아래 숨겨진 부분, 즉 신뢰에 기반한 호혜적 관계라고 할 수 있다. 올해 당장 손해가 되더라도 믿고 기다릴 줄 아는 소비자와 생산자가 없으면 정교한 물류 시스템도 무용지물이다. 파는 곳과

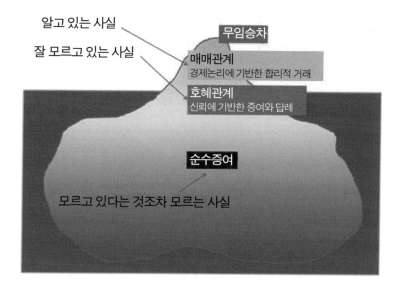

호혜시장의 음양론: 매매-호혜의 이중구조

알고 있는 사실

잘 모르고 있는 사실

무임승차

매매관계
경제논리에 기반한 합리적 거래

호혜관계
신뢰에 기반한 증여와 답례

순수증여

모르고 있다는 것조차 모르는 사실

나눔터의 음양론이다.

그리고 순수증여, 대부분의 사람들에게는 '모르고 있다는 것조차 모르는 사실의 영역'이다. 호혜시장이 유지되는 숨은 비밀이라고나 할까? 어느 호혜 시스템이든 사고가 나고 누수가 발생하기 마련이다. 개인적으로 100을 주고 꼭 몇 개씩 더 가져가는 사람이 분명히 있다. 그런데 그것을 메워 주는 존재가 없으면 호혜 시스템은 지탱할 수 없다. 알고도 손해 보는 사람이 분명히 있다는 말이다. 그것이 생산자일 수도 있고, 이름 없는 조합원이나 활동가일 수 있고, 공동기금일 수도 있다. 혹은 무명의 기부자일 수도 있다. 호혜시장 지속 가능성의 비결, 혹은 교환양식D의 고차원적 호혜는 여기에 있는지도 모른다. 음양의 논리로 말하면 음 중의 음, '순음(純陰)'이라고 말할 수 있다. 볼 수도 만질 수도 없지만, 분명히 존재하는 근원적 생명 에너지이라고나 할까?

　문명사적 전환기, 새로운 글로벌 사회운동의 키워드는 '회복/되살림(resilience)'이다. 근원적 생명에너지의 회복/되살림이다. 기존의 생활양식과 시스템의 결과가 낳은 상처와 파괴를 치유해야 한다. 공동체의 되살림, 생태계의 되살림, 영혼의 되살림, '전환'은 이미 새로운 삶과 사회로의 이행(transition)이다. 전환운동은 이미 글로벌 네트워크로 형성되고 있다(www.transitionnetwork.org). 대전환의 스토리는 이미 깊고 넓고 다양하게 쓰여지고 있다(http://www.greattransitionstories.org). 체제전환은 이미 현재진행형이다.

모심의 민주주의를 생각한다

민주당이 간판을 내렸다. 그리고 새로 올린 간판은 '새정치민주연합'*. '새정치'와 '연합' 사이에 '민주'라는 말이 겨우 끼어 들어간 모양새다. 그런데 약칭으로 불러달라는 '새정치연합'엔 '민주'가 빠졌다. '민주'의 신세가 애처롭다. 해방 이후 60년을 지켜온 민주당의 역사가 사라졌다고 속상해하는 사람도 있고 그나마 이름이라도 건져서 다행이라는 이도 있지만, 2014년 3월 '민주'는 분명 '계륵'이 되었다.

계륵이 된 민주주의

한국의 민주주의가 초라하다. '민주화'라는 말이 극우파 인터넷사이트 '일간 베스트'의 조롱거리가 된 지 오래고,** '민주'라는 이름을 가진 정당이 문을 닫았으니 민주주의 그 자체는 몰라도 '민주화'와 '민주

---

* 민주통합당(대표 김한길)과 새정치연합(대표 안철수)이 2014년 3월 26일 합당하여 '새정치민주연합'이 출범했다.
** 극우 사이트로 분류되는 '일간 베스트'에서는 '민주화'가 '자신과 생각이 다른 소수를 집단으로 억압 또는 폭행하거나 언어 폭력을 하는 행위'를 뜻하는 은어로 쓰인다.

화 세력'의 위기는 분명하다. 무엇보다 70~80년대 세대들에게는 너무
도 당연했던 민주주의의 신화가 사라졌다. 반독재 민주화 투쟁은 더
이상 전설이 아니다.

무엇 때문일까? 중동과 터키와 태국에서 민주주의는 여전히 치열
한 투쟁이고 뜨거운 열망인데 한국에서는 왜 철 지난 유행가가 되었
을까? 왜 냉소의 대상이 되었을까?

물론 자본과 권력의 횡포 탓이 크다. 악의적인 매도와 공작의 냄새
가 진하게 느껴진다. 민주주의 자체를 혐오케 하고 무기력하게 만드
는 저강도전쟁의 기획도 눈에 들어온다. 그러나 정확히 말하면 민심
의 변화를 교묘하게 파고 든 것이리라. 민주화 세력은 적지 않은 시
민들에게 김대중·노무현 정부의 집권을 통해 투쟁의 보상을 충분히
받은 기득권 세력으로 여겨진다. 더 이상 존경심이 있을 수 없다. 젊
은 세대들에게 민주화 세력은 그저 기성세대의 일부일 뿐이다.

그러나 이것만으로는 설명이 부족하다. 스스로 다시 묻는다. 왜 민
주주의는 낡아 보이는 걸까? 왜 민주주의가 흘러간 강물처럼 느껴질
까? 혹시, 민주주의가 진짜로 박물관의 유물이 된 것은 아닐까?

무언가가 낡고 늙는다는 것은 '오래됐다'는 것이다. 70~80세대에게
는 너무도 생생한 현장이지만, 광주항쟁도 벌써 34년 전 일이다. 분명
'타는 목마름으로' 민주주의를 외치던 시대는 지났다. 그러나 판화가
이철수의 혜안처럼 '묵은 나무에도 꽃은 핀다'. 그렇다면 민주주의의
진정한 위기는 꽃이 피지 않기 때문이 아닐까? 향기가 나지 않기 때

문이 아닐까?

그렇다. 치밀하게 분석을 할 수는 없지만 느낌은 있다. 민주주의를 말해도 흥이 나지 않는다. 울림이 없다. 민주주의가 아프고 쓸쓸한 사람들에게 위로가 되지 못한다. 민주주의를 떠올려도 즐겁지 않다. 민주주의를 말하는 사람들에게서 더 이상 열정이 느껴지지 않는다. 더 이상 자기를 내어 놓는 것을 볼 수가 없다. 국가정보원의 사이버 공작이 심각한 문제이기 하지만, 거기에 목숨을 걸 일은 아닌 듯하다.

요컨대 한국에서 민주주의는 더 이상 절실하지 않다. 왜? 아직도 채우지 못한 경제적 부에 대한 욕망 때문일까? 아니다. 그것은 진실의 일부일 뿐이다. 다시 반복할 수밖에 없다. 2014년 3월, 민주주의가 절실하지는 않다. 왜? 사람들의 마음을 헤아려 주지 못하기 때문이다. 단순히 일자리 문제가 아니다. 옳고 그름의 문제만도 아니다. 나와 우리의 복잡하고 섬세한 마음을 담기에 투표용지의 크기는 너무 작다. 찬성(○)/반대(×) 둘뿐인 선택지는 차라리 폭력에 가깝다. 정녕 '새 정치'가 절실하다.

'마음은 민주주의의 첫 번째 집'

"마음은 민주주의의 첫 번째 집이다." 미국의 저명한 영성적 사회 운동가인 파커 파머(Parker J. Palmer)가 쓴 『비통한 자들을 위한 정치학』에 소개되어 있는 글이다.

인간의 마음은 민주주의의 첫 번째 집이다. 거기에서 우리는 묻는다. 우리는 공정할 수 있는가? 우리는 너그러울 수 있는가? 우리는 단지 생각만이 아니라 전 존재로 경청할 수 있는가? 그리고 의견보다는 관심을 줄 수 있는가? 살아 있는 민주주의를 추구하기 위해 용기 있게, 끊임없이, 절대로 포기하지 않고, 동료 시민을 신뢰하겠다고 결심할 수 있는가?

요컨대 '마음의 민주주의'다. '의견(주장, 입장)'보다 '관심'이 먼저다. 찬반으로 갈라진 겉마음 아래 정묘한(subtle) 속마음에 귀를 기울이자는 것이다. 이 책의 원 제목은 '민주주의 심장 치유하기'다. 다시 말해 '치유의 민주주의', 혹은 '치유의 정치'라고 말해도 좋을 것이다. 아픈 마음, 쓸쓸한 마음, 갈라진 마음을 따뜻하게 보듬는 정치 말이다.

지난 2014년 2월 우리 모두의 가슴을 몹시도 아프게 했던 세 모녀 이야기*가 '치유의 민주주의'의 절박성을 일깨워준다. 세 모녀 이야기는 '권리'와 '복지'의 문제만이 아니다. '왜 당신들은 당신들의 권리를 찾지 못했느냐?'라고 나무랄 수 있고, 이른바 '세모녀법'을 통해 국가복지적 처방을 제시할 수도 있다. 하지만, 마음의 민주주의라는 관점에서 볼 때 세모녀의 죽음은 사회적 안전망 이전에 '존엄'의 문제다.

---

* 2014년 2월 27일 서울 송파구에 살던 세 모녀(어머니와 두 딸)가 생활고에 시달리다 '마지막 월세와 공과금' 조로 70만원을 남겨 놓고 자살한 사건이다.

왜 그녀들은 마지막 순간에 밀린 월세를 정확히 계산했을까? 이 세상에 남아 있는 이들에게 무슨 말을 하고 싶었을까? 무슨 말을 하고 싶지 않았을까?

목숨은 하늘만큼 소중하다. 그러나 그 마음, 즉 영혼을 지킬 수 없다면 스스로 세상과의 관계 단절을 선언할 수밖에 없다. 왜 그녀들은 성당과 교회를 찾지 못했을까? 왜 절집의 스님들에게 도움을 청하지 않았을까? 왜 생명운동 하는 단체를 몰랐을까? 그녀들이 숨죽여 눈물 흘리는 사이, 나는, 우리는, 국가는, 민주주의는 어디에 있었을까?

마음이 민주주의의 첫 번째 집이라면 민주주의 진정한 출발점은 마음을 헤아리는 것이다. '민심(民心)이 천심(天心)'이라는 말이 정치적 수사에 머물지 않기 위해서는 더욱 그러하다. 민심은 집합적 마음이 아니다. 모든 마음을 정당으로 모을 수도 없고, 몇몇 지도자에게 수렴될 수도 없다. 민심은 천하보다 귀한 '한' 영혼의 존엄함이다. 이러저러한 욕망더미 속에 숨겨진, 잘 보이지 않지만 오롯하게 살아 있는 하나됨의 열망이다.

스스로 다시 묻는다. 왜 민주주의는 낡은 것이 되어 가고 있을까? 혹시 이념과 교리와 담론은 있으되, '깊은 마음'이 없기 때문 아닐까? 결론부터 말하면 이렇다. 민주주의 기초는 자유와 평등이기도 하지만, 생명평화와 생명공동체를 말하는 사람들에게 민주주의 기초는 박애다. 사랑이고 자비이고 우애다. '자유의 민주주의'와 '평등의 민주주의'는 '박애의 민주주의'의 바탕 위에서만 자라날 수 있다.

그 마음은 어떤 마음일까? 그 마음은 생명세계의 본래 모습을 이해하는 지성적 마음이기도 하고, 아픔과 슬픔을 함께 나누는 감성적 마음이기도 하다. 또한 모든 존재의 미세한 떨림을 알아차리는 영성적 마음이기도 하다. 그리고 지성적으로든 감성적으로든 영성적으로든 그것을 관통하는 하나의 마음이 있다면 그것은 사랑의 마음일 것이다.

서유럽의 대안사상가들은 이를 일러 '깊은 민주주의(deep democracy)'라고 말한다('심층민주주의'라고 옮겨도 좋겠으나 필자는 '깊은'이란 말이 좋다). 1인 1표와 다수결과 찬성/반대와 대의제로 드러나는 얕은 민주주의, 표층 민주주의, 눈에 보이는 민주주의로는 턱없이 부족하다. 전부인 것 같지만 사실은 많아도 절반일 뿐이다.

'생명'의 정치, '모심'의 민주주의

근대 '민주주의(民主主義)'는 천지개벽이었다. 인류 역사상 처음으로 억압받고 천대받던 민초들을 주인의 자리에 올려놓았다. '백성(百姓)'들은 자유와 평등의 주인공이 되었다. 하나의 성씨로 이루어진 임금의 혈족과 그 주변의 일부 양반들만 주인 행세를 하던 나라에서 '백가지 성씨' 모두가 '주인 권리', 즉 주권(主權)을 가지게 되었으니 대혁명이 아닐 수 없다.

그러나 민주화(民主化)의 과정은 주체와 객체를 나누는 과정이기도 했다. 자유롭고 평등한 독립적 주체성이 강조되면서 너와 내가 갈라지고, 나 외에는 모두 타자(他者)가 되었다. 인간과 인간, 인간과 자연의 관계성/공동체성은 사라지고, 모든 것은 단절되었다. 태어나면서부터 혼자인 주권자들은 오로지 '사회계약'을 통해서만 공동의 규칙을 만들 수 있었다. 그것이 노동조합/협동조합이고 민주공화국이다.

요컨대 모든 백성이 배타적 주권자가 된 오늘의 '권익 민주주의'는 숨겨진 하나됨으로 연결된 생명세계의 본래 모습을 잃어버렸다. 깊은 마음을 잊어 버렸다. 그렇지만 사라져 없어진 것은 아니다. 화폐와 물질적 부에 가려 잘 보이지 않을 뿐이다.

생명운동은 생명세계, 즉 인간과 인간, 인간과 자연, 인간과 깊은 마음 사이에 보이지 않는 끈을 찾는 사회적 활동이다. 관계성을 회복하고 새로운 차원으로 '재공동체화(再共同體化)'하는 게 생명운동이다.

강도당한 사마리아 사람을 일으켜 세우는 것이 '생명운동'이다. 숨죽인 이들의 아픔을 알아차리고 치유하는 게 '생명의 정치'다. 이웃의 형편과 마음을 헤아리는 게 '생명 민주주의'다. 해월 최시형이 그랬고 무위당 장일순이 그러했던 것처럼 억조창생과 뭇 생명의 슬픔과 기쁨을 함께하는 것이 생명평화운동이고 생명공동체운동이다.

혹 '모심의 민주주의', '모심의 정치'라고 말해도 좋을 것 같다. 무위당의 민주주의는 간명하다. "남의 사정을 헤아릴 줄 알아야 민주주의다." 나의 권리만 주장하고 숫자의 힘으로 그것을 얻어내려는 것이 '권익 민주주의'라면, 보이지 않는 형편과 드러내지 않은 마음을 살피는 것이 '모심의 민주주의'다. 너와 나의 주체성을 인정하면서도 그대가 있어 내가 있다는 것을 인식하는 것, 그리하여 서로 살림의 관계를 만드는 것이 모심의 민주주의다.

2014년 벚꽃 만발한 춘삼월 아침, 깊은 민주주의, 마음의 민주주의, 모심의 민주주의를 통해 민주주의라는 묵은 나무에 새 꽃이 피어난다. 향기가 난다. 다시 나비와 벌이 모여들고 어느덧 꽃동산을 이룬다.

생명정치와 민회운동

삶의 위기와 치유의 정치

삶이 고단하다. 2012년 EBS에서 방영된 '자본주의'라는 다큐멘터리가 한국 사회의 한 단면을 보여준다. 이는 국가복지 혹은 GDP 복지의 순위표가 아니다. 그것은 삶과 죽음에 관한 지표이며, 인생의 진정한 의미에 대한 물음표이다.

> OECD 34개국 중 빈곤율 28위
>
> OECD 34개국 중 사회복지 지출 비중 33위
>
> 연평균 근로시간 세계 1위(2,193시간)
>
> 청소년 사망원인 자살 1위
>
> 인구 10만 명당 자살 사망률 28.4명, 세계 1위(OECD 평균 11.2명)
>
> 고3 학생들 행복하기 위해 가장 필요한 것은? 1위 '돈'

부정적인 데이터만을 일부러 보려는 것이 아니다. 전교 1등을 고수해 온 고등학생이 "머리가 가슴을 갉아 먹는다."고 호소하며 아파트

옥상에서 몸을 던지고, 조기유학을 위해 아이를 미국에 보낸 40대 가장이 "아빠처럼 살지 마라."는 유언을 남기고 목숨을 끊는다. 삶의 위기, 생명의 위기다. 자기 삶의 지속 가능성과 존재의 의미에 대해 근본적인 의문이 든다면 다른 삶을 선택할 수밖에 없다. 이런 식으로는 더 이상 삶을 지탱할 수 없기 때문이다.

사실 그 자체와 관계없이 이념의 잣대로 규정되고 있는 쌍용자동차와 밀양의 송전탑, 제주 강정마을이나 4대강 문제도 삶·생명(life)의 관점에서 보면 그리 복잡하지 않다. 해고자들의 상처는 여전히 아물지 않았고, 할머니들의 불가항력이 가슴 아프다. 바다 생태계의 파괴와 물고기떼의 죽음 앞에서 다른 설명이 필요 없다.

전 지구적인 생태 위기와 경제 위기가 중첩된 복합 위기 시대라고 말하지만, 달리 말하면 그것은 '생명의 위기'다. 어느 고등학생의 문제가 아니라, 어느 가장의 이야기가 아니라 오늘날 대다수 사람들의 일상이 늘 편치 않고 미래는 불투명하다. 행복을 말하기 전에 존재 자체가 안전하지도 안녕하지도 못하다면, 그것이 바로 전일적인 삶·생명의 위기다.

생명은 삶, 곧 살아 있음이다. '삶'은 '생명'의 동사형(動詞形)이다. 그러므로 생명 위기는 살아있는 존재들의 위기다. 생명세계를 구성하고 있는 하늘·땅·사람의 세 기틀의 전면적 위기이다. 사회적 삶의 기초인 공동체가 무너지고 있으며(사람), 삶의 자궁인 생태계가 위태롭고(땅), 하늘사람이었던 인류는 영혼 없는 존재(하늘)가 되어 가고 있다. 사회의 위기요, 생태계의 위기이며 마음의 위기다.

오늘날 한국 사회에서 삶의 목표는 성공이며, 성공의 척도는 돈이다. 돈이 있어야 출세를 할 수 있고 명예를 얻을 수도 있다. 한편에서는 극도의 물질주의와 물신숭배가, 한편에서는 유물주의의 도그마가 삶을 구속한다. 다른 한편에서는 상극적 변증법으로, 다른 쪽에서 무한경쟁 논리로 영혼을 압박한다.

분명 경제적 불평등은 심대하나, 본질은 탐욕 증식의 시스템과 깊은 내면 정신의 위기다. 영혼을 부정하는 자본주의, 자본에 팔리고 자본에 길들여진 영혼이 근본적인 문제다. 그것을 조장하고 그것에 복무하는 시스템이 근본적인 문제다. 필요의 충족이 어지간히 이루어졌는데도 삶과 사회가 피폐하다. 지식은 물론이고 감정과 영성마저도 상품이 되고 또 독점된다.

학교는 거짓말을 가르치고, 제도 종교는 부의 축적과 사회적 성공을 축복한다. 죽음에 대한 공포와 죽음에 대한 외면이 이중적으로 공존한다. 삶과 죽음에 대한 건강한 토론을 볼 수 없다. 사람의 마음 안에 새겨진 '하늘의 무늬(天文)'가 위태롭다. '아픈 사람들, 아픈 사회'가 오늘 우리의 모습이다.

힐링이 절실하다. 배고픈 사람에게는 밥이, 아픈 사람에게는 치유가 필요하다. 그러나 진통제만으로는 부족하다. 내일 아침 다시 통증이 찾아오고 우울한 마음은 반복될 것이다. 아프다는 것은 증상에 불과하다. 대증요법으로는 안 된다. 원인 치료가 필요하다. 그러기 위해서는 증상 아래 숨겨진 원인을 찾아야 한다. 그리고 근본적인 치유 방법을 제시해야 한다.

그렇다. 사회적 힐링 혹은 힐링의 정치가 필요한 것이다. 지금 필요한 것은 진보정치와 보수정치가 아니라 '치유의 정치'이다. 근본적으로는 지속 불가능한 삶·생명의 위기를 넘어설 수 있는 삶의 정치가 절실하다. 삶을 건강하고 풍요롭게 만드는 살림의 정치가 요구된다.

더 깊은 민주주의

인간의 마음은 민주주의의 첫 번째 집이다. 거기에서 우리는 묻는다. 우리는 공정할 수 있는가? 우리는 너그러울 수 있을까? 우리는 단지 생각만이 아니라 모든 존재로서 경청할 수 있는가? 그리고 의견보다는 관심을 줄 수 있는가? 살아 있는 민주주의를 추구하기 위해 용기 있게, 끊임없이, 절대로 포기하지 않고, 동료 시민을 신뢰하겠다고 결심할 수 있을까?*

미국의 대표적인 영성적 사회운동가는 한 환경운동가의 말을 빌려 이렇게 묻는다. 그렇다면 대한민국의 민주주의는 어떠한가?

---

* 여기 인용된 글을 포함해 심층 민주주의(Deep Democracy), 혹은 '민주주의와 마음'에 대해서는 파커 파머의 『비통한 자들을 위한 정치학』을 주로 참조하였다.

이렇게 답할 수밖에 없다; "신뢰하지도 경청하지도 너그럽지도 못하다." 더 강하게 말하면 이렇게 말할 수밖에 없다; "민(民)이 안 보이는 민주주의, 마음이 안 보이는 민주주의, 희망이 안 보이는 민주주의…." 다시 말하면 이렇다; "자본과 엘리트만 보이는 민주주의, 정치 공학과 결과만 보이는 민주주의, 권력과 자원의 분배만 보이는 민주주의…." 우리의 민주주의가 암울하다. 한국 민주주의는 이를테면 5무(無) 민주주의다.

첫째, 민(民)이 보이지 않는 민주주의다. 국민은 이름뿐, 대의의 이름으로 자본과 엘리트가 과두 지배 체제를 강제한다. 민주주의를 되묻지 않을 수 없다. '대한제국(大韓帝國)'에서 '대한민국(大韓民國)'으로의 전환이 주는 의미는 무엇인가? 민이 주인이 된다는 말은 무엇인가?

둘째, 과정이 부족한 민주주의다. 결과만이 중요할 뿐이다. 참여의 공간도 숙의의 과정도 매우 부족하다. 그리고 결과는 완벽하게 어느 한편에 의해 독점되는 것으로 나타났다.

셋째, 호혜, '마음이 담긴 주고받기'가 없는 민주주의다. 제로섬, 상극(相剋)의 민주주의다. 다수의 이름으로 소수를 배제하고 권력과 자원을 지배한다. 너와 나는 둘이 아니건만, 배타와 배제의 목소리만 요란하다. 상생과 호혜의 민주주의는 먼 나라의 일일까?

넷째, 영혼이 부재한 민주주의다. 시스템은 존재하는데 한 사람 한 사람의 인격, 사회적 품격, 공동체의 영혼이 보이지 않는다. 민주주의의 마음은 무엇일까?

다섯째, 희망과 설렘이 사라진 민주주의다. 타는 목마름으로 쓰는 것은 고사하고 민주주의라는 말은 더 이상 가슴을 뛰게 하지 못한다. 생태·경제·사회적 복합 위기시대, 문명사적 전환기에 희망의 메시지를 담지 못하고 있다. 새로운 삶과 사회에 대한 기대와 열망을 담고 있지도 못하다.

그러므로 오늘날 새로운 민주주의의 대안적 키워드는 '민(民)', '과정', '호혜', '영혼(마음)', '희망'이다.

전환기에는 전혀 새로운 통찰과 다른 접근이 요구된다. 정당의 개혁이나 정부의 혁신도 반드시 이루어져야 할 일이지만, 동시에 더욱 넓고 깊은 탐색이 필요하다. 이제 민주주의의 차원 변화로까지 이어져야 한다. 근대의 대의민주주의와 다수결 민주주의를 넘어서 민이 주인공이 되고, 공감과 합의의 결정 과정을 귀히 여기며, 사회 및 자연과의 공생에 기여하고, 인격과 마음이 살아 있으며, 희망을 주는 민주주의가 되어야 할 것이다.

서유럽의 민주주의는 대의제와 다수결제의 한계를 극복하기 위해 '직접민주주의', '숙의민주주의'를 통해 그 대안을 탐색해 왔다. 그리고 또 하나, '컨센서스 민주주의(consensus democracy)'와 '심층 민주주의(deep democracy)'를 통해 새로운 차원을 열어 가고 있다. 컨센서스(공감·합의) 민주주의를 한국 식으로 표현하면 '화백 민주주의'이고, 심층 민주주의는 '마음의 민주주의'라고나 할까.

컨센서스 민주주의는 무엇인가? 다수결이 아니라 공감과 합의에 의해 결정되는 시스템이다. 다수는 소수의 반대자라도 있다면 공감하기를 기다려야 한다. 소수는 반대의 마음이 있어도 침묵으로 제한적 공감을 표시할 수도 있다.

심층 민주주의는 성찰과 경청의 민주주의다. "인간의 마음은 민주주의의 첫 번째 집이다."라는 말이 심층 민주주의 의미를 함축한다. 영혼과 영혼이 교감하고 그 만남은 사회적 공명으로 확장된다.

그리고 다섯 가지 민주주의의 대안적 키워드를 실천하는 '마당(=플랫폼)'이 필요하다. 삶의 현장으로부터 더 깊고 넓은 민주주의—직접민주주의, 숙의민주주의, 컨센서스 민주주의, 마음의 민주주의 등을 포괄하여—를 실현하는 새로운 시민정치운동이 절실하다. 새로운 삶과 사회를 여는 문명 전환 운동과 만나야 한다.

더 깊고 넓은 민주주의를 통해, 민을 삶과 사회의 참다운 주인공으로 길러 내고, 숙의와 공감에 바탕한 의사결정 시스템을 사회화하며, 생태·사회적 공공성을 바로 세우고, 도덕과 인격, 영혼이 있는 사회를 형성하고, 전환의 시대, 민의 열망을 사회적 희망으로 만들어 내기를 기대해 본다.

그렇다면 새로운 정치, 더 깊고 넓은 민주주의는 무엇일까? 자유의 정치학과 평등의 정치학이 아닌 박애의 정치학은 무엇일까? 깊은 마음의 정치가 필요하다. 시스템의 정치에서 소통의 정치로 나아가야 한다. 시스템을 강조하는 '네모의 정치'도 중요하나, 이제 한가운데 진리를 놓고 서로의 마음을 주고받는 '동그라미의 정치'가 필요하다.

원탁이어서 좋았다는 아더왕의 이야기가 시사점을 준다.

박애의 정치는 어머니의 보이지 않는 손길 같은, '치유의 정치'다. 그런데 어머니의 손길은 '마음의 정치'이기도 하다. 아버지의 월급봉투처럼, 정부의 법과 제도처럼, 투표의 결과처럼 확연히 드러나지는 않는다. 그렇지만 시스템은 정확하나 섬세한 다층적 배려와 보이지 않는 마음까지 담아낼 수는 없다.

시스템 아래 숨겨진 마음, 그것을 알아차리고 또 드러내는 게 '전일성(全一性)의 정치'다. 더 깊은 민주주의다. 1인 1표와 다수결이 '양(陽)의 정치'라면, 경청과 숙의는 '음(陰)의 정치'다. 국가도 중요하고 지방정부도 중요하나, 거기에 속한 한 사람 한 사람을 귀하게 여기는 정치, 세포 하나의 역할이 드러나는 정치가 전일성의 정치(holistic politics)이다. 심층 민주주의, 더 깊은 민주주의다.

그렇다면 다시 새롭게, 더 넓고 더 깊은 민주주의를 하기 위해서는 어디서부터 시작할 것인가? 다시 '민(民)'으로 돌아가고, 새롭게 민의 '모임(會)'에 주목한다. 구조가 아니라 과정·생성으로서의 민의 모임, 모이고 흩어짐이 자유로운 민의 모임을 다시 새롭게 그려 본다. 마음을 나누는 둥근 원탁, 혹은 마당을 꿈꾸어 본다.

민회: 시민정치의 오래된 미래

그렇다면 다시 새롭게, 더 넓고 더 깊은 민주주의를 어디서부터 시작할 것인가? 우리의 대안은 민회(民會)다. 민회는 구조가 아니라 과정이다. 생성이다. 모이고 흩어짐이 자유로운, 민회는 마당이다. 플랫폼이다. 메시지다. 삶과 죽음, 마음과 영혼이 오가는 미디어다.

그것은 1인 1표와 다수결과 대의제로는 담을 수 없는 숨겨진 마음을 찾기 위한 틀이다. 투표용지를 투표함에 넣기 전 흔들리는 두 마음을 나누는 것이 민회다. 근대적 합리성을 넘어, 시스템/제도의 한계를 넘어 민(民)이 민낯으로 만나는 것이 민회다.

19세기와 20세기의 민회가 '제왕의 나라'에서 '민의 나라'로 전환하는 데 기초가 되었다면, 21세기의 민회는 숨겨진 민의 마음과 지혜의 나머지 50%를 되찾아 드러내는 일이다.

민회는 우리의 오래된 미래다. 너무 근본적이어서 아주 새로운 현재다. 아고라와 촛불의 민회이며, 보은취회와 만민공동회의 그 민회이다. 2013년은 특히 한국형 민회의 시원이라고 할 수 있는 보은취회가 열린 지 두 갑자(120년)가 되는 해이기도 하다.

그러나 민회(民會)의 역사적 원형은 역시, 폴리스의 시민총회이다. 폴리스의 시민들은 아고라에 모여 자신의 미래를 스스로 토론하고 결과를 도출해 냈다. 권한은 미약했지만, 매년 10회에 걸쳐 정기적인 민회를 개최했고 민중들에 의해 선출된 평의회와 민간인 배심원제도가 이를 뒷받침했다. 모든 법령은 평의회(the council)와 인민(the people)의 양자 명의로 가결되었다. 지금까지의 민회에 관한 논의도 대개의 경우 직접민주주의와 연결지어 폴리스의 민회나 평의회를 떠올려 그려졌던 것으로 보인다. 또한 아렌트(Hannah Arendt, 1906~1975)도 지적하고 있는 바와 같이 민회는 혁명기에 민중의 자발성에 기대어 평의회가 조직되거나, 민중 집회의 형식으로 형성되었다. 프랑스혁명, 파리코뮌, 러시아혁명 등이 모두 그러하였다. 여기서 주목할 것은 폴리스의 경우를 제외하고 민회는 혁명기 혹은 혁명적 상황에서만 형성되었다는 사실이다. 거꾸로 일상으로 돌아가면 민회의 역할을 제도가 대신해 왔다.

민회는 민초들의 열린 공론장이다. 전문가와 지도자만의 것이 아니라는 말이다. 민회는 지금 여기의 최적(最適)의 길, 이변비중(離邊非中; 양 끝을 떠나되 가운데도 아닌)의 중도의 길을 찾아간다. 갈등을 해소하는 것이 아니라, 인정하고 새로운 차원을 열어 간다. 민회는 미래다. 공동체의 구성원이 더불어 미래를 만들어 가는 시민 협약의 과정이다.

무엇보다 민회는 마음의 민주주의다. 남녀노소, 빈부귀천을 넘어 마음과 마음이 오고가고 또 만나는 마음의 마당이다. 다시 한 번 상기한다. "마음은 민주주의의 첫 번째 집이다."

'민회(民會)'는 어렵지 않다. 백성(百姓) '민' 모일 '회', 즉 백 가지 성씨를 가진 사람들의 모임이다. 공동체 내의 다양한 사람들, 아니 모든 사람들이 함께 모이는 '마당(場)'이다. 유럽에서도 한국에서도 근대 이전 민초들의 모임, 특히 정치 사회적인 목적의 모임은 절대적 금기였다. 신권과 왕권, 신분사회에 대한 도전이었다. 프랑스의 민회는 자유와 평등과 박애의 열망으로 근대적 정치 공동체를 형성해 냈다.

그렇다면 21세기 초입 한국 사회에서 '민회'는 무엇일까? 민회는 '너'가 아니라 '나', 제도와 권력이 아니라 '삶과 생활'이 주어(主語)가 되는 이야기 마당이다. 아프고 힘들어 앞이 보이지 않는 삶, 그리고 그것을 구조화하고 내면화하는 사회를 성찰하는 백 가지 성을 가진 사람들의 공론장이다. 화석화된 '대의'기구가 민의를 '대리'하는 오늘, 사색과 토론마저 소수의 권력자·경영자·전문가들에 의해 독점되는 오늘, 거꾸로 마을공동체가 부활되고 인터넷을 통한 다중적 소통망이 형성되고 있는 오늘, 민회는 새로운 삶과 사회에 대한 열망을 조용히 그러나 마음 깊이 나누는 컨센서스(공감·합의)의 장이다. 자존, 자율, 자치의 마당이다.

일찍이 생태정치학자 문순홍 박사는 "민회는 생명운동의 정치 형식이다."라고 말했다. 생명의 패러다임이 균형 있고 조화로운 생명공동체에 대한 열망이라 말한다면, 민회는 그 마음을 바탕으로 새로운 삶과 사회에 대한 비전과 의제, 행동 계획을 만들어 가는 과정이라고 할 수 있다.

1) 민회(民會)는 '백성들의 이야기 모임'이다

첫째, 민회의 주인공은 백성들이다. 백성(百姓)이란 백 가지 성씨를 가진 사람들이다. 그러므로 백성들의 모임, 민회엔 다양한 사람들이 모인다. 빈부귀천과 남녀노소를 막론하고 누구나 모일 수 있다. 국회의원과 교수와 사무총장만 올 수 있는 자리가 아니다. 남자들만 모이거나 어른들만 모이는 건 참다운 민회가 아니다. 보은취회 이전, 프랑스혁명 이전에 백성들은 모이는 것 자체가 '절대 불가'였다. 그런 점에서 120년 전 보은 땅에 수만 명의 백성들이 모여 자신의 정치사회적 요구를 당당히 외쳤던 것은 가히 천지가 개벽할 일이었다.

둘째, 민회는 이야기하는 곳이다. 신권과 왕권이 지배하던 시기에 백성들은 입이 있어도 말을 할 수가 없었다. 말하는 것, 글 쓰는 것 자체가 불온시되었다. 민회는 사상 해방의 공간이다. 그러나 힘을 과시하는 자리는 아니다. 자신의 삶에 기반하여 공동체가 갈 길을 의논하고 지혜를 모은다. 남의 이야기가 아닌 자신의 이야기를 나눈다.

셋째, 민회는 모임이다. 민회는 결사체나 조직이 아니다. 그물코와 그물코가 연결된 연결망(네트워크)과도 또 다르다. '마당(場)'이다. 요새 유행하는 말로 하면 플랫폼이다. 모이고 흩어짐(聚散)이 자유롭고, 들어오고 나가는(出入) 데 제한이 없다. 그러나 거기에 일정한 방향이 있다. 경부선과 호남선이 있고 서울행과 부산행이 있듯이 민의(民意)의 방향이 있다. 예컨대 '자유 · 평등 · 박애' 혹은 '생명평화'와 같은 보편적 가치 말이다. 그리고 일정한 규칙이 있다. 경청과 배려, 골고루 이야기하기 등이 그것이다.

2) 새로운 민회의 핵심은 '깊은 마음'이다

그렇다면 2013년 오늘 왜 다시 민회일까? 우리 시대에 민회는 어디서나 가능하고 백성들의 이야기 모임은 제한 없이 열릴 수 있는데 말이다. 몇 가지 이유가 있다. 첫째, 근대를 넘어 우리 공동의 미래를 열 새로운 보편 가치에 대한 공감과 합의가 필요한 때라는 것이다. 둘째, 화석화된 대의 민주주의를 넘어서 좀 더 깊고 넓은 민주주의가 요구되고 있는 현실이다. 셋째, 새로운 사람이다. 그 과정을 통해 새로운 삶과 사회의 주인공들이 성장하고 성숙될 수 있기 때문이다.

그런데 이 세 가지 필요성을 관통하는 하나의 열쇠말이 있다. '마음'이 그것이다. 문명 전환기의 민회, 생명평화운동의 민회의 결정적 특징은 바로 '마음'이다. 근대적 민회의 특징을 한마디로 '공론(公論)'이라고 말한다면, 문명 전환 민회의 핵심은 '공심(公心)'이다. 공심은 공감대이기도 하고 보편적 가치이기도 하지만, 나아가 마음속 깊은 곳에서 느끼는 하나됨, "너와 나는 둘이 아니다."라는 깨달음이기도 하다. 이렇게 되면 자연스럽게 사심에 휘둘리지 않고 남의 이야기를 경청할 수 있다.

민회를 보통 공론장이라고 말하지만, '공(公)'이란 말 자체가 원래는 신을 모시는 제단을 의미했다. 마당을 뜻하는 '장(場)'이라는 글자도 '신을 모시는 곳'이라는 뜻을 가지고 있다고 한다. 시'장'에도 운동'장'에도 신이 없는 곳이 없다. 하늘의 마음, 우주의 마음, 천지공심(天地公心)이라고 말할 수도 있고 내 안의 신명이라고 말할 수도 있다.

한국형 민회의 시원이었던 보은취회에서 나왔던 보국안민과 척양척왜는 그저 정치적인 구호가 아니었다. 보은취회 기간 중에 매일매일 수만 명의 시천주(侍天主) 주문 소리가 울려 퍼졌다고 한다. 보은취회는 시천주의 마음, 모심의 공심에 바탕하여 표출된 사회적 열망과 행동이었던 것이다.

최근 서유럽에서는 다수결과 합리성에 기댄 표층 민주주의를 넘어서 '깊은(deep) 민주주의'와 '공감/합의(consensus) 민주주의'가 시도되고 있다. 우리 역사 속에선 화쟁(和諍) 사상과 화백(和白) 민주주의가 있었다. 요컨대 민주주의의 핵심은 '마음'이다. '공심'이다.

3) 민회는 새로운 공동체 만들기다

새로운 민회운동은 프랑스혁명 레미제라블의 마음과 보은취회의 마음을 '지금 여기서' 이어가면서 또 넘어서야 한다. 계승해야 할 것이 '공심에 기초한 공론'이라면, 극복해야 할 것은 '요구사항'에 머문 주체성의 한계이다. 잃어버린 박애의 정신이다. 보은취회의 민초들은 아직 충분히 준비되지 못했다. 막 자아를 깨우친 어린이처럼 임금과 왕에게 청원을 할 수밖에 없었다. 오늘날의 대변형 시민운동처럼 제도와 정책의 변화만을 기대했다. 끝없이 성장한 자유와 평등의 권리의식은 집단적 이기심이 팽배한 권익 민주주의로 함몰되었다.

그러나 오늘의 민회운동의 주체는 다르다. 이미 청년의 모습으로 성장하고 또 성숙했다. 전환의 주체, 새로운 삶과 사회의 주인공은 바로 나와 우리다. 누구도 대신해 줄 수 없다. 누구의 지도를 받아서가 아니라, 우리 스스로 각자의 삶의 현장에서 내 안의 천지공심을 바탕으로 이심전심 새로운 공동체를 만들어 가야 한다.

민회는 구조가 아니라 과정이다. 새로운 삶과 사회를 향한 열망을 담아 내고 키워 내고 또 실현하는 과정이다. 마을에서 지역 안에서, 또 마을과 지역을 횡단하여 기후변화를 걱정하고, 우리 교육의 현실을 넘어서기 위해 모이고 의논하고 또 변화시켜 내야 한다. 이미 전 지구적 전환 네트워크와 전환 플랫폼으로 형성되고 있다.

민회운동은 새로운 공동체 만들기다. 나아가 새로운 문명 만들기이다. "내가 바뀌면 우리가 바뀌고, 우리가 바뀌면 세상이 바뀐다."

한국 민회운동의 역사

우리 역사 속에서도 서구적 의미의 민회와는 다르지만, 지배 세력에 대항하여 자발적으로 형성되고, 민의 마음을 모으려는 여러 형태의 민회의 모습을 발견할 수 있다. 앞서 언급했던 것처럼 우선 동학도들이 1893년 교조신원(敎祖伸寃)을 위해 모였던 보은취회를 보고 선무사로 파견된 어윤중이 서구에서 보이는 '민회적 측면'이 있다는 언급을 했다는 기록을 볼 수 있다. 이후의 동학농민군 집회나 집강소 설치 운영도 '민회적인 것'으로 볼 수도 있다. 그런데 오랫동안 동학을 공부하고 생명사상과의 접목을 시도해 온 김지하의 경우, 생활/수행공동체인 접(接)과 이를 기반으로 하는 네트워크로서의 포(包), 사발통문으로 상징되는 독특한 소통 구조에 주목하고 여기서 민회운동의 단초를 찾고 있기도 하다.

한편 1898년 독립협회에서 조직한 만민공동회의 경우 서구적 민회에 가장 가깝다고 평가받고 있는데, 훗날 사회운동사적인 의미에서 최초의 민회라고 말할 수 있는 〈신촌민회〉를 만든 연세대학교 이신행 교수의 민회에 관한 상상력도 여기에 의지하고 있는 것으로 보인다. 여러 차례의 민중집회를 통해 국가적 이슈를 공론화하고 헌의6조라는 개혁안까지 제출한 것을 보면, 만민공동회는 확실히 민회의 한 형태를 보여주는 것으로 보인다. 더욱이 독립협회가 해체된 뒤에도 만민공동회가 개최되었다는 사실은 민회의 동력을 이해하는 실마리가 될지도 모르겠다.

한편 갑오년의 동학농민혁명 실패 이후 동학교단은 손병희 선생의 지시에 의해 1904년 각 지역에 대동회(大同會)라는 이름으로 민회를 조직하게 된다. 이른바 갑진개화운동의 시작이다. 그러나 이때의 민회는 여전히 비합법 지하 활동을 할 수밖에 없었다. 이후 중립회, 진보회로 이름을 바꾸어 가며 활동을 계속하다가 이용구의 일진회와 통합하게 된다. 동학의 근대 민회운동의 위력은 생활개혁운동의 상징으로 전국에서 20여만 명이 참여한 흑의단발(黑衣斷髮)에서 잘 드러난다. 이는 동학교단이라는 종교적 틀 안에서 위로부터의 지시에 의해 이루어진 것이기는 하지만, 민중 스스로의 힘으로 조직적인 개혁을 꾀했다는 점에서 그 의미가 작다고 할 수 없다.

더불어 1919년 3·1운동의 경험도 민회의 차원에서 검토해 볼 수 있다. 33인의 민족대표의 구성과 지역별 집회, 그리고 기미독립선언서의 보편적 정신 등은 민회운동에서 많은 시사점을 준다. 또한 이후 임시정부를 수립하고 대한민국(大韓民國)이라는 국호를 정하는 데 끼친 영향을 고려한다면 3 · 1운동은 매우 의미가 크다.

이와 함께 해방 직후 각 지역별로 이루어진 건국 준비 조직도 이념적 성격을 떠나서 민회의 전형에 가깝다고 할 수 있을 것이다. 이는 사실상의 혁명적 상황이나 다름없었으므로, 앞서 서구의 혁명적 상황에서의 민회나 평의회와 같은 차원에서 볼 수 있다.

그러므로 이렇게 말할 수도 있다. "민국(民國)의 기초는 민회(民會)다." 보은취회와 만민공동회 이후 조선의 마지막 시기와 일제시대, 대한민국 임시정부가 만들어지기까지 이미 수많은 민회가 만들어졌다. 그리고 3 · 1운동과 임시정부의 수립, 대한민국의 성립은 민회의 기초 위에서 만들어졌다고 말하면 지나친 말일까?

한참 시간이 흐른 후, 민회를 새롭게 주목하고 이를 사회운동으로 조직한 최초의 시도는 신촌민회였다. 1992년 당시 연세대학교 교수로 재직중이던 이신행 교수는 제자들과 함께 신촌의 민회를 만들었다. 시민운동의 활성화와 더불어, 지역공동체에서부터 민에 의해 뒷받침되는 사회적 정당성을 통해 궁극적으로 시민자치를 실현하자는 것이었다. 이신행은 이를 '민회를 통한 사회적 정당성의 현현'* 으로

---

* 이신행 교수의 민회론은 생명민회 포럼에서 발표한 「주민이 주체가 된 시민의회의 역할과 가능성 모색」(『생명민회자료집』, 1995)과 크리스찬아카데미 대화모임에서 발표한 「사회적 권력의 형성과 민회조직」(『주민자치, 삶의 정치』, 1995, 대화출판사)를 참

개념화하였다.

  그리고 2년 후인 1994년 10월, 시인 김지하, 강대인(대화문화아카데미 원장), 최열(환경재단 대표), 이창식(당시 부천YMCA 총무) 등이 주도해 발족된 〈생명가치를 찾는 민초들의 모임〉의 약칭으로 '생명민회'가 사용되고, 주민자치운동의 새로운 조직 형식으로 제안되면서 시민사회에서 '민회'는 보통명사가 되었다. 이러한 '민회론(論)'은 1995년 6월 지방선거를 앞두고 생명민회가 주최한 몇 차례의 포럼을 통해서 의미 있는 문제 제기로 받아들여졌다. 이후 김지하 시인이 동학의 포접(包接)을 원용한 생명운동적 민회론*을 전개하고, 생태정치학자 문순홍 박사가 '생명운동의 정치 형식으로서 생명민회'**를 제안하면서 그 내용이 심화되었다. 또한 이어서 민회의 취지에 공감하여 과천 지역 생명민회 및 생명회의와 교육민회 등이 만들어지기도 했다.

  하지만 이후 신촌민회나 생명민회, 그리고 주민자치 영역에서의 민회운동도 명맥만 유지할 뿐 이렇다 할 활동을 하지 못했다.*** 그런 가운데 〈대화문화아카데미〉가 그동안 논의의 맥을 이어 가면서 다양한 시도를 펼쳐 온 점이 눈에 띈다. 호남지역의 부안, 순천 등지에서 주민자치와 민회운동과 관련된 워크숍을 진행하기도 했고, 일종의

  조할 수 있다.
*   김지하 시인은 『생명과 자치』, 1996, 솔, 400-434쪽에서 주민자치와 민회운동에 대해 집중적으로 논의하고 있다.
** 「6.27지방선거와 생명민회운동」, 『녹색평론』, 1995년 5-6월호.
*** 최근 〈신촌민회〉는 젊은 주체들이 새롭게 참여하여 새로운 모습으로 활동을 시작하고 있다.

정책민회로서의 교육민회 등을 운영하기도 했다. 또한 3·1운동 당시의 33인 민족지도자의 상징성을 빌린 종교계 원로회의 성격의 '33인회의'의 가능성을 탐색하기도 하고, 국회의원 299명으로 구성된 국회(國會)에 빗대어 시민의원 299명으로 구성된 '299인 회의'를 준비하기도 했다.

한편 학계에서도 민회에 대한 이론적 논의가 있었다. 대표적인 경우가 김상준 교수의 '시민의회'론*과 오현철 교수의 '제4부'론**이다. 김상준의 시민의회는 기존의 사법·입법·행정의 3권을 보완하는 임시적인 기관으로서 제비뽑기로 선출된 200~300명의 의원들이 '국민생활에 중장기적으로 심대한 영향을 미치는 공공정책을 심의'하는 것을 목적으로 한다. 특히 갈등의 소지가 매우 클 것으로 예상되는 법안, 국회에서 교착중인 법안, 그리고 입법되어 시행되고 있으나 국민적 반발이 심한 법안 등을 심의 대상으로 상정하고 있다. 오현철의 제4부론은 입법, 사법, 행정부와 독립적으로 활동하는 '제4부'의 헌법기구로서 시민의회가 국민주권을 실현하는 최고 기구가 된다. 배심원제도와 비슷하게 '무작위로 선발된 시민들의 의회'에서 공공정책을 판결하는 시민의회를 구성하여, '국가기구 대리인의 임면을 규정하고 국가기구 간 권력 충돌 조정, 인권 보호와 신장, 헌법 해석, 주요 외교

*   김상준, 「헌법과 시민의회」, 『헌법다시보기』, 창비, 2007.
** 오현철, 「국민주권과 시민의회」, 『헌법다시보기』, 창비, 2007.

정책 결정 등'을 심의하는 역할을 하게 된다.

이렇듯 한국의 민회운동은 나름의 뿌리와 역사를 가지고 있지만, 아직은 구체적인 성과를 내지 못하고 있다. 그래도 민회는 계속되고 있다. 새로운 〈신촌민회〉도 그렇거니와 2012년과 2013년 〈대한민국 민회조직위원회〉가 출범하면서 민회에 대한 관심과 활동이 조금씩 확장되고 있다. 열망이 있기 때문이다.

'우리 공동의 미래'를 향하여

다시, 왜 민회인가? 21세기의 민회는 무엇인가? 근대화 이후, 민주화 이후, 문명사적 전환이 운위되는 오늘, 새로운 삶과 사회·공동체를 이야기해야 하기 때문이다. 18세기 미국과 유럽에서, 19세기 말 한국에서 탈봉건 근대사회에 대한 열망이 민회로 표출되었다면, 21세기인 오늘날에는 민주화·산업화 이후, 근대문명 이후의 삶과 사회에 대한 염원과 기대를 담아 내고 또 펼쳐야 하기 때문이다. 더 깊고 넓은 민주주의가 요구되고, 시스템 민주주의와 채워질 수 없는 마음의 민주주의가 절실하기 때문이다. 민주주의의 주체이며, 공동체의 주인공인 민(民) 스스로 '우리 공동의 미래'를 만들어 내기 위함이다.

민회운동과 시민협약
-새로운 사회계약을 향하여

사회협약 신드롬

'IMF 사태'가 터진 1998년 1월 15일, 노동계 · 경영계 · 정부 그리고 정당대표가 참여하는 범국민적 협의기구인 〈노사정위원회〉가 발족된다. 그리고 5일 후 1월 20일 공정한 고통 분담을 통한 경제 위기 극복을 위한 방안으로 '경제 위기 극복을 위한 노사정 간의 공정한 고통 분담에 관한 공동선언문'을 발표한다. 이어서 계속된 대기업 집단의 구조조정, 노동시장 유연성 제고 및 실업대책, 노동 기본권 신장, 사회보장제도 확충 등 '이해관계가 충돌되고 고통이 수반되는' 광범위한 의제에 합의를 도출하는 작업이 진행된다. 그리고 2월 6일의 노사정 간의 대타협을 기초로 2월 9일에 드디어 '경제 위기 극복을 위한 사회협약'(2.6협약)이 발표된다.

한때 사회협약이 신드롬이라 부를 만큼 유행하던 시절이 있었다. 앞서 언급한 IMF 통치의 긴급 상황에서 체결된 '경제 위기 극복을 위한 사회협약' 이후 본격화되었다. 노사정위원회가 만들어지고 노동조합과 기업·정부 간에 상설적인 사회적 대화의 창구가 만들어졌다. 2005년에는 부패 근절을 위해 시민사회·정치·행정·경제 등 사회 각 영역이 참여하여 '투명사회협약'이 체결되었고, 2006년에는 '저출산 및 고령화 문제를 해결하기 위한 사회협약'이 만들어지기도 했다.

지방자치단체와 지역 수준에서 다양한 형태로 사회적 대화를 추진하기 위한 제도적 장치가 마련된다. 제주도에서는 2007년 7월 조례 통과와 함께 〈사회협약위원회〉가 발족되어 현재 3기가 운영되고 있다. 광주와 충북 등에서도 2007년을 전후해 '사회협약'과 관련된 정책이 추진되었다. 또한 1992년 브라질 리우 정상회의 이후 김대중 정부 하에서 전국적으로 '지방의제21'이 만들어지면서 지역 수준에서 지방정부, 시민사회, 기업 사이의 거버넌스가 널리 강조되기도 했다.

원론적인 의미에서 사회협약은 '사회적 대화'의 결과물이다. 다원화된 경제사회 문제의 정책적 해결을 위해 사회적 파트너 간의 대화가 필요하고, 사회적 대화의 결과는 사회협약을 통해 구체화될 때 성공적이라고 평가된다. 비록 한때의 신드롬이기는 했으나 IMF 이후 유럽식 사회협약의 경험은 사회문제 해결의 새로운 지평을 열어 주었다.

새로운 사회계약

〈경향신문〉은 10월 6일 창간 65돌을 맞아 '한국 사회, 사회계약을 다시 쓰자'라는 화두를 던지고자 한다. 우리는 아직 제대로 된 사회계약을 체결한 적이 없다. 사회계약은 어떠한 공동체를 만들 것인가에 대한 시민들 간의 합의이다. 해방 직후 '통일된 민주국가', 1948년 제헌헌법, 백범 김구가 그렸던 '세계에서 가장 아름다운 나라'는 하나의 사회계약이었다고 할 수 있다. 그러나 60여 년이 지난 그 계약은 지금 어디론가 사라졌다. 백범의 새 국가상과 제헌헌법의 밑그림은 분단과 전쟁에 가로막혀 좌절됐다. 1987년의 민주화를 향한 열망, 그리고 그것이 이룩한 성취들도 어느덧 색 바래고 이제 비정상적인 현실들만 우리 앞에 남아 있다. 우리가 도장 찍어 준 적 없는 이 계약은 원천 무효라고 선언해야 한다. 고통스럽고 부조리한 이 사회를 거부해야 한다.*

"한국 사회, 사회계약 다시 쓰자." 2011년 10월, 경향신문이 창간 65주년 기념사업으로 8개의 사회계약 의제를 제안한다.** 새로운 사회·

---

* 경향신문의 정치·사회적 관점은 적확하다. 이어지는 기사를 좀 더 읽어보자. "최근 '안철수 현상'도 불만으로 가득찬 사람들이 뭔가 변화를 열망하고 있음을 보여준다. 그런데도 많은 이들이 여전히 재집권 혹은 정권 교체만을 이야기한다. 그러나 그것만으로 삶을 바꾸는 데는 한계가 있다. 이 사회를 규율하는 질서와 가치, 제도를 바꾸지 않는 한 권력의 유지와 교체는 대안이 될 수 없다." (중략) "1987년 이후 수없이 정권 교체가 이뤄져 왔지만 사람들의 삶의 질은 나아지지 않았다. 보수는 진보를, 진보는 보수를 꺾으면 세상이 나아질 것처럼 주장하지만 결코 진실이 아니다. 다른 진영이 집권한다고 해서 나라가 망하는 것은 아니다. 이 사회가 올바로 서 있다면, 보수든 진보든 사회계약을 충실히 따르도록 하기만 하면 세상은 살 만한 곳이 될 수 있다. 지금 같은 이분법 구도·흑백 논리로는 안된다. 사회는 다원성의 기초 위에 서 있어야 한다. 경쟁을 부정하거나 연대를 무시하지 않는 경쟁과 연대의 조화, 여러 세력 간 균형을 이루는 사회를 만드는 것이 우선이다."
** 이듬해 경향신문은 5대 제안을 추가하며 새로운 사회계약 캠페인을 이어갔다. '칸막이

경제적 패러다임을 만들어 가자는 이야기다.

① 더 놀자, 더 쉬자

② 1%만의 경제에서 99%의 경제로

③ 조금씩 불편해지기

④ 녹색당, 해적당, 노인당을 원한다

⑤ 불만의 에너지를 참여로

⑥ 패자부활전을 하자

⑦ 노조 조직률 50%로

⑧ 세금을 내자

새로운 사회계약은 지구적 생태 위기 · 경제 위기 시대의 지구적 관심사이기도 하다. 2012년 6월 브라질에서 열린 리우+20 정상회의 기간 중 사회계약론을 제창한 사상가 장 자크 루소(Rousseau, Jean-Jacques, 1712~1778)의 탄생 300주년을 기념해 새로운 사회계약을 촉구하는 컨퍼런스가 열렸다.* UNITAR(유엔훈련조사연구소)에서 주최한 이날 회의에서 300여 명의 패널과 청중들은 사회적 불평등을 비판하고 자연과의

를 없애자' '집은 사는 곳이다' '평화가 밥 먹여준다' '증세를 이야기하자' '보육은 사회적 책임이다'가 그것이다.
* UNITAR 홈페이지 참조. http://www.unitar.org/leading-international-thinkers-call-new-social-contract

관계성 회복을 주장한 루소의 뜻을 재확인하면서, '자연과 인간의 조화를 위한 새로운 사회계약의 필요성'을 역설했다. 참석자들은 리우 회의가 큰 틀의 합의를 이루는 대신 기술적인 논의를 하는 데 그쳤다고 비판하고, 새로운 사회계약을 위한 몇 가지 기본 관점에 합의했다.

① 새로운 사회계약을 통해 지속 가능성과 평등 및 정의의 원칙이 실현되는 사회·경제 패러다임을 창조해야 한다.

② 시민사회는 현재의 시스템에 대한 비판을 넘어서 새로운 사회 및 경제 질서에 대한 대안적 컨셉을 제시해야 한다.

③ 새로운 사회계약에 참여할 수 있는 첨단 기술적 수단들에 주목한다.

④ 사회적 부(wealth)와 행복을 측정할 수 있는 새로운 지표가 필요하다.

⑤ 다양한 조직, 네트워크 및 기획(initiative)을 통해 새로운 사회계약의 메시지를 확산시킨다.

새로운 삶과 사회에 대한 열망이 나라 안팎에서 커지고 있다. 오늘 우리의 삶과 사회는 사회적으로도, 생태적으로도, 정신적으로도, 지속 불가능하다는 절박함이 열망의 근본 동력이다.

2011년 전 세계를 강타한 '월스트리트를 점령하라'도 새로운 사회계약에 대한 요구로 읽혀진다. 미국 시사 월간지 〈애틀랜틱〉은 미국

인들이 새로운 '사회계약'을 추구하고 있다고 봤다. 애틀랜틱은 "우리
는 지금 국가와 시민 간에 맺었던 약속이 깨진 시대에 살고 있다."며
"대학 졸업장은 양질의 직업을 제공해야 하고, 8,000억 달러를 투입한
양적 완화는 경기를 회복시켜야 하는데, 이러한 약속들은 더 이상 효
과를 발휘하지 않는다."고 밝히며 새로운 사회계약에 대한 시민들의
요구로 해석했다. '월스트리트를 점령하라'는 더 많은 월급에 대한 요
구가 아니라 다른 삶과 다른 세계에 대한 열망과 점유였던 것이다.

사회협약과 사회계약, 사이 혹은 너머[*]

"사회협약위원회가 제주도청의 서포터즈냐? ⋯ 사회협약위원회는
도민들의 기대에 부응하고 위원회의 활동 취지에 맞는 공정한 역할
을 펼쳐야 한다. 탑동 관련 소위원회 역시 한쪽 입장에 치우친 의견에
흔들리지 않고 탑동 해안의 경관 및 환경 보전을 위해 현명한 판단과
중재역할을 해야 한다."

2012년 제주환경운동연합이 제주도특별자치도 사회협약위원회를
향해 발표한 성명서의 일부다. 제주환경운동연합에 따르면 사회 갈등

---

[*] 사회계약(social contract)과 사회협약(social pact)은 엄밀하게 구분되지는 않지만, 역사
적으로나 개념적으로 다르게 사용된다. 사회계약은 루소의 제안이 그러하듯이 자유롭
고 평등한 개인들 간의 합의(사회계약)로 이루어진 정치공동체(국가제도)를 함의한다.
반면 사회협약은 노동조합과 기업, 정부 사의 노사정 협약에서 보여지는 것처럼 사회
적인 의미가 강한 듯하다.

의 해소와 중재를 위해 만들어진 사회협약위원회가 행정 당국의 정책 집행의 정당성을 뒷받침하는 기구로 전락했다는 것이다. 2007년부터 제주특별자치도 사회협약위원회가 만들어져 활동을 하고 있으나 실제 역할은 미미한 것으로 보인다. 전국적인 논란이 된 강정해군기지와 관련해서도 의미 있는 역할을 했다는 소식은 전해지지 않는다. 기존 사회협약의 한계다. 전통적인 사회협약은 노사정 협약에서 보이는 것처럼, 시민사회의 주도적인 역할이 강조되기는 하지만 실질적으로는 정부가 주도한다. 이를테면 관제 사회협약이었던 셈이다. 더욱이 신자유주의적 질서 아래서 행정은 기업과 혈맹관계를 보여주고 있는 것이 현실이다. 그것은 〈지방의제21〉의 현실에서도 적나라하게 드러난다.

또한, 사회협약위원회는 갈등 해결을 주요한 목적으로 하고 있다. 다시 말하면 네거티브적이다. 물론 이해관계와 권익의 충돌을 완화·조정하는 것은 사회적으로 반드시 필요한 일이지만, 포지티브한 대안이 없는 한 어떤 이해 당사자도 만족스럽지 못할 수밖에 없을 것이다.

그렇다면 '새로운 사회계약'은 어떠한가? 2011년과 2012년 〈경향신문〉의 새로운 사회계약 캠페인은 오늘 이 시간에도 여전히 유효하다. 그러나 총선과 대선을 거치면서, 더욱이 그 결과가 더욱이 야권의 충격적인 패배로 귀결되면서 경향신문이 제안한 새로운 사회계약은 실종 상태이다.

새로운 사회계약이 새로운 패러다임이 되기 위해서는 세 가지 한계를 넘어서야 한다. 경향신문 스스로 명시했듯이, 새로운 사회계약은 진보/보수의 이분법을 넘어서야 한다. 그런데 〈경향신문〉의 사회계약은 결과적으로 진보의 편에서 선 사회계약이 될 수밖에 없었다. 이른바 진보언론의 사회적 포지션 자체가 그러한 것이다.

둘째로, 좀 더 결정적인 문제로서, 보편적인 가치 지향의 한계이다. 〈경향신문〉의 사회계약 캠페인은 진보의 가치를 담아 내고 있기는 하나, 삶과 생명 세계의 근본적인 열망을 담아 내지 못하였다. 혹 있다 하더라도 복지·경제적 불평등과 같은 근대적·물질적 가치에 편향되어 있다고 볼 수밖에 없다. 예컨대 국민소득 2만 달러 시대의 복지 담론으로 어떻게 물신 숭배를 넘어설 수 있을지에 대한 자문자답이 필요한 것이다.

셋째로, 이성의 한계다. 권리 의식과 사회적 필요는 담고 있으려 했으나 마음을 얻지는 못했다. 그런 관점이 없었다. 합리적 의견 안에 숨겨진, 혹은 보이지 않게 존재하는 마음의 에너지를 담아 내지 못하면 근대를 넘어서는 새로운 사회계약은 가능하지 않을 것이다. 어쩌면 '계약'이라는 말 자체를 폐기해야 할지도 모른다.

리우정상회의에서의 새로운 사회계약은 그 가치 지향의 성찰성과 전일성에도 불구하고 지방의제21에서 보이듯이 무기력하기만 하다. 생태적 지속 가능성과 사회정의라는 보편적 가치 지향에도 불구하고 이니셔티브는 여전히 '정상(정부의 수반)'에 가 있다. 더욱이 시민사회·

기업·정부의 3자 관계에서 시민사회 내의 공감과 합의, 그리고 추동력이 부재한 상태에서 '의제21'은 '시민 없는 시민운동'과 마찬가지로 껍데기뿐인 대안 의제 운동이 되고 있다.

그렇다면 사회적 대화 혹은 사회협약의 성과를 계승하고, 더불어 새로운 사회계약의 열망을 담아 내기 위해서는 무엇을 어떻게 해야 할 것인가?

시민협약: 민약운동으로서의 민회운동

지금으로부터 120여 년 전인 1893년 충청도 보은에서 백성들의 집회, 민회(民會)가 열렸다. 양반들의 정치사회적 공론장은 있었으나 민초들의 집회는 상상할 수조차 없었던 시절이었다. 전국에서 모인 수만 명의 백성들이 한편으로 교조 수운 최제우(崔濟愚, 1824~1864)의 신원(伸冤)을 요구하며, 다른 한편으로 보국안민(輔國安民)·척양척왜(斥洋斥倭)의 깃발을 내걸었다. 개벽 세상에 대한 열망이었다. 오늘날로 말하면 전환의 대안, 혁명적 대안이었다.

독립협회의 만민공동회(1898년)가 열리기 5년 전에 열린 보은취회(聚會)는 우리 역사상 최초의 백성들의 정치 집회였다. 정부에서 파견된 선무사 어윤중은 이 모습을 보고 서유럽에서 있었던 바로 그 '민회'라고 보고했다. 황해도 해주의 아기접주 백범 김구가 꿈꾸었던 세상은 이렇게 시작되었던 것이다.

보은취회가 보여주듯이 민회는 갈등 해결을 주목적으로 하는 산업사회에서의 '사회협약' 혹은 '사회적 대화'를 넘어서는 열망의 합창이다. 민회 운동의 지향은 새로운 삶과 사회에 대한 열망, 새로운 공동체를 향한 염원을 표현하고 공감하며 또 약속하려 한다는 점에서 전통적인 사회협약과는 다르다. 이때 민회는 숙의와 공론의 장 이상의 의미를 갖게 된다. 민회는 직접민주주의와 숙의민주주의에 기초하고, 마음을 나누는 깊은 민주주의에 배경 위에 새로운 공동체에 대한 열망을 모아가는 대안적 공론장이라고 말할 수 있다. 민회는 인간과 인간의 사회계약을 넘어서 지구생명공동체가 함께 하는 21세기 문명전환의 사회계약이다.* 이성의 계약을 넘어서 생명평화공동체를 향한 컨센서스의 형성, 이를테면 사회 · 생태 · 영성적 공명현상이다. 마음의 합창이다.

이렇게 말할 수도 있다. 민회운동은 첫째, 새로운 사회계약이면서, 둘째, 사회적 대화 혹은 사회협약을 발전시킨 '시민협약'이다. 이를테면 민회운동은 '공심(公心), 즉 숨겨진 하나됨에 기초한 시민협약' 즉 '마음을 나누는 민약(民約)' 운동이다.** 시민협약은 정부와 기업과 시민사회로 나누어진 1/3로서의 시민이 아니라, 새로운 시민적 사회를 기

---

* 　시인 김지하는 일찍이 1994년 『생명과 자치』를 통해서 "문명 전환을 목표로 삼은 탈정당적인 시민정치운동, 지방치를 통한 주민자치, 주민평의회 운동, 정확한 의미에서는 시민의회운동"을 강조한 바 있다.

** 　루소의 사회계약론이 '민약론'으로 번역되기도 했다는 점이 떠오른다.

획하는 99%의 '시민적 협약'을 의미한다.*

그렇다면 민약운동으로서의 민회운동은 어떤 과정을 통해 만들어질까? 우선 선행되어야 할 것이 새로운 삶과 '보편적 가치'에 대한 공감과 토론이다. 토론도 필요하나 공감, 마음 나누기가 더욱 중요하다. 모든 사람들 안에 숨겨진, 아니 모든 생명 안에 담겨진 '공심(公心)'을 찾고 느끼고 교감해야 한다. 인간과 자연에 대한 새로운 이해에 기초한 새롭고도 보편적인 가치 지향과 '전일적 비전(holistic vision)'이 담겨야 한다. 그래야만 군대 철폐와 좋은 삶 및 자연의 권리를 담은 '코스타리카의 헌법'이 나올 수 있는 것이다.

다음 단계로 새로운 공동체를 위한 공동의 '의제'를 협의하고 작성할 수 있다. 영국의 작은 도시 토트네스에서는 주민들이 중심이 되어 지역공동체의 생태적 전환을 위한 의제를 작성하고 이를 위한 장단기 목표와 지표를 만들어 실천하고 있다. 이른바 '생태적 재지역화(ecological re-localization)'다.

전북 전주에서는 광우병 파동 당시 시의회가 중심이 되어 미국산 쇠고기 없는 광우병 청정지대로 만들기 위해 '전주시민협약'을 만든 바 있다. 그런데 최근 전주의 일부 시민단체들이 '행복지수 만들기'

시민운동을 펼치고 있다. GDP의 대안으로서 부탄의 행복지수를 모델로 새로운 지표를 만드는데, 시민들이 직접 지표 작성에 참여케 하자는 것이다.

그 과정을 만들어 가는 열린 주체가 민회이고 공동의 지향과 가치에 대한 공감, 의제에 대한 합의, 지표의 작성과 실천 등이 모아져 시민협약의 프로세스가 만들어진다. 거꾸로 이 과정 자체가 민회운동인 것이다.*

물론 민회와 민약은 지역에서만 가능한 것은 아니다. 마을에서 더욱 용이하지만 지역을 횡단할 수도 있다. 그것은 현대판 향약(鄕約)이면서 동시에 '생명권(bio-regional) 협약'일 수도 있다. 예컨대 지리산생명연대라는 '지리산민회'의 경험을 가진 지리산권의 시민협약도 가능하고, 한국이라는 국가 수준에서도 가능하며, 국경을 넘어 마을과 마을, 주민과 주민의 교류와 컨센서스의 형성도 가능할 것이다.

2012년 리우에서의 회의에서 UNITAR(유엔훈련조사연구소)가 강조하였듯이 새로운 계약을 가능케 하는 기술적 측면에도 관심을 가져야 한다. 인터넷과 모바일 테크놀로지를 기반으로 하는 SNS가 그것이며, 또한 정당과 같은 포털시스템이 아닌 취산(聚散)이 자유로운 비(非)정당적 P2P정치의 플랫폼을 연구해야 할 것이다.

---

* 그런 점에서 시민협약은 '구속적 계약'이라기보다는 '컨센서스 공감에 기반한 총의(總意)'에 가깝다. 이를테면 '컨센서스 민주주의'라고 할 수 있다. 이에 대해서는 다른 기회에….

III

전환, 절망의 유토피아

한국형 전환운동을 제안한다*

근본적인 변혁은 세 가지 단계를 거친다. 첫 번째는 위기를 맞아 낡은 옛 것을 떼어 내는 과정이며, 세 번째는 새로운 것을 받아들이기 시작하는 것이다. 두 번째는 그 사이의 국면, 즉 '이행의 시간'은 따라서 매우 긴장감이 넘친다. 이런 한계 영역에서는 낡은 것이 더 이상 작동하지 않으며, 새것은 아직 제대로 작동하지 않는다. 말하자면 어느 것도 작동하지 않는 불확실성의 국면이며 통제 불능의 국면이다. 또 우리가 현재 확인할 수 있는 것처럼 낡은 세계상과 정체성이 해소되어 버리는 국면이기도 하다. 우리는 낡은 것에 대해서는 호스피스 역할을, 새로운 것에 대해서는 산파 역할을 해 주어야 한다. 비록 슬픔과 불안 그리고 고통이 동반된다고 하더라도 우주적 시간에서 보면 그 모든 것을 담담하게 받아들일 수 있다.

미국의 저명한 생태철학자이자 불교 지도자이며 평화운동가인 조

---

*　이 글은 2013년 1월에 '전환'의 관점에서 한국사회운동의 길을 생각해 본 글이다.

안나 메이시(Joanna Macy)*라는 분의 말씀입니다. 그렇습니다. '전환기'라는 인식만으로는 부족합니다. 이제 직접적인 역할과 행동이 필요합니다. 낡은 것을 모조리 파괴하고 그 폐허 위에 새로운 건축물을 짓는 것이 아닙니다. 수명을 다한 질서와 제도는 그 몫을 다했으므로 잘 갈무리를 해야 합니다. 더불어 새로운 질서를 창조해야 합니다. 그것은 높은 빌딩을 짓는 토목사업이 아닙니다. 나비가 허물을 벗고 날개를 펴듯, 새로운 차원으로 도약하는 것입니다. 2013년 오늘 생명운동은 새로운 문명의 출산을 돕는 '산파'가 되어야 합니다.

대선의 충격, 길을 잃은 한국의 사회운동

"전환의 시대, 생태순환사회로!" 2013년 2월 1일 열린 부산환경운동연합 창립 20주년 정기총회장에 내걸린 슬로건입니다. 오랫동안 한국 환경운동을 이끌어왔던 (전국)환경운동연합이 '20주년위원회'를 구성하고 새로운 길을 탐색하고 있다고 합니다. 부산총회에서 '전환'과 '생태순환사회'라는 화두가 내걸린 것도 새로운 20년을 준비하는 그들의 시대 인식과 깊은 관계가 있을 것입니다.

---

* 조안나 메이시는 한국에도 엘름(elm)댄스와 재연결(reconnected)이라는 워크숍으로 알려져 있습니다. 엘름댄스는 체르노빌 참사로 방사능에 피폭당한 느릅나무를 추모하는 춤입니다.
『두려움 없는 미래』(프로네시스, 2010)라는 인터뷰집에서 나온 이야기 중 일부입니다.

그러나 한국 사회운동의 현실은 그렇게 낙관적이지 않습니다. 계사년(2013) 새해를 맞은 한국의 시민사회운동은 대선 패배의 깊은 충격에서 빠져나오지 못하고 있습니다. 이렇다 할 '대선평가회'조차 눈에 띄지 않는 가운데, 2013년 시민사회단체 신년하례회는 '멘붕'에서 벗어나지 못했음을 여실히 보여주었습니다. 단지 무거운 분위기 때문만은 아닙니다. 작년 시민사회단체 연대회의의 신년사에서는 '문명의 전환'을 이야기할 정도로 희망과 미래가 느껴졌습니다. 그런데 올해는 대선 패배를 반성하며 마음을 다잡고 다시 싸우자고 하지만, 울림이 없이 공허할 따름입니다. '2013년 체제론'도, 경제민주화와 복지국가론도 김빠진 맥주가 되었습니다.

왜 그럴까요? 그 이유는 자명합니다. 미래가 보이기 않기 때문입니다. 일회적 전투에서의 패배가 아니라 전선 자체가 무너진 셈입니다. 2012년 12월 19일 대통령선거는 진보와 보수, 혹은 좌파와 우파가 일대일 구도로 첨예하게 맞붙은 마지막 전투가 될지도 모릅니다. 구도 자체가 이미 낡은 것이 되었다는 말입니다. 물론 앞으로도 오랫동안 전투는 계속될 것입니다. 그러나 대안적 담론과 실천의 비약적 성장과 함께 다자 구도, 복합 구도가 형성될 것입니다.

찬찬히 생각해 보면 그럴 수밖에 없습니다. 짧게 보아도 광주항쟁 이후 30년이 넘었습니다. 민주화와 산업화는 근대화의 두 수레바퀴입니다. 서로 적대적인 듯했지만, 사실은 공존 관계였습니다. 서유럽에서 산업혁명과 민주주의 혁명이 그러했던 것처럼 근대국가의 형성과정에서 때론 싸우고 협력하며 성장해 왔습니다. 한국의 경우에도 1987년 6월 민주항쟁과 김대중·노무현 대통령 10년 집권을 거치면서 큰 틀에서는 이미 한국형 근대국가가 완성되었습니다. 그렇다면 좌-진보도 우-보수와의 공존을 선선히 인정하든지, 전혀 새로운 진보의 길(정확히 말하면 진화와 성숙의 길)을 제시하든지 해야 할 때가 된 것입니다. 진보의 권력 획득을 새로운 체제로의 전환이라고 강변할 수는 없습니다. 다른 식으로 말하면 근대 체제는 이미 완성되었고 진보와 보수는 체제 내 권력투쟁을 해 온 것입니다.

복지국가 주도권 싸움만으로는 새로운 체제를 말할 수 없습니다. 서구형 복지국가도 전통적인 의미에서는 이미 대부분 이루어진 셈입니다. '진보적 복지국가'와 '보수적 복지국가' 사이에 적지 않은 차이가 있을 수는 있으나 그것을 체제 전환이라고 말할 수는 없습니다. 그런 점에서 이른바 '2013년 체제론' 역시 한반도적 관점에서는 의미가 있으나 그 이상은 기대할 수 없습니다.

그렇다면 무엇을 어떻게 해야 할 것인가? 무엇보다 낡고 오래된 안경을 벗어야 합니다. 안경을 벗어야 새로운 세상이 열립니다. 다른 관점으로 세계를 보아야 합니다. 검정색 선글라스로 보는 세상은 흑백 두 개의 세계뿐입니다. 울긋불긋한 봄꽃들의 향연을 만끽할 수 없습니다. 총천연색의 전일적 생명세계를 볼 수가 없습니다.

개벽에 버금가는 지구적 전환기에 즈음하여 국가 중심의 '역사'라는 근대의 발명품마저도 낡은 것이 됩니다. 문명 전환의 관점에서는

'역사적 구조와 체계(historical structures and systems)'마저도 좁디좁은 관견(管見)이 됩니다. 지구생태계의 관점, 생명의 시선, 우주적 공공성으로 오늘 우리의 삶과 사회를 볼 때입니다.

이제 한국의 사회운동은 글로벌 생태 위기와 자본주의 체제 위기를 직시해야 합니다. 우리는 지속 불가능한 세계에서 살고 있습니다. 정당과 노동조합, 학교와 종교기관 등등 근대적 구조물들이 흔들리고 있습니다. 허물어지고 있습니다. 중국 주(周)나라 말기에 무너지는 옛 질서를 보며 공자가 정명(正名)을 말할 수밖에 없었던 것처럼 한 시대가 무너지고 있습니다. 오늘날 학교가 학교답지 못하고 정당은 정당답지 못하며 교회가 교회답지 않습니다. 탈학교, 탈정당, 탈도시, 탈종교…. 기존의 질서로부터 탈출과 전환이 시작되었습니다.

새로운 문명의 출산을 준비하는 글로벌 전환운동

탈출과 전환의 중심에 '새로운' 시민사회운동이 오롯이 서 있습니다. 문명 전환의 파동과 에너지는 돈(기업)과 권력(국가)으로부터 나오지 않습니다. 사람들의 본원적 생명 에너지로만 가능합니다. 그러나 사회운동 자체가 먼저 전환되어야 합니다. 이미 시민사회운동의 목표 이동 혹은 새로운 차원으로의 전환이 이루어지고 있습니다. 권력 감시와 기업 감시와 환경보호는 여전히 중요합니다만, 동시에 재(再)인간화(신인간)와 새 문명을 모색하는 새로운 차원의 사회운동이 절실합니다. '권력의 교체'가 아니라 '사람의 변화', '문명의 전환'을 목표로 하는 사회운동이 필요합니다. 쓰나미가 몰려오는 게 분명하다면, 오늘 아침 한 끼의 식사와 마당 청소도 필요하지만, 동시에 근본적인 대책도 세워야 할 때입니다.

글로벌 전환운동을 전개하고 있는 GTI*라는 단체는 문명 전환기 시민사회단체의 역할을 강조하면서 먼저 사회운동의 전환을 제안합니다. 다양한 사회적 이슈들도 중요합니다만, 근본적이면서도 포괄적인 전망 속에서 그것이 이루어져야 한다는 것입니다. 지속 불가능한 세계에서 지속 가능 세계로의 전환, 물신숭배를 넘어 새로운 공동체로의 전환 말입니다. 변화의 과정을 위한 '전일적인 틀(holistic framework)'이 필요하다는 것입니다. 그러면서 여섯 가지 지렛대를 제시하고 있습니다. ① 새로운 비전 ② 시스템적 사고 ③ 새로운 담론의 발전 ④ 새로운 체제의 파종과 육성 ⑤ 새로운 지구시민운동의 지원 ⑥ 시스템적 시민사회 조직 전략을 위한 물적 토대의 확보가 그것입니다.

그중에서도 우선순위의 첫 번째는 물론 비전입니다. 희망은 어디에 있는가? 어디를 향해 갈 것인가? 비전 찾기는 우리 안의 북극성을

---

* GTI는 Global Transition Initiative의 약자입니다. '지구적 전환 계획'으로 번역될 수 있습니다. 자세한 내용은 홈페이지를 참조. www.GTInitiative.org
뒤에 나오는 새로운 시민사회단체와 관련된 이야기는 홈페이지에 있는 「Civil Society Organizations: Time for Systemic Strategies」라는 글을 참조했습니다.

찾아가는 일입니다. GTI와 서유럽 전환운동의 비전은 '인류사적 성숙'과 '지속 가능한 세계'입니다. 이를테면 인류는 지금 사춘기 청소년의 질풍노도의 시대를 거쳐 어른이 되어 가는 때라고 봅니다. 몸집은 커졌으나 정신은 아직 성숙되지 않은 과도기 혹은 '이행기(transition, 전환기)'인 것입니다.

영어의 trans는 통과를 의미합니다. 그것은 단절이 아닙니다. 과거를 버리는 것이 아닙니다. 통과하여 새로운 차원으로 거듭나는 것을 의미합니다. 나비가 되기 위해서는 애벌레와 번데기를 통과해야 하듯이 말입니다.

영국의 작은 도시 토트네스의 녹색 전환 운동은 널리 알려져 있습니다만, '전환'은 시대적 화두를 넘어 실천적 목표가 되었습니다. 글로벌 전환 네트워크*의 새로운 키워드들이 눈에 들어옵니다. 예컨대 이런 것들입니다.

새로운 검소함과 큰 사회적 관계(The New Austerity and the Big Society)

집단적 힐링과 사회변화(collective healing and social change)

생태적 문화적 '재지역화(relocalization)'

지역재생 혹은 지역공동체의 생명력 복원(resilient communities)

---

* 토트네스를 비롯한 지구적 전환 네트워크에 대해서는 http://www.transitionnetwork.org/를 참조.

탈성장(de-growth) 혹은 성장 없는 번영(prosperity without growth)

정상계의 경제(steady state economy)

거룩한 경제(sacred economy)

영성적 사회운동(subtle activism, spiritual practice)

'추출적(extractive) 소유'에서 '생성적(generative) 소유'로의 전환[*]

2011년 가을 전 세계를 강타한 뉴욕의 점령 운동은 권력 투쟁이 아니었습니다. 정부를 장악하고 기업을 빼앗아 오려는 게 아니었습니다. 자본과 권력의 식민지가 된 공동체와 삶의 공간을 시민의 것으로 되찾아 오려는 노력이었습니다. '점령하라2.0'은 진정 삶의 전환운동입니다. 사회 전환 운동입니다. 월스트리트에서 도시농업을 일구고 예산 삭감으로 사라진 공무원 대신 마을도서관을 되살리는, 상호부조와 돌봄의 생활공동체 만들기입니다.

깊고 넓어진 한국의 생명평화운동: 2013년을 내다보며

2012년은 한국 사회운동의 근본적 전환을 천명한 팜플렛 〈원주보고서〉를 통해 '생명운동'이란 말이 세상에 나온 지 30년이 되는 해였습니다. 한 세대가 지난 셈입니다. 이제 '생명'은 우리 사회의 보편적

---

[*] 『그들은 왜 회사의 주인이 되었나』, 마조리 켈리 지음, 북돋움, 2013 참조.

가치가 되었고, 생명운동이란 말은 국어사전에 등재된 보통명사가 되었습니다. 그리고 생명평화운동으로 더욱 깊고 넓어졌습니다.

생명평화운동은 유럽의 생태주의운동에 비견되는 한국적 대안 담론과 실천을 축적해 왔습니다. 무엇보다 생명평화운동은 새로운 세계관과 가치관을 제시했습니다. 인권과 생태를 아우르며 또 더욱 깊게 하였습니다. 또한 생명평화운동은 사회운동의 새 지평을 열었습니다. 경제적 편익을 추구하는 협동조합을 넘어서는 도농 상생, 생산-소비 공동 참여의 새로운 협동 운동 모델을 만들어 내었고, 탁발순례와 삼보일배 등을 통해 성찰과 영성의 사회운동을 창조해 냈습니다. 이제 생명평화운동은 마을/지역을 기반으로 협동과 호혜의 사회경제적 시스템을 탐색하고 있습니다.

2012년 생명평화는 노동운동을 비롯해 기존 사회운동과 한몸이 되었습니다. 지난(2012) 10월 5일 제주 강정마을에서 출발한 '2012 생명평화대행진' 행진단이 전국을 순례하고 "함께 살자!"는 구호와 함께 29일 만인 11월 2일 서울에 도착했습니다. 참여연대와 생명평화결사가 함께 걷고 함께 노래했습니다. 이와는 별도로 쌍용차 노동자들을 위해서 도법스님과 종교인들이 33인 회의를 조직하고 매주 토요일 오후 생명살림국민행진을 벌이기도 했습니다.

2012년 생명평화는 민주시민교육의 핵심 가치 중 하나가 되었습니다. 준국가기관인 민주화운동기념사업회가 시민교육의 교재로『생명평화세상만들기』(가제)를 만들었고 시험용 교육 프로그램을 운영하기도 했습니다. 생명평화운동이 사회적 시민권을 얻은 셈입니다.

2013년에도 여러 가지 새로운 일들이 준비되고 있습니다. 먼저 눈에 띄는 것은 성찰과 깨달음에 기반한 사회운동의 실천입니다. 인드라망생명공동체가 1000일 정진을 하고 있습니다. "생명평화의 등불, 당신이 밝힙니다!"라는 슬로건을 내걸고, 한 사람이 한 시간씩 매일 24시간을 1000일간 이어가는 릴레이 기도를 드리고 있습니다. 이는 서유럽 대안운동에서 이야기하는 '서틀 액티비즘(subtle activism)*'의 한국적 모습이라고 할 수 있습니다.

2013년은 특별한 해입니다. 한국전쟁을 중단시킨 정전협정 60주년이 되는 해입니다. 한국 현대사에서도 그렇지만, 문명 전환의 관점에서도 한 갑자(甲子) 60년은 의미심장합니다. 정전 60년이 지난 오늘 전쟁의 종식을 기념하고 한반도 평화를 정착시켜야 하겠습니다만, 한 걸음 더 나아가 체제 대립과 이념 대립을 넘어서 인간을 비롯한 온 생명이 평화로운 세상을 만방에 선언하고 실천할 때입니다. 한반도의 허리를 가르는 휴전선에서 지구적 문명 전환 운동의 또 다른 시발점이 만들어질 수도 있습니다. DMZ평화생명동산과 생명평화결사를 비롯한 생명평화운동 단체들의 특별한 기획이 준비되고 있습니다.

또 하나 주목해야 할 것이 민회운동입니다. 민회(民會)는 그리스 아

---

* subtle activism은 '정묘한 행동'으로 직역할 수 있으나 이는 뜻을 다 담아 내기엔 부족합니다. 풀어 설명하면 집단적인 명상, 기도, 종교의식 등을 통해 사회적 의식(意識)의 변화, 사회적 기운의 변화를 꾀하는 실천방식이라고 말할 수 있습니다.

테네의 아고라 민주주의의 시민총회에서 유래되었다고 합니다만, 20여 년 전 1994년에 출범한 생명민회의 기억이 새롭습니다. 민회는 직접민주주의와 숙의민주주의에 기초해 새로운 공동체에 대한 열망을 모아 가는 대안적 공론장이라고 말할 수 있습니다. 기초 및 광역자치단체를 기반으로 하는 지역민회를 씨줄로, 각 영역의 의제를 담아 내는 평화민회·생명민회·통일민회 등의 날줄을 교직하는 길고 넓은 민회운동의 여정을 구상하고 있습니다. 대화문화아카데미와 민주화운동기념사업회가 중요한 역할을 할 것으로 기대됩니다.

한편 올해는(2013) 동학농민혁명 한 해 전 보은취회가 열린 지 두 갑자, 120년이 되는 해이기도 합니다. 1893년 4월 충북 보은에 수만 명의 동학도인이 모여 포덕천하와 보국안민, 제폭구민, 척양척왜의 깃발을 올렸습니다. 한국 역사상 처음으로 민중들 스스로가 자신의 정치 사회적 염원을 집단적으로 표출한 한국적 민회의 원형입니다. 120년이 지난 오늘 보국안민과 척양척왜를 넘어, 문명 전환의 열망을 모으고 표현하는 마당이 될 것으로 기대됩니다.

생명평화운동에 대한 사회의 기대가 커지고 있습니다. 협동조합과 대안경제에서의 생명운동의 역할은 더욱 확대될 것입니다. 식량 위기시대를 예비하는 생명운동의 몫은 결정적이라고 할 수 있습니다. 남쪽의 핵발전소와 북쪽의 핵무기 위협 속에서 핵 없는 세상을 위해서는 생명평화운동이 더욱 앞장서야 합니다. 생명평화운동은 날로 넓어지며 또 깊어지고 있습니다.

새로운 사회운동의 패러다임을 창조하는 생명평화운동

오늘 한국의 사회운동은 새로운 패러다임을 요청받고 있습니다. 가치, 주체, 방법 등에서 전면적인 전환이 절실합니다. 지난 30여 년 간의 생명평화운동의 전개 과정과 2008년 촛불집회에서 새로운 가 능성을 엿볼 수 있으나 아직은 생성 중입니다. 협동, 지역, 공동체, 성 찰, 영성, 자치, 농업 등 대안적 키워드와 실천을 통해 새로운 사회운 동을 촉매해 온 생명평화운동이 이제 한국 사회운동의 새 길을 열어 야 합니다. 전환의 기획을 구체화할 때가 왔습니다.

한국 사회운동은 이제 권익 민주주의와 이익단체의 논리를 넘어서 야 합니다. 사회적 공공성을 회복하고, 나아가 생태적 공공성과 우주 적 공공성으로 깊고 넓어져야 합니다. 삶에 천착하되 동시에 삶을 초 월해야 합니다. 깨달음과 영성의 사회운동에 주목해야 합니다. 문명 전환의 전망을 통찰해야 합니다.

1960년대 이후 한국의 사회운동은 몇 단계 변화의 흐름을 보여주 었습니다. 독재 체제와 치열하게 맞서싸웠던 1960년대에서 1980년 대까지를 '대항(저항)형 사회운동'의 시대라고 말한다면, 1990년대와 2000년대 중반까지는 참여연대, 경실련, 환경연합 등 시민단체들이 주도하는 '대변형 사회운동'이 주류를 이루었습니다. 그러다가 2000 년대 중반 이후 생명평화운동과 다양한 형태의 풀뿌리운동과 함께 '대안형 사회운동'이 비온 뒤 죽순처럼 성장하였습니다. 사회운동의 진화 과정이라고 말할 수 있습니다. 그 과정을 일단 세 가지 차원에서 살펴봅니다.

첫째, 주체의 전환입니다. 계급 주체에서 보편적 인간으로, 나아가 인간 주체에서 생태계를 포함하는 생명 주체로 확장됩니다. 여성, 어린이, 청년, 노인 등 산업화와 민주화의 변방에 있던 생활인들이 새로운 사회운동의 중심이 됩니다.

둘째, 가치의 전환입니다. 중심 가치와 지향이 바뀝니다. 예컨대 지금까지는 자유와 평등이 중심이었다면 이제부터는 박애(형제애/사랑)가 새롭게 조명됩니다. 경제가치에서 생명가치로, 성장에서 성숙으로의 가치의 중심 이동이 이루어지고 있습니다. 한국 사회운동의 표면은 바뀐 듯하지만 심층(잠재의식)은 아직도 80년대에 머물러 있습니다. 근본적으로 세계관과 철학의 전환이 절실합니다.

셋째, 운동 방식의 전환입니다. 남을 바꾸어 세상을 바꾸는 운동에서 나를 변화시켜 나와 우리를 바꾸고 결국 세상을 바꾸는 운동이 그것입니다. 만들어 놓고 짜맞추는 사회운동에서 함께 참여하여 만들어 가는 운동으로의 전환입니다. 이를테면 '구조 기획'에서 '과정 기획'으로의 전환이라고 말할 수도 있습니다.

사회운동의 전환은 새로운 에너지의 발견으로부터 시작됩니다. 요컨대 생명운동의 힘은 바로 깨달음 혹은 통찰 혹은 깊은 내면의 보이지 않는 어딘가에서 나옵니다. 자본주의는 경쟁과 기술 혁신에서, 사회주의는 생산관계의 모순과 투쟁에서 변화의 동력을 찾았습니다.

그런데 생명운동의 에너지원은 깨달음과 영성입니다. 기존 사회운동의 의식화가 사회·계급·역사적 의식화였다면, 새로운 사회운동의 의식화(정확히 말하면 '깨달음')는 천지인과 영지체(靈知體, spirit-mind-body)를 관통하는 전일적 각성입니다. 보이지 않는 파동과 에너지와 관계성을 느끼고 알아차립니다. 몸에서 비롯되고 의식과 무의식을 망라하는 전체로서의 정신성이 생명운동의 힘입니다.

새로운 사회운동은 전복이 아니라 중심 이동입니다. 새로운 흐름을 만드는 일입니다. 기존 질서의 전복과 새로운 권력의 창출이 아니라 사회적 차원 변화를 꿈꿉니다. 사람들의 마음이 움직이고 행동이 변화하고, 어느 순간 되돌아보니 세상이 바뀌었습니다. 겉으로는 반대처럼 보이더라도 실제로는 깊어지고 넓어지는 과정입니다. 삶이 바뀌고 뿌리가 깊어져야 '생명의 숲'입니다.

다시 생각해 봅니다. 새로운 사회운동은 새 공동체를 향해 가고 있습니다. 딴 살림에서 한살림으로, 함께 살기, 더불어 살기입니다. 인간과 인간의 분리, 인간과 자연의 분리, 인간과 자기 내면의 분리를 넘어섭니다. 그러므로 우리의 비전은 새로운 공동체입니다. 상부상조의 '생활협동공동체'이고, 자연과 더불어 '생태공동체'이며, 깊은 정신적 '영성공동체'입니다. 즉 한살림 세상입니다.

그러나 새로운 공동체는 전(前)분별, 미분화의 공동체가 아니라, 개체생명 하나하나가 오롯이 살아 있는 하나이면서 여럿이면서 전체인

공동체입니다.* 서로의 몸을 꽁꽁 묶는 대동단결(大同團結)의 공동체가 아니라, 조화로우면서도 똑같지 않는 화이부동(和而不同)의 공동체입니다.

한 사람 한 사람이 모여 새로운 약속을 해야 합니다. '사회협약', '공동체협약'이 그것입니다. 경쟁의 룰이 아닌 호혜의 규칙에 합의해야 합니다. 나아가 새로운 공동체 협약은 근대적 계약을 넘어서, 마음속 깊은 내면에서 공감하고 공명하는 이심전심의 공동체로 다시 태어나야 합니다. 이것이 바로 새로운 인간, 새로운 문명을 열어 가는 새로운 시민사회운동입니다.

다시금 떠올립니다.

"내가 바뀌면 우리가 바뀌고 우리가 바뀌면 세상이 바뀝니다."

---

* 조직에 대한 관점도 바뀌어야 합니다. 대중(mass)운동과 결사체(association)를 넘어서야 합니다. 지도와 피지도의 전위조직과 대중조직의 이분법은 옛이야기가 되었습니다. 뭉텅이 대중 속에는 사람의 본 모습이 보이지 않습니다. 사람은 하나하나 고유하면서도 우주적인 영혼을 지닌 큰 생명들입니다. 강고한 결사체가 필요한 때도 있었습니다. 그러나 단단하게 결속된 사람들은 집단의 이익을 좇을 가능성이 많습니다. 패거리가 되기 쉽습니다. 그러므로 개체 생명 하나하나에 주목해야 합니다. 동시에 그 내면에 살아 있는 형제/자매애적 사랑, 즉 생태적 공공성, 우주적 공공성에 대한 성찰이 필요합니다. 조직 형식으로는 네트워크를 지향하되 모이고 흩어짐이 자유로운 플랫폼/아고라/마당 같은 것에 주목해야 합니다. 어떤 이들이 정당정치의 종말을 예견하며 플랫폼 정치, p2p정치(peer to peer politics)를 제시하기도 합니다.(물론 여전히, 앞으로도 대중과 결사체와 네트워크, 그리고 플랫폼은 공존할 것입니다.)

나비혁명: 2013년을 한국형 문명 전환 운동의 원년으로

'나비혁명'이라고나 할까요? '허물을 벗고'라는 말이 딱 들어맞습니다. 알의 시대와 애벌레의 시대와 번데기의 시대를 넘어, 나비의 시대로 나아가기 위한 전환의 몸부림이 일어나고 있습니다.

2013년 새해, 생명운동이란 선언을 하고 시작한 지 30년이 지나고 새로운 30년이 시작되었습니다. 이제 본격적인 전환 운동을 펼쳐야 합니다. 의식의 전환, 생활의 전환, 시스템의 전환을 준비해야 합니다. 먼 훗날, 생명운동의 새로운 30년을 시작한 2013년을 사람들은 한국형 문명 전환 운동의 원년으로 기억할 것입니다. 생명평화운동은 진정 죽임의 문명의 호스피스 역할과 더불어 살림의 문명의 산파 역할을 해야 합니다.

조안나 메이시가 말한 산파 역할이 다시 생각납니다. 시인 김지하가 짓고 무위당 장일순이 쓴 '혁명은 보듬는 것'이란 서예작품이 떠오릅니다.

혁명은 보듬는 것,
혁명은 생명을 한없이 보듬는 것
온몸으로 따뜻하게 보듬어 안는 것
혁명은 보듬는 것
따뜻하게 보듬는 순간순간이 바로 혁명

어미닭이 달걀을 보듬어 안듯

병아리가 스스로 껍질을 깨고 나오도록

우주를 온몸으로 보듬어 안는 것

혁명은 보듬는 것

부리로 쪼아주다

제 목숨이 다하도록

혁명은 생명을 한없이 보듬는 것

어미닭이 달걀을 보듬는 순간

스스로도 우주의 껍질을 깨고 나오는 것

한없이 보듬는 순간순간이

바로 개벽

개벽은 보듬는 것

전환이 개벽이다
-동학혁명 2주갑에 생각하는 생명운동의 길*

'우리의 길'은 무엇입니까?

> "갑오 일로 말하면 인사로 된 것이 아니요 천명으로 된 일이니, 사람
> 을 원망하고 하늘을 원망하나 이후로부터는 한울이 귀화(歸和)하는
> 것을 보이어 원성이 없어지고 도리어 찬성하리라. 갑오년과 같은 때
> 가 되어 갑오년과 같은 일을 하면, 우리나라 일이 이로 말미암아 빛
> 나게 되어 세계 인민의 정신을 불러일으킬 것이니라."
>
> -『해월신사법설』「오도지운(吾道之運)」

전면적 봉기가 결국 참혹한 패배와 죽음으로 끝난 상황에서 동학
의 미래를 묻는 제자의 물음에 해월 최시형은 이렇게 대답합니다.
1894년 갑오년의 거사는 천명(天命), 즉 하늘의 뜻이었다는 것입니다.

---

* 이 글은 2014년 2월 동학혁명 120주년과 한살림의 정신적 스승인 장일순의 20주기에
즈음해 쓴 글이다.

그런데 천명이란 단순히 인간의 힘으로는 어쩔 수 없었다는 뜻이 아닙니다. 오히려 수억 수만 하늘과 땅과 사람의 인연이 모아져 일어날 수밖에 없었던 사건이라는 것입니다. 해월은 수많은 이들의 죽음과 혁명의 실패를 예견하고 있었을 것입니다. 그렇기 때문에 처음 전라도 고부와 무장·금산 등에서 기포를 하려 할 때, 가볍게 움직이지 말고 때를 기다릴 것은 호소했습니다. 그러나 이내 그것이 5만 년 선천의 인연과 업이 쌓여서 분출할 수밖에 없는 일이라면 실패마저도 감당해야 한다고 결단합니다. 억조창생의 고통과 슬픔을 함께하는 해월의 피눈물이 눈에 선합니다.

그리고 다시 두 번째 갑오년이 되었습니다. 동학혁명* 이후 첫 번째 갑오년인 1954년은 한국전쟁 뒤끝, 절망뿐이었습니다. 그렇다면 2014년 두 번째 갑오년에 즈음하여 '우리의 길[吾道]'은 무엇일까요? 새 하늘 새 땅이 열리는 때는 언제일까요? '세계 인민의 정신을 불러일으키는 빛나는 때'가 오기는 할까요? '우리 도의 미래'를 묻고 있는 120년 전의 그 제자처럼 혜안을 가진 선지식을 만나 묻고 또 묻고 싶습니다.

그렇습니다. 2014년 우리는 전환점에 서 있습니다. 최근 격화되고 있고 중국과 일본, 중국과 미국 사이의 긴장과 충돌 때문에 동북아 역

---

* 지금껏 1894년 3월 무장기포 이후의 동학조직을 중심으로 하는 혁명적 거사를 일반적으로 '동학농민혁명'이라고 썼습니다만, 여기서는 '농민'을 빼고 '동학혁명'이라고 쓰려 합니다. 이에 대해서는 본서 「동학혁명과 열망의 사회운동」을 참고해 주시기 바랍니다.

사의 분기점이 된 120년 전 청일전쟁이 떠오르기도 하지만, 이뿐만이 아닙니다. 오늘을 사는 한 사람 한 사람의 삶도 갈림길에 서 있습니다.

마트와 백화점엔 고객이 넘쳐나고 도시의 밤은 여전히 휘황찬란합니다. 그럼에도 불구하고 되묻지 않을 수 없습니다. 우리는 정말 행복한지, 잘 살고 있는 건지 말입니다. 돈 앞에서, 권력 앞에서, 죽음 앞에서, 출세와 성공 앞에서 스스로를 속이지 않으면 살 수 없는 사회, 동시에 결정적인 순간에는 어느 누구로부터도 도움과 위로를 받을 수 없는 사회가 되어 버린 것은 아닌지…. 많은 청년들이 기존 시스템에 들어가기도 어렵고 들어가서 버티기도 어려워졌습니다. 산업문명과 자본주의의 '머리칸'(설국열차)에 가까이 선 한국 사회는 이미 중환자입니다. 2,500여 년 전 공자의 한탄처럼 학교가 학교답지 못하고, 종교가 종교답지 못하고, 정당이 정당답지 못합니다.

이렇게는 정녕 아닙니다. '각비(覺非)', 수운 최제우가 19세기 조선에서의 삶과 사회를 돌아보며 뒤늦게 얻은 통절한 깨달음입니다. 새로운 삶의 모습은 보이지는 않지만 이렇게는 살 수가 없습니다.

탈출이 이미 시작되었습니다. 탈학교, 탈노동, 탈도시, 탈종교, 탈물질, 탈정당, 탈자본, 탈국가…. 여전히 대세는 돈과 권력에 있는 것처럼 보이지만, 심상치가 않습니다. 협동조합 열풍이 불고, 귀농귀촌 인구가 이농 인구를 넘어서고, 무엇보다 모든 계층을 망라하여 일어나는 힐링 신드롬이 수상합니다.

동학의 그 제자처럼 다시 묻지 않을 수 없습니다. "살 길은 어디에 있습니까?"

동학, 19세기에 '제3의 길'을 열다

폭정과 굶주림에 시달리고 서구 열강의 침략과 중국의 굴욕으로 정신적 공황상태에 빠진 백성들이 이구동성으로 묻습니다. "우리의 살길은 어디에 있습니까?" 어떤 이들은 밖에서 길을 찾고, 어떤 이들은 옛것에서 답을 구합니다. 그 사이 이도저도 아닌 새로운 길을 찾는 이들도 있습니다. 19세기 조선에는 세 개의 길이 있었습니다.

첫째, 위정척사(衛正斥邪)의 길입니다. 이들에게 살길은 옛것을 지키는 데 있었습니다. 문을 닫고 조선을 500년 동안 지탱해 온 성리학적 질서, 중화적(中華的) 질서를 지키고자 하였습니다.

둘째, 개화(開化)의 길입니다. 살길은 밖에 있다고 주장했습니다. 서구의 문물을 받아들여 부국강병을 꿈꾸었습니다. 일본이 역할 모델이 되었습니다. 동학혁명이 일어났던 그해, 일본의 힘을 빌려 이른바 '갑오경장'이 실시되었습니다.

셋째, 후천개벽(後天開闢)의 길입니다. 동학은 19세기적 제3의 길을 대표합니다. 살길은 나와 우리 안에 있다고 생각합니다. 새 하늘 새 땅을 열망합니다. 지금 여기 새로운 삶과 사회가 왔다고 믿습니다.

재가녀(再嫁女)의 아들로 과거시험조차 볼 수 없었던 불우한 지식인 최제우도 전국을 떠돌며 '살길'을 찾았습니다. 서구 열강의 침략 전쟁을 피하고, 굶주림을 면하고, 전염병의 공포에서 벗어날 십승지(十勝地)와 궁궁촌(弓弓村)을 찾아다녔습니다. 지리산과 계룡산 깊은 산골에 가면 장생(長生)의 비결을 찾을까 하여 이리 묻고 저리 수소문합니다. 그 모습을 수운 최제우는 『용담유사』에서 이렇게 말합니다.

> 우리도 이 세상에 이재궁궁 하였다네
> 매관매작 세도자도 일심은 궁궁이오
> 전곡 쌓인 부첨지도 일심은 궁궁이오
> 유리걸식 패가자도 일심은 궁궁이라
> 풍편에 뜨인 자도 혹은 궁궁촌 찾아가고
> 혹은 만첩산중 들어가고 혹은 서학에 입도해서
> 각자위심 하는 말이 내 옳고 네 그르지

유학의 경전 공부는 물론이거니와 입산 수도를 하기도 하고, 천주학도 공부하고, 장사도 해 보고, 무술을 연마하기도 했습니다. 그러나 그 어디에서도 이거다 싶은 '길'을 찾지 못합니다. 이내 개화나 수구가 아닌 개벽의 길에 희망을 걸어 보지만, 세상을 구하고 자신을 구할 후천개벽의 비결을 얻지 못합니다. 그리고 1859년(그가 하느님 체험을 하기 1년 전), 식솔들을 이끌고 폐허가 된 고향집으로 되돌아옵니다. 귀(歸), '돌아옴'입니다.

집으로 돌아온 이듬해 봄 어느 날, 수운은 "내 마음이 네 마음이다

[吾心卽汝心]."라는 하늘의 소리를 듣습니다. 아아, 바로 이것이었습니다. 10여 년을 찾아 헤매던 궁궁의 비밀이 '내 안'에 있었습니다. 너와 내가 둘이 아님을 신비체험으로 깨달았습니다. 재가녀의 아들로서의 차별은 그만의 아픔이 아니란 걸 알게 되었습니다. 굶주리는 백성들의 아픔과 차별받는 여종의 눈물이 수운 자신의 아픔과 눈물이 되었습니다.

온 백성이 찾아 헤매던 궁궁촌은 '지금 여기'에 있습니다. 내 안에 있습니다. 깊은 산속에 있는 것이 아니라 자기 자신에게 있음을 깨닫습니다. 천국이 어디에 있느냐는 제자들의 질문에 "네 안에 있다."고 하신 예수님 말씀처럼 말입니다. 장생의 비밀은 '그날 저기'의 미래에 있는 것이 아니라, '지금 여기' 현재에 있습니다.

궁궁은 내 안의 큰 생명, 거룩한 생명이었습니다. 나만의 생명이 아니라 만물이 서로 하나인 '한생명'이었습니다. 다시 개벽입니다. 새 하늘 새 땅이 열립니다. 나의 모습이, 나와 너의 관계가 환골탈태, 애벌레가 나비 되듯 완전히 새롭게 변화합니다.

내 안의 궁궁촌은 관념이 아닙니다. 수운 주위로 사람들이 모여들자 너와 나 안에 있는 하느님을 모시는 사람들끼리 '접(接)'이라는 공동체를 만듭니다. 양반 상놈 할 것 없이, 적서와 남녀의 차별이 없이 서로 존대를 합니다. 유무상자(有無相資), 있는 사람과 없는 사람이 서로 재산을 나누어 서로를 먹입니다. 일상이 굶주림이었던 이들이 먹을 것을 나누고, 평생 천대를 받는 사람들이 존대를 받으니 이곳이 바로 천국입니다. 사도행전에 나오는 초대교회의 공동체의 모습과 흡사합니다. 사도행전에 나오는 이야기입니다; "믿는 사람들이 다 함께 있어 모든 물건을 서로 통용하고, 또 재산과 소유를 팔아 각 사람의 필요를 따라 나눠주었다." 초대교회와 마찬가지로 동학의 접 공동체는 이미 지상천국이 되었습니다. 그리고 훗날 접은 나라를 바로잡는 '보국(輔國)' 운동의 주체가 됩니다. 동학의 접은 수행 공동체이자, 생활 공동체이자, 정치 공동체였습니다. 전일적인 삶·생명의 공동체였습니다.

요컨대 희망은 나와 우리 안에, 혹은 공동체 안에, 다시 말해 '함께 살림', '서로 살림'에 있다는 말입니다. 나만 살고자 하는 각자위심(各自爲心)을 넘어서 더불어 사는 마음, 곧 형제자매애입니다. 수운 최제우는 오심즉여심이라는 '하나됨' 체험을 통해 전일성을 체득했습니다. 그리고 그것의 사회적 표현이 접이라는 공동체였던 것입니다.

그것은 이를테면 19세기 조선의 '제3의 길'이었습니다. 역성혁명을 통한 왕조의 교체만으로는 백성을 편안케 할 '안민(安民)'의 길을 찾을 수 없었습니다. 옛것에서나 밖에서도 답을 찾을 수 없었습니다. 위정척사파가 기존의 질서를 고수하는 데서 살길을 찾고 개화파가 문을 열어 서구열강으로부터 부국강병의 비책을 찾으려 할 때, 수운은 우리 안에서 '오래된 미래'를 찾으려 했습니다.

개벽의 길, 19세기 제3의 길이었던 동학이 2014년 오늘 우리에게 말합니다. "길은 나와 우리 안에 있다." 그리고 화두를 던집니다. '깊은 마음', '공동체', '개벽.' 한 마디로 '생명.'

생명운동, 동학의 환생

갑오년 동학혁명 이전, 동학 그 자체의 탄생을 살펴야 합니다. 그 래야 동학혁명의 숨은 열망이 바로 보입니다. 마찬가지로 '우리 길'의 미래를 생각하기 전에 생명운동 그 자체의 뿌리를 되돌아보아야 할 때입니다. 무위당 장일순 선생님 20주기(2014년 5월 22일)를 생각하면 더 욱 그렇습니다. '걷는 동학'이라고 불리기도 했던 무위당은 말 그대로 '생명운동가'였습니다. 생명운동의 씨앗을 뿌리고 거름을 주고 혹 쓰 러질까 북돋아 주시고 격려해 주셨습니다.

"모든 이웃의 벗 최보따리 선생님을 기리며!" 1990년 4월 12일 원주 호저 송골, 무위당 장일순과 김지하 시인을 비롯한 원주캠프의 동지 들이 한데 모였습니다. 112년 전 송골에서 붙잡힌 해월 최시형을 기 리는 추모비가 세워지는 날이었기 때문입니다. 추모비는 무위당과 원주캠프의 오랜 염원이었습니다. 드디어 생명운동으로 되살아난 동 학이 우리 곁으로 돌아왔습니다.

일종의 평행이론입니다. 1860년대 초 동학의 포덕이 시작되고 30 여 년 후 동학혁명이 일어났습니다. 그리고 동학 창도 2주갑이 지난 1980년대 초 생명운동이 태동하고, 그로부터 30여 년 후 동학혁명 2주 갑인 2014년 오늘 생명운동이 문명 전환 운동으로 새 시대를 엽니다. 동학의 환생이라고나 할까요, '오심즉여심'이 '그대가 나였다는 것을' 깨닫는 마음으로 되살아납니다.

전사(前史)가 있었습니다. 『신생철학』과 '태인전투'가 그것입니다. 유신의 폭압이 맹위를 떨치던 1974년, 부산대 철학교수 윤노빈이 새로운 삶의 철학을 화두로 던집니다. 생명사상으로서의 동학이 '생존'이라는 개념을 빌려 소개됩니다. 시인 김지하는 갑오년 동학혁명을 배경으로 혁명과 삶과 죽음의 숨은 뜻을 찾는 영화 시나리오(가제 '태인전투')를 구상합니다. 동학이 본격적으로 되살아나기 전 눈 밝은 이들이 동학의 부활을 예감했던 것입니다.

1982년 민주화운동의 성지 원주에서 역사적인 문서가 발표됩니다. 「생명의 세계관 확립과 협동적 생존의 확장」(일명 '원주보고서')이 그것입니다. 가톨릭 영성의 밭에 동학의 씨앗이 뿌려집니다. 생명의 시대를 천명하면서 해월의 '이천식천(以天食天, 하늘이 하늘을 먹는다)'을 빌려 협동적 생존을 대안으로 제시합니다. 서학과 동학이 만나 생명운동으로 거듭납니다. '생명'을 열쇠말로 사회운동의 대전환을 선언합니다.

"생명의 진리는 중도다." 원주보고서는 생명운동의 길이 사회주의와 자본주의를 동시에 넘어서는 '제3의 길'임을 명확히 밝힙니다. 위기의 근본 원인은 인간과 지구 생태계를 죽음으로 내모는 산업문명입니다. 사회주의와 자본주의는 산업문명의 쌍생아라는 것입니다. 동학이 그렇듯이, 제3의 길은 사회주의와 자본주의의 절충이나 수정이 아닙니다. 거목 아래 어린 나무들이 태양을 좇듯 모든 생명이 본능적으로 찾아가는 최적의 길이며, '꼬리칸'과 '머리칸'의 2차원적 대결 구도를 넘어서는 차원 변화입니다.

이제 생명운동은 본격적인 움직임을 시작합니다. 새로운 길을 만들어갑니다. 일본과 대만의 협동조합과 유기농업을 배우고, 새로운 삶과 사회를 향한 밑그림을 그리고, 새로운 전략을 탐색하고 실천합니다. 그리고 1985년 6월 원주에서 〈원주소비자협동조합〉이 발족됩니다. 새로운 사회운동의 씨앗이 뿌려졌습니다. 다시 이듬해 1986년 12월, 서울에서 〈한살림농산〉이 문을 엽니다. 도농 직거래를 중심으로 하는 생명공동체운동이 '한살림'이란 이름을 얻고 걸음마를 시작했습니다. 120년 후 새로운 '접'이 만들어진 셈입니다.*

성경에 나오는 선한 사마리아 사람 이야기가 생각납니다. 동학도 마찬가지입니다만, 생명운동은 무엇보다 뭇 생명의 아픔에 공감하는 운동입니다. 농부가 쓰러진 벼를 일으켜 세우듯 쓰러진 이웃을 일으켜 세워주는 게 생명운동입니다. 갈 곳 없는 수배자를 보살펴주는 게 생명운동입니다. 깊은 하나됨과 형제자매애의 드러남입니다.

생명운동의 태동과 전개, 그 한가운데 무위당 장일순이 존재했습니다. 원주 생명협동운동의 살아 있는 역사인 밝음신협 한편에 글씨 한 점이 눈에 뜨입니다. 1991년 신협 설립 20주년을 기념하여 무위당이 쓴 글씨라고 합니다. "공생시도(共生是道)", 공생이 곧 길이라는 뜻입니다. '한살림의 길'이라고 말해도 틀리지 않을 것입니다.

---

* 그리고 3년 후 1986년에 원주보고서를 모태로 전일적인 생명공동체운동의 길, 문명전환의 길을 밝힌 〈한살림선언〉이 발표됩니다.

그가 돌아간 지 20년, 생명운동가 무위당을 추억합니다. 아니 내 안에 살아 있는 무위당을 모십니다. 동학이 살아 있듯 무위당은 우리 곁에, 우리 안에 살아 있습니다. '나는 미처 몰랐네 그대가 나였다는 것을', '옆으로 답례'와 같은 말씀이 지금도 가슴을 설레게 합니다. 누구보다 해월을 사랑했고 또한 해월처럼 살고자 했던 무위당, 개벽 세상을 열고자 했던 무위당, 그의 20주기에 즈음해 '음덕(陰德)'과 '축복'의 의미를 다시 생각하게 됩니다.

원주보고서 30년, 생명운동은 이제 보통명사가 되었습니다. 표준국어대사전에서는 '생명운동(生命運動)'을 이렇게 정의합니다; "생명을 중요한 것으로 생각하여 죽어 가는 생명을 살리고자 하는 사회적 운동." 수년 전부터 생명평화결사, 한살림 등 기왕의 생명운동단체 외에도 환경운동연합, 녹색연합, 한국YMCA연맹 등 시민사회단체에서도 수년 전부터 생명평화 강령을 채택하면서, 생명(평화)운동이라는 말은 시민사회운동의 관용어가 되었습니다. 기독교와 불교, 가톨릭의 생명운동은 두말할 것이 없습니다. 오히려 대중적으로는 이들 종교계의 생명운동, 환경운동이 친근할 정도입니다.

이제 생명운동은 원주의 것도 아니고, 한살림의 것도 아닙니다. 물론 동학의 것도 아닙니다. 동학의 입장에서는 생명운동이 동학의 환생이라고 말할 수 있지만, 모든 경전과 고전은 한결같이 생명의 비밀을 이야기하고 있습니다. 거꾸로 그렇기 때문에 사람들에게 읽히는 것이고요. 생명운동은 모두의 것입니다. 생명운동은 새로운 단계로 나아가야 합니다.

　동학은 창도 후 30년 동안 숨죽인 포덕 활동 속에서 접을 만들고 땅 위의 천국을 일구었습니다. 그러나 그것으로 사명을 다할 수는 없었습니다. 억조창생의 열망을 대변해야 했습니다. 만국(萬國)/만민(萬民)/만물(萬物)을 '살릴 계책(活計)'을 내놓고 그것의 실현을 위해 모든 것을 내놓아야 했습니다.

　오늘 생명운동의 사명도 크게 다르지 않습니다. 생명평화운동, 생명살림운동, 생명공동체운동, 생명문화운동 등 조금씩 다른 이름을 가진 생명운동'들'이 함께 모여 이제 사회적 책임을 다해야 할 때가 되었습니다. 기독교생명운동, 가톨릭생명운동, 불교생명운동이 더불어 뜻을 모을 때가 되었습니다. 생명운동은 진정 우리 시대의 '활계(活計)'가 되어야 합니다.*

＊　동학과 생명운동은 공통점이 많습니다. 동학도 생명운동도 무엇보다 권력이 아니라 백성들의 삶·생명을 천착했습니다. 생명에 대한 연민과 사랑으로부터 출발했습니다. 모심의 깊은 마음에 기반한 사회운동이라고 말할 수 있습니다. 공동체 만들기를 통해 삶과 사회를 바꾸고자 했습니다. 전일적입니다. 생활과 수행과 사회변혁을 동시에 실현하고자 했습니다. 개벽, 혹은 문명 전환을 꿈꾸었습니다. 그런데 다른 점도 있습니다. 무엇보다 사회운동의 경로가 다릅니다. 동학이 수행공동체에서 시작해 생활공동체로, 다시 정치공동체로의 확장의 경로를 보여주었다면, 생명운동은 생활공동체에서 출발해 수행공동체로 깊어지고, 다시 정치공동체로의 확장을 탐색해야 할 터입니다. 물론 사람도 세상도 달라졌고요.

전환, 21세기 개벽의 길

다시 평행이론입니다. 동학이 경주에서의 '포덕'을 선언한 지 30여 년 후 갑오년의 혁명을 통해 개벽의 길을 사회적으로 실현하려 했듯이, 생명운동도 원주에서의 '생명' 선언 30여 년 후 오늘, 대전환의 문을 열어야 할 때입니다.

생명운동은 지난 30여 년 동안 각자의 현장에서 마음공부와 공동체 운동을 통해 새로운 생활양식을 실천해 왔습니다. 이제 전면적인 사회적 전환 운동으로 확장되어야 할 때입니다. 자립적 삶을 일구는 생명운동, 새로운 사회경제적 질서를 만드는 생명운동, 새로운 사람으로 거듭나는 생명운동을 사회와 함께 널리널리 펼쳐야 할 때입니다.

날개를 펴야 할 때입니다. 새로운 차원의 '고비원주(高飛遠走)'입니다. 생명운동은 이제 문명사적 전환기에 걸맞은 사회적 역할을 해야 합니다. 또 그러기 위해서는 새로운 삶과 사회를 예감하는 수많은 이들과 만나야 합니다. 의식의 전환, 삶의 전환, 문명의 전환을 위한 지렛대가 되어야 합니다. 이를 위해 동학과 서학이, 옛것과 새로운 것이 함께 지혜를 모을 수 있도록 도와야 합니다. 예컨대 동학의 하늘사람[天人]과 서유럽 대안운동의 나비혁명이 만나도록 해야 합니다.

동학혁명 1년 전 전라도 고부에서 만들어졌던 사발통문처럼 사회적 공모가 필요합니다. 더 이상 다른 선택지가 없다면 새로운 삶과 사회를 스스로 만들어야 합니다. '전환의 공모', '개벽의 공모'입니다. 영어의 공모, conspiracy는 '함께 숨 쉬다'라는 뜻이라고 합니다. 이심전심, 기운을 모으고 마음을 모으는 것이 공모입니다. 아마도 사발통문은 전라도뿐 아니라 경상도, 충청도, 강원도 등 곳곳에서 만들어졌을 것입니다. 21세기 한국의 생명운동, 삶의 전환운동이 곳곳에서 돋아나고 있습니다. 마을공동체를 일구고, 농사를 짓고, 『녹색평론』을 읽고, 생명평화학교를 열며, 협동운동을 펼쳐 기운을 주고받고 있습니다. 지난해 5월 보은취회 120주년 행사장 소년소녀들의 맑은 얼굴빛을 기억합니다.

바야흐로 때가 되었습니다. 정리하면 이렇습니다. 첫째, 120년 전 「무장포고문」처럼 큰 틀의 문명 전환 운동을 세상에 알리고, 둘째, 새로운 패러다임과 사회적 비전을 제시하고, 셋째, 깊고 넓은 연대와 새로운 전략을 세워야 할 때입니다. 각자의 현장과 지역공동체에 터하되 지역을 횡단하여 연결하고 또 펼쳐야 할 때입니다. 물론 갑오년 한 해의 봉기가 아니라 긴 호흡의 새 사람, 새 하늘, 새 땅을 여는 대전환운동이 절실히 필요합니다.

1) 문명 전환 선언

문명 전환은 왕조를 바꾸는 역성혁명도 아니고, 정치 구조를 혁신하는 정치개혁에 머물지도 않습니다. 문명 전환이라고 말하는 이유는 그 안에 의식의 전환, 생활의 전환, 정치/경제 시스템의 전환, 기술의 전환을 모두 포괄하기 때문입니다. 그런 의미에서 문명 전환 운동은 개벽 운동입니다. 예컨대 탈물질 정신문명, 탈도시 농촌문명, 탈자본 살림문명, 탈국가 공동체문명….

전환은 '중심 이동'입니다. 옛것을 폐기하고 새것으로 교체하는 것이 아니라, 중심을 이동하는 것입니다. 가치의 중심 이동, 생활의 중심 이동, 체제의 중심 이동입니다. 전환은 애벌레가 나비가 되는 '탈바꿈'입니다. 전환 운동은 새로운 삶 '일구기'입니다. 새로운 공동체 만들기, 새로운 사회 만들기 운동입니다. 전환은 생태, 공동체, 영성을 키워드로 새로운 삶을 실천하는 '이행(transition)'입니다.*

한국의 전환 운동은 '방향 전환'이면서 동시에 '이행'입니다. 다시 말해 삶의 전환과 새로운 삶의 실천을 동시에 이루어 내야 합니다. 그것은 비약입니다. 탈근대를 성찰하면서도 동시에 다른 삶을 살아 갑니다. 그러나 그것은 근대적 압축성장과는 다릅니다. 이미 우리 안에 있던 내재된 '하나됨'을 되살리는 것입니다. 동학의 각지불이(各知不移)와 같습니다. 잃어버렸던 공동체성, 신명, 합일의 정신을 따로 또 같이, 창조적으로 되살리는 것입니다.

2) 새로운 패러다임과 사회적 비전

한국 가톨릭 농민운동의 대부였던 징호경(1940~2012) 신부님에 관한

---

* 서양에서는, 의미가 조금씩 다르긴 합니다만, 중심 이동(shift), 방향전환(turning), 이행(transition), 변형(transformation) 등으로 표현됩니다. 처음에는 중심 이동, 방향전환이 주로 언급되었습니다만, 벌써 30여 년. 이제 '이행'에 방점을 찍고 있습니다.

신문 기사를 보면서 새삼스럽게 깨달았습니다. 생명운동, 공동체운동을 함께 펼치셨던 수많은 선배 운동가들이 있었기에 오늘 내가 있다는 것, 그것을 다시금 절감하게 되었습니다.

정호경 신부님은 생명운동을 '음(陰)의 운동'이라고 말씀하십니다. 이는 방법론이 아닙니다. 패러다임입니다. 비전과 실천 방안을 포함한 큰 틀의 방향입니다. '음개벽'이란 말이 딱 맞습니다. '양의 시대'에서 '음의 시대'로의 전환입니다. 다시 말하면 양(陽)의 패러다임에서 음(陰)의 패러다임으로 중심 이동입니다.

이미 많은 이들이 직감합니다. 남성성에서 여성성으로, 물질에서 정신으로, 상극에서 상생으로, 돈벌이에서 살림살이로, '팔고사는[매매]' 관계에서 주고받는(호혜) 관계로의 중심 이동 말입니다. 조금 쉽게 생각할 수도 있습니다. 빠름에서 느림으로, 강함에서 부드러움으로, 큰 것에서 작은 것으로, 중앙에서 지방으로의 중심 이동…. 다시 강조하거니와 '폐기'가 아니라 '중심 이동'입니다.

특히 정치와 경제의 패러다임이 바뀌어야 합니다. 권력의 향배가 중심이 되는 '양의 정치'에서 민생이 중심이 되는 '음의 정치'로, 돈벌이와 성장 중심의 '양의 경제'에서 살림살이와 행복 중심의 '음의 경제'가 요구됩니다. 1인 1표의 기계적 민주주의로는 부족합니다. 시민의 마음을 헤아리고 또 그 마음이 잘 드러나는 '깊은 민주주의(deep democracy)'가 모색되어야 합니다. 돈벌이 중심의 '양의 시장' 및 '양의 화폐'에서, 필요의 충족이 중심이 되는 '음의 시장' 및 '음의 화폐'가 요구됩니다. 기계적 평등에 의한 '양의 재분배'가 아니라 각각의 형편을 배려하는 '음의 재분배'가 필요합니다.

전환이란 중심을 이동하여 균형을 되찾는 것, 다시 말하면 생명의 전일성을 회복하는 일입니다. '양'으로 심하게 기울어진 생명세계의 '역동적 균형(dynamic equilibrium)'을 되살려야 합니다. 그렇게 하지 않으면 죽음에 이를 수밖에 없기 때문입니다. 그러므로 '음의 정치'란 다시 말해 '전일성의 정치(holistic politics)'이고, '음의 경제'는 '전일성의 경제학(holistic economy)'입니다. '평등과 정치경제학'과 '자유의 정치경제학'을 안고, 또 그 한계를 넘어서는 '박애의 정치경제학'이 요구됩니다. 한살림선언은 자기실현, 생태적 균형, 사회정의를 사회적 목표로 제시하고 있습니다만, 우리 안에 있는 하늘·땅·사람을 아우르는 전일적인 비전을 시대의 언어로 정리하고 나눌 수 있기를 기대합니다.

'자본주의 넘기'의 목표도 더욱 분명해져야 합니다. 자본주의가 전 지구의 패권을 장악한 오늘날, 자본주의 넘기는 명확히 사회적 과제가 됩니다. 체제 전환, 즉 시스템의 '진화적 재구성'입니다. 최근 박근혜 정부가 이야기하는 '통일대박론'은 역설적으로 한국 자본주의가 한계에 봉착했음을 반증합니다. 생명운동의 선배들은 명백하게 사회주의와 자본주의의 동시적 극복을 선언하며 새로운 경제사회 질서를 끊임없이 탐색해 왔습니다. 최근 일본의 대안운동은 '축소사회'를 사회적 대안으로 제시하고 있습니다만, 생명운동의 체제적 대안도 본격적으로 토론되어야 할 때입니다.

3) 새로운 기획

생명운동의 출발점은 무엇보다 연민-측은지심입니다. 다른 존재의 아픔을 느끼는 것에서 출발합니다. 이웃과 하나 되고 자연과 하나 된다는 것은 모든 생명과 슬픔과 기쁨을 함께하는 일입니다. 그리고 그것은 자기 자신의 가치와 생활을 바꾸는 삶의 전환으로 이어집니다.

그러나 생명운동이 '사회적 역할'을 확장하고, '문명 전환'을 선언한다면 그에 걸맞은 새로운 전략과 실행 계획이 나와야 합니다. 이를테면 120년 전 혁명적 거사를 앞두고 동학이 그러했듯이 공동체 중심의 '접(接)운동'에서 공동체와 공동체를 연결하고 나아가 생명을 중심가치로 하여 활동한 다양한 그룹이 함께하는 '포(包)운동' 전략, 큰 연대가 필요합니다. 포함삼교(包含三敎)의 그 포입니다. 이때 포는 쓸어담는 포가 아니라 모시고 함께 가는 포입니다.

좋은 선례가 있습니다. 3·1운동이 그것입니다. 천도교가 중심에 서고 매개 역할을 했으되 기독교와 불교와 더불어 함께 가는, 셋이 모여 새로운 차원의 하나가 되는 3·1운동 말입니다. 우리 시대의 '포운동'이 절실합니다. 특히 종교의 본원적 의미가 생명의 비밀을 찾는 데 있다는 점에서 가톨릭과 개신교, 불교와 원불교 등의 종교단체들은 '생명'을 열쇠말로 하는 문명 전환 운동의 중심이 됩니다.

그 무기(?)는 도덕[道戰]입니다. 동학에서는 전쟁무기를 '살인기(殺人機)', 도덕을 '활인기(活人機)'라고 말했습니다만, 도덕(道德)이란 고상한 담론이나 규범이 아니라 '가치지향과 어진 행동' 혹은 '새로운 의식과 생활양식'입니다. 다시 말하면 새로운 삶과 문화입니다. 생명운동은 문화로써 세상을 바꿉니다. 마치 피리를 불어 세상을 평화롭게 한 만파식적처럼 말입니다.

그리고 다시, 결론은 '사람'입니다. 스스로 활계(活計)의 비법이 됩니다. 동학의 접·포는 이를테면 학습조직과 학습 네트워크였습니다. 함께 공부하고 길러내어 우리 시대의 활인기를 벼려야 합니다.

이제 생명운동은 전 사회적인 문명 전환 운동으로 날개를 펴야 합니다. 지난 30여 년간 마을과 생산현장에서, 도시의 협동조합에서 종종걸음으로 살림을 꾸렸다면 이제 날개를 펴고 하늘로 비상해야 할 때입니다.

셋이 모여 새로운 하나를 열다

해월 최시형은 '궁을회문명(弓乙回文明)', 즉 '궁을이 문명을 바꾼다'라는 말씀을 하셨습니다. 문명 전환기, 그 속뜻이 의미심장합니다. 궁을 혹은 궁궁은 동학의 부적입니다. 마음의 약동을 상징하기도 하고 생명의 비밀을 의미하기도 합니다. 그렇다면 궁을회문명이란 마음의 시대가 온다는 뜻일 수도 있고, 생명운동이 문명을 바꾼다는 뜻인지도 모릅니다. 요컨대 120년 전 동학이 개벽의 열망을 사회혁명으로 확장했듯이, 생명운동도 문명 전환을 선언하고 뜻을 모으고 사람과 공동체를 연결하고 이제 행동을 해야 할 때라는 말입니다. 물론 또 다시 실패를 해서는 안 되므로 신중하고 섬세하게 준비해야 합니다. 거기에 인류와 지구의 대안과 희망이 있기 때문입니다.

2014년 동학혁명 2주갑, 무위당 20주기를 맞이하며 이런 희망을 가져 봅니다. 오는 5월 무위당 20주기 추모행사가 열리는 원주에서 뜻을 같이 하는 이들이 함께 모여 제2의 삼례집회 혹은 보은취회를 열었으면 좋겠습니다. 민초들의 열망을 모아 전환의 이정표를 만들면 좋겠습니다. 올 가을 공주 우금치에서 '제2의 무장기포'를 시도해 보았으면 좋겠습니다. 참혹한 패배의 자리에서 삶의 전환, 문명의 전환을 선언하는 것도 참 멋진 일이 될 것 같습니다. 그 자리에서 새로운 삶, 새로운 사회, 새로운 문명을 향한 대전환 운동의 플랫폼을 출범시킬 수 있으면 더욱 좋겠습니다.

그동안 뿌려졌던 씨앗들이 새봄과 함께 싹을 틔우려 하나 봅니다. 경향 각지 남녀노소의 마음과 기운이 심상치 않습니다. 2014년 한국형 전환 운동이 모습을 드러낼 것으로 봅니다. 지난 몇 년간은 조금씩 조금씩 전환의 마음을 나누었다면 올해는 포고문을 발표하고 전면적인 기포(起包)를 선언해야 할 때입니다.

그것은 내 마음속 깊이 숨겨진 '하나됨', 공심(公心)을 찾는 일로부터 시작됩니다. 땅속에 박혀 보이지 않지만 분명하게 존재하는 한 사람의 뿌리, 공동체의 뿌리, 지구의 뿌리, 생명의 뿌리를 찾는 일입니다. 내 안 깊은 곳에 자리 잡고 있는 박애와 사랑과 자비와 연대의 마음을 되살리는 일입니다.

1919년 민족의 영혼을 일깨웠던 대사건이자, 새 문명의 함성이었던 3·1운동을 다시 떠올려봅니다. 칠흑 같은 식민지 치하였으나 남과 북, 좌와 우, 마음과 몸이 둘로 갈라지지 않았던 사회적 하나됨의 원형을 발견하게 됩니다. 뜻은 깊고 대의는 바다와 같았습니다. 그리고 33인이, 천도교와 기독교와 불교가, 아니 온 겨레가 서로를 공경하고 배려했습니다. 천지인 삼재가 하나가 된 삼일(三一)의 마음이 되었습니다. 희망의 촛불이 되었습니다. 지금 여기 '세계 인민의 정신을 불러일으키는' 빛나는 일이 시작됩니다.

"아아! 새 천지가 눈앞에 펼쳐지도다. 힘의 시대가 가고 도의의 시대가 오도다. 지난 온 세기에 갈고 닦아 키우고 기른 인도의 정신이 바야흐로 새 문명의 밝아오는 빛을 인류의 역사에 쏘아 비추기 시작하도다. 새 봄이 온누리에 찾아들어 만물의 소생을 재촉하는도다. 얼어붙은 얼음과 찬 눈에 숨도 제대로 쉬지 못하는 것이 저 한때의 형세라 하면, 화창한 봄바람과 따뜻한 햇볕에 원기와 혈맥을 떨쳐 펴는 것은 이 한때의 형세이니, 하늘과 땅에 새 기운이 되돌아오는 때를 맞고, 세계 변화의 물결을 탄 우리는 아무 머뭇거릴 것 없으며, 아무 거리낄 것 없도다. 우리의 본디부터 지녀 온 자유권을 지켜 풍성한 삶의 즐거움을 실컷 누릴 것이며, 우리의 풍부한 독창력을 발휘하여 봄기운 가득한 온 누리에 민족의 정화를 맺게 할 것이로다.
우리가 이에 떨쳐 일어나도다. 양심이 우리와 함께 있으며, 진리가 우리와 더불어 나아가는도다. 남녀노소 없이 음침한 옛집에서 힘차게 뛰쳐나와 삼라만상과 더불어 즐거운 부활을 이루어 내게 되도다. 천만세 조상들의 넋이 은밀히 우리를 지키며, 전 세계의 움직임이 우리를 밖에서 보호하나니, 시작이 곧 성공이라, 다만 저 앞의 빛으로 힘차게 나아갈 따름이로다."

-〈기미독립선언서〉 중에서

지금여기 전환이다
-열망의 유토피아와 이매지널 네트워크

    다시, '전환'입니다. '징후'를 얘기하려는 것이 아닙니다. '이미 이행이 시작됐다'는 소식을 나누기 위해서입니다. 천국이 가까이 왔다는 예언이 아니라, 천국은 이미 우리 안에 있다고 선포하신 예수님의 말씀처럼 말입니다. 2015년 1월 오늘, 전환은 이제 '넘어(beyond)'가 아니라 '이후(after)'입니다. 영어권에서 쓰는 'transition(이행)'이란 말처럼 이미 새로운 삶과 사회, 문명이 생성되고 있습니다.

나사렛 예수 개벽 시대를 열다

    2014년 갑오년 동학혁명 120주년에 즈음해 '지금 여기의 궁궁촌(弓弓村)'을 생각해 보았습니다만, 분명 열망의 유토피아는 율도국이나 계룡산 계곡 어딘가에 있지 않습니다. '전환 사회'는 이미 우리 안에 있습니다.

    개벽은 이미 우리 곁에 와 있습니다. 새벽처럼 깨어나기 시작했습니다. 고치가 되어 매달려 있던 애벌레들이 나비로 태어나고 있습니다. 새로운 존재로 거듭나고 있습니다. 아프고 고단하고 힘든 이들이, 스스로 돕고 서로 돕는 치유의 공동체를 만들고 있습니다. 그것들이 민들레 씨앗으로, 혹은 포자(胞子)로 확산되고 있습니다. 협동조합으로, 생활공동체로, 사회적 연대망으로 '숨겨진 하나됨'을 '레알(real)'로 만들고 있습니다.

5만 년 후 다시개벽이 '숨겨진 하나됨'의 실현이라면, 그것은 이미 2천 5백 년 전 룸비니로부터, 혹은 2천 년 전 나사렛에서부터 시작되었는지도 모릅니다. 이후 2천여 년 동안 하늘과 사람, 아니 온 생명이 하나임을 깨달은 수많은 개벽의 꽃봉오리들이 피어났습니다. 500여 년 전 중국의 왕양명과, 150여 년 전 조선의 수운 최제우도 그들 중 하나였을 것입니다.

그리고 새로운 천년을 맞이한 오늘날 인터넷 시대와 함께 글로벌 브레인이 가시화되고 왕이나 사대부만 성인이 되는 시대에서, 양명학의 표현대로 온 거리에 성인이 가득한 만가성인(滿街聖人)의 시대가 되었습니다. 깨달음과 영성의 시대가 왔습니다. 해월 최시형의 선언이 예사롭지 않습니다. "내가 하느님이다(我卽天)." '인내천(人乃天)'이 아닙니다. 집합명사 '인(人)'이 아니라 고유명사이면서 동시에 보통명사인 '나'가 중요합니다. "내가 곧 길이요 진리요 생명이다"라고 한 예수의 말씀처럼, 싯다르타와 예수만이 아니라 한 사람 한 사람이 모두 부처가 되고 그리스도가 되는 시대가 열리고 있습니다. 인간뿐 아니라 뭇 생명이 억압과 죽임의 공포에서 벗어나 새로운 차원으로 진화하는 생명 해방 시대가 오고 있습니다.

인천의 예술 치유 모임, 거창의 마음공부 모임, 동학 소설 쓰는 여성들의 모임, '마음의 씨앗'을 뿌리는 사람들, 한살림의 마음살림 활동가들, 해남과 금산의 '별난' 귀농 청년들로부터 세월호의 아픔을 깊이 나누는 촛불모임까지, 치유와 전환의 공동체가 생성하고 확산하며, 또 공명합니다. 특별히 여성들의 따뜻하고 지혜로운 활동이 돋보입니다. 진정 음개벽(陰開闢)의 시대인 듯합니다. 기업인과 뇌과학 전문가 등이 모여 인간과 기술의 공존을 모색하는 '싱귤래러티 99(singularity99)'도 눈에 띕니다. 시민사회운동도 성찰과 변화의 분위기가 역력합니다. 2014년 연초 모임의 주제가 '묻지 마 봄날'이었는데, 2015년에 '니 봄은 뭐니?'입니다. 새 꽃 피는 시민사회운동의 봄날을 기대해 봅니다.

2인 출판사 '윤앤리퍼블리싱'은 경이롭기까지 합니다. 회사 인간으로 살기를 거부하고 자립적으로 만든 대안적 미디어 플랫폼입니다. 그이들은 '나비개벽'의 메신저입니다. 윤앤리퍼블리싱은 홈페이지(yoonandlee.wordpress.com)를 통해 담대한 사명을 밝힙니다.

저희는 여러 번의 시행착오 끝에 '내가 변화시킬 수 있는 것은 결국 나 자신뿐'이라는 교훈을 얻었습니다. "세상을 변화시키고 싶거든 자신부터 변하라"는 간디의 명언이 새로운 의미로 다가오는 깨달음의 순간이었습니다.

과학자 그렉 브레이든은 전체 인구 중 1%의 제곱근에 해당하는 사람들(세계 인구가 60억이라면 8천여 명)만 깨어나도 변화의 시초가 될 수 있다고 했고, 렌셀러 폴리테크닉 대학교 연구진은 '새로운 생각 또는 사상이 보편적으로 인정받기 위해서는 전체 인구의 10%가 동의해야 한다'는 연구 결과를 발표하기도 했습니다. 정확한 수치가 어떻든 더 많은 사람이 참여할수록 변화의 티핑 포인트도 그만큼 빨리 찾아올 것입니다.

세 가지 시나리오

복잡계 이론의 오랜 경구가 생각납니다. "새로운 질서는 '혼돈의 가장자리'에서 생겨난다." 새로운 존재는 '계획(planning)'되는 것이 아니라, '출현(emergence)'합니다. 차원 변화, 즉 새로운 종의 탄생입니다.

그런데 애벌레가 나비가 되기 위해서는 고치의 시절을 겪어야 합니다. 미국의 환경운동가 폴 호켄은 오늘의 전환기적 상황을 '축복받은 불안'이라는 말합니다. 새로운 질서가 곳곳에서 출현하고 있습니다만, 우리가 목격하는 현실은 참혹하고 때론 공포스럽습니다.

수많은 이들은 스스로 생명을 포기합니다. 청소년들이 경쟁과 성적에 대한 압박감을 이기지 못하고 아파트에서 뛰어내립니다. 가장이 생계 때문에 가족을 죽이고 스스로 목숨을 끊습니다. 세 모녀가 육체를 내려놓으며 삶의 존엄을 지키려 합니다. 최근엔 지적 장애인 언니를 홀로 보살펴 오던 동생이 "할 만큼 했으나 이제 지쳤다"는 말을 남기고 스스로 목숨을 끊어 사람들을 몹시도 아프게 하였습니다.

글로벌 정세도 만만치 않습니다. 이슬람국가(IS)의 참수형이 끔찍하고, 유럽의 극우정당과 일본의 우경화, 그리고 북한의 몽매(蒙昧)가 걱정스럽습니다. 전환기의 한 극단입니다.

청년들은 직장을 구하지 못하고, 일찌감치 직장에서 쫓겨난 50~60대의 너무 이른 노인들은 갈 곳이 없습니다. 그런데 『자발적 진화』라는 책으로 유명한 브루스 립튼(Bruce Lipton, 1944~)은 젊은이들 절반 이상이 기존 시스템에 들어갈 수 없는 현실이 역설적으로 희망의 신호라고 말합니다. 절반이 탈락하는 시스템이라면 폐기될 수밖에 없을 뿐 아니라, 살기 위해서라도 새로운 시스템을 만들 수밖에 없기 때문입니다. 그렇습니다. 새로운 틀, 대전환의 기획이 절실합니다.

미국의 전환운동 단체인 대전환이니셔티브(www.greattransition.org)는 전환기의 세계에 대해 세 가지의 시나리오를 예시합니다.

첫째, 기존의 질서가 유지되는 세계입니다. 시장의 힘으로 성장경제를 지속하거나, 정부 주도로 사회적·환경적 목표를 성취하는 것입니다. 둘째, '야만화'입니다. 양극화가 구조화돼 성 안과 성 밖이 나누어지는 새로운 신분제 사회가 되거나, 아예 사회 전체가 붕괴될 수도 있습니다. 어느 경우든 디스토피아일 수밖에 없습니다. 셋째, 대전환의 길입니다. 두 가지 2차 선택지가 그려집니다. 생태적 지역공동체(eco-communalism) 사회를 상상할 수도 있고, 글로벌 거버넌스에 기초한 새로운 차원의 지속 가능성(new sustainability)을 모색할 수도 있습니다.

그런데 우리의 현실은 진보와 보수 할 것 없이, 시장의 실패와 정부의 실패를 오락가락하는 전통적인 접근에서 벗어나지 못하고 있습니다. 그런데 역사적 경험은 끔찍합니다. 1920년대 경제 대공황 이후가 떠오릅니다. 결과는 전쟁 혹은 파시즘이었습니다. 극단주의의 준동은 두 번째의 길이 멀지 않다는 것을 시사하고 있을 뿐입니다. 그렇다면 우리의 선택지는 차원 변화인가 야만화인가일 수밖에 없습니다. 50% 이상이 기존의 시스템에서 버려진다면, 이제 선택지는 하나뿐입니다. 점프를 하는 것입니다.

전환 사회는 여백을 발견한 이들에 의해 창조됩니다. 열망의 유토피아는 2014년에 30주년을 맞이한 경기도 화성의 무소유 공동체 산안마을만이 아닙니다. 2016년이면 30주년이 되는 도농직거래의 생산-소비 협동공동체 한살림만이 아닙니다. 또 다른 세계는 '틈' 사이로 엿보입니다. 20여 년 전입니다. 시인 김지하와 생태정치학자 고문순홍이 차원 변화를 꿈꾸며 제3의 시나리오를 상상합니다.

바람직한 세계는 현실세계를 위태롭게 하는 문제군들이 만들어 낸 의식의 '틈' 속에 과거의 구체적 경험과 더불어 이미지로서 엿보인다. 그러나 현 체제의 보편적 의식과 무의식은 상식의 세계를 이루고 있어, 이 '틈' 속에 살아 숨 쉬는 과거와 미래를 보지 못하도록 막거나, 보더라도 곧 부인토록 만든다. 따라서 미래의 세계는 그냥 가만히 앉아서 만들어지는 것이 아니다. 오히려 이 '틈'을 확장시키기 위해 제도와 삶의 방식 속에 감추어져 있는 상식을 걷어내고, 이를 새로운 가치 체계로 전치시킬 필요가 있다.

1994년 10월에 발표된, '생명가치를 찾는 사람들(생명민회)를 제안한 다'라는 글의 일부입니다. 이렇듯 이미 전환운동은 진행형이었습니 다. 그러나 '패러다임의 전환'을 말하면서도 '나'의 전환은 치열하지 못했습니다. "상식을 걷어내고 새로운 가치체계로 '전치(轉置)'시키"지 못했습니다. '전환'의 출발점은 무엇인지 되묻지 않을 수 없습니다.

전환, 인식론적 오만에서 벗어나기

오늘날 우리가 마주하는 모든 어려움의 핵심은 바로 앎을 바로 아는 데, 앎을 모르는 데 있다.

—마투라나와 바렐라, 『앎의 나무』

1984년 출판되어 전 세계의 지식사회를 뒤흔들었던 움베르토 마투 라나(Humberto Maturana, 1928~, 칠레)와 프란시스코 바렐라(Francisco J. Varelra, 1946~, 칠레)의 이야기입니다. 그렇습니다. 전환의 핵심은 '의식의 전환, 혹은 인식론적 전환'입니다. 생명민회의 두 필자는 이렇게 표현합니 다. "근본주의는 이 문명을 극복하기 위해 **실재관의 전환**(필자 강조)을 요구한다. 전환이 이루어지는 방식으로 이들은 개체적 차원이든 집단적 차원이든 문화혁명의 형식을 택한다."

"객관적 실재란 존재하지 않는다." 우리 시대의 가장 탁월한 인지과학자 2명이 천명했고 전 세계가 인정하지 않을 수 없었습니다. 이미 석가와 예수, 원효와 수운, 다석 유영모가 깨우쳤던 그것, 영화 메트릭스가 탁월하게 폭로했던 그 '객관적 실재'란 감각기관과 두뇌가 만들어낸 허상이라는 말입니다.

우리는 보고 싶은 것만 봅니다. 수억 비트의 정보가 시야에 들어오지만 초점(focus)을 맞춘 것들만 눈에 들어옵니다. 나의 귀청을 울리는 소리는 오만가지이지만 들리는 것은 귀 기울이는 것뿐입니다. 옆 사람과 속삭이며 산책을 즐길 때, 우리는 지저귀는 새소리를 듣지 못합니다. 잠시 대화를 멈추고 귀를 기울일 때, 비로소 물여울 소리가 들리기 시작합니다.

더욱이 눈을 멀쩡하게 뜨고도 보지 못할 수도 있습니다. '맹점(盲點)' 때문입니다. 맹점이란 '망막에서 시세포가 없어 물체의 상이 맺히지 않는 부분'을 말합니다. 우리는 늘 있는 그대로 전부를 본다고 생각하지만, 시각정보는 실제 존재하는 사물과 일대일 대응관계에 있지 않습니다. 있는 그대로 볼 수 없습니다. 뇌가 재처리한 정보로 세상을 인지할 뿐입니다.

그렇다면, '실재(reality)'는 무엇일까요? 두 인지과학자에 따르면, "우리는 세계의 '색깔'을 보는 것이 아니라 우리의 색채공간을 체험하는 것"입니다.

그런데 냉전체제 하에서 소비에트 사회주의는 심지어 '의식은 물질의 반영'이라는 교조까지 내세웠습니다. 물질만이 실체이며 의식은 그 반영이라는 것입니다. 노동자와 자본가, 국가와 민족이 실재하기 때문에 노동자의식과 자본가 의식, 국가의식과 민족의식이 생긴다는 말입니다.

오만에서 벗어나야 합니다. 인격적 오만이 아닙니다. 소비에트 사회주의의 문제만이 아닙니다. 그 점에서는 진보든 보수든 마찬가지입니다. 21세기의 인류는 존재론적 오만, 인식론적 오만으로부터 벗어나야 합니다. 사실은 이제 조금씩 벗어나고 있습니다. 깨어나고 있습니다. 세계는 객관적으로 존재하며 인간의 눈으로 그것을 인식할 수 있다고 하는 인식론적 오만에서 빠져 나오고 있습니다. 나만 주체이고 상대는 객체 혹은 대상으로 보면서, '내가 만든 것(노동가치)'과 '내가 번 것(자본가치)'은 나의 소유라는 존재론적 오만에서 벗어나야 합니다. 그것은 오만이 아니라, 오류이기도 합니다. 의식의 대전환은 전환 사회의 대전제입니다.

일체유심조(一切唯心造)의 의미를 조금은 알 듯합니다. 한편으로 마음으로 짓는 허상 이야기이지만, 다른 한편으로는 마음으로 창조하는 새로운 세계 이야기이기도 합니다. 다시 마투라나와 바렐라 이야기입니다. "우리가 가진 세계란 오직 타인과 함께 산출하는 세계뿐이다. 오직 우리는 사랑의 힘으로만 이 세계를 산출할 수 있다." '서로 주체'가 만들어내는 새로운 세계가 여기 있습니다.

열망의 유토피아

그렇다면, 새로운 사회는 미래의 그날이 아닙니다. 그것은 지금여기 열망의 실현입니다. 탁월한 혁명지도자나 철인(哲人)이 아니라, 이미 스스로 하늘이 된 백성이 자신의 열망을 펼쳐내고 조각보를 만들 듯, 어울려 숲을 이루듯 지금여기의 유토피아를 실현합니다.

그런데 오늘날 유토피아도 이상주의도 우리 곁에 없습니다. 우리를 설레게 했던 그 많던 이상향(理想鄕)은 어디로 갔을까요? 우리 안에 전환사회가 있다면, 그것은 바로 봄 풀꽃처럼 다양하고 아기자기한 이상주의적 실천이 아닐까 생각해 봅니다. 이상주의를 재조명해야 합니다. 우리가 주목해야 할 것은 '필요(needs)'의 결사체만이 아닙니다. '열망(aspirations)'의 결사체입니다.

갑오혁명과 3·1운동을 이끌었던 그 많던 동학하는 사람들은 어디로 간 것일까요? 전북 부안에서 발견된 1920년대의 협동공동체 '궁을계(弓乙契)'가 눈에 뜨입니다. 오지영을 비롯한 동학당들이 만주에 만들었다는 수많은 궁궁촌 이야기가 귀를 세우게 만듭니다. 동학만이 아닙니다. 신채호와 이회영을 비롯한 아나키스트의 이상촌운동, 도산 안창호와 남강 이승훈을 비롯한 기독교인들의 이상촌운동, 해방 후 홍성 풀무학교와 씨알농장과 가나안농장 등 수많은 잃어버린 이상촌의 꿈을 되살려야 합니다.

마르크스주의는 '과학적 사회주의(scientific socialism)'를 내세우며, "더 이상 과학을 자신의 머리 속에서 찾을 필요가 없으며, 단지 자신의 눈앞에서 일어나고 있는 사실을 보고만 해야 하고, 그래서 그것의 전달자가 되어야만 한다."고 말했다고 합니다. 그러면서 로버트 오웬과 샤를 푸리에의 이상촌을 '공상적 사회주의(utopian socialism)'라고 비판합니다. 그런데 마투라나와 바렐라의 생각을 빌려 말하면, 세계는 의미를 부여하고, '정의(定義)'함으로써 창조됩니다. 사회는 상상함으로써 창조됩니다. "생명체(물론 인간도)는 삶에 필요한 근본적인 조건만 채운다면 이미 있는 것들에 그저 반응하는 대신 스스로 자유롭게 자기 세계를 만들어낼 수 있다."는 것입니다.

어쩌면 '공상적 사회주의'라 불리었던 열망의 유토피아가 새로운 세계를 창조해 왔는지도 모릅니다. 물질과학이 아닌, 유토피아적 상상력이 새로운 삶과 사회의 창조자일지도 모릅니다. 사실은 마르크스의 코뮤니즘조차도 공동소유, 나아가 '사적 소유란 없다'는 초의식적 열망이 표현된 것일 수 있습니다.

더욱이 때가 되었습니다. 동학의 도(道)가 세상에 펼쳐질 때가 언제인지를 묻는 제자에게 해월 최시형이 말합니다. "길바닥에 비단이 깔릴 때." 물질적 풍요가 충분할 때가 아닐까, 혹은 물질개벽을 의미하는 것이 아닐까 생각해 봅니다. 애벌레의 시대가 지나고서야, 즉 먹고 사는 문제가 어느정도 해결되어야 새로운 존재로의 차원 변화가 가능한 것 아닐까요. 그런 점에서 원불교가 내걸고 있는 '물질이 개벽하니 정신을 개벽하자'는 슬로건은 매우 탁월한 깨달음인 것 같습니다. 전 세계의 모든 인구가 풍족하지는 못하지만, 지구 전체의 물질적 생산력은 마르크스가 기대한 필요한 만큼 쓰고도 남을 만큼 충분하다는 것입니다(물론 욕망을 충족시킬 수는 없습니다. 영원히). 그렇게 되면 '사적 소유'에 대한 집착도 조금은 줄어들겠지요. 이는 행복경제학자들의 주장이기도 합니다.

이제 탈바꿈할 때, 다른 삶과 사회로 이행할 때가 되었습니다. 열망은 나를 바꾸고 세상을 변화시킵니다. 오늘 아침 한 장의 편지, 혹은 한 줄의 문자가 한국사회를 바꿀 수도 있습니다. '나'의 염원이 지구촌을 좀 더 평화롭게 할 수도 있습니다. 행동해야 한다는 것입니다. 그리고 그 행동은 매우 멋지고 또 섬세해야 합니다. 『자기조직하는 우주』를 쓴 에리히 얀츠는 '과정 기획'이라는 표현을 씁니다. '구조 기획'이 목표와 설계도에 따른 공학적 구조물 만들기라면, 과정 기획은 창조의 과정 그 자체입니다. 그 과정은 "자유로이 상호작용하고 그들 스스로 진화 구조들의 질서를 찾도록" 하는 촉매가 됩니다.

유토피아는 발명되는 것이 아니라 이루어지는 것입니다. 생명(生命)이란 글자 그대로, '새싹(生)으로 돋아난 하늘의 명령(命)'입니다. 지금 여기 숨겨진 전일성의 드러남입니다. 이상주의적 열망이 나비효과를 일으킵니다. 다시 얀츠의 이야기입니다. "개방적인 기획에 있어서 그 목적은 미래로 가는 우리들의 길 끝에 있지 않고, 바로 그 과정 자체

안에 있다." 더욱이 기획 과정은 인간 자신의 진화에 기여합니다.

이매지널 네트워크

상상하는 세포 하나가 존재를 바꿉니다. 다시, 나비 이야기입니다.

먹어대기만 하던 애벌레가 어느 날부터 시들시들 기운을 잃고, 몸 속 세포들이 죽어 가기 시작합니다. 오늘의 글로벌 경제를 보는 듯합니다. 깊은 침체기, 혹은 고치의 시절입니다. 애벌레는 번데기가 되어 고치 안에서 움직이지 않은 채 숨죽이고 있습니다. '축복받은 불안'의 시기입니다. 이 시기를 거쳐야만 나비가 될 수 있습니다.

이윽고 보이지 않는 변화가 시작됩니다. '이매지널 셀'이라 불리는 새로운 세포가 나타나기 시작하는 것입니다. imaginal cell의 번역어가 '성충(成蟲)세포'입니다. 성충, 즉 나비의 형상을 기억 혹은 상상하고 있는 세포라는 말입니다. 나비로의 탈바꿈은 상상(imagine)을 통해 가능합니다. 실상 나비는 애벌레 안에 이미 존재하고 있었다는 말입니다. 그런데 나비가 되기 위해서는 자기 안의 나비를 일깨워야 합니다. 나비의 꿈이라고나 할까요? 사실은 그것은 상상력이 아니라, 내 안에 내재된 전일성의 실현입니다.

그런데 여기 실로 놀라운 사실이 있습니다. 브루스 립튼에 의하면, 애벌레와 나비는 정확히 동일한 DNA를 지니고 있다고 합니다. "달라진 것은 그들이 수신하는 신호뿐입니다. 이 세포들은 서로 소통하고 연결을 지어가다가, 마침내는 나비가 되는 데 필요한 어떤 임계상태에 도달합니다."

그렇습니다. 인류의 탈바꿈과 문명의 전환을 위해서는 '이매지널셀'이 먼저 깨어나야 합니다. 말 그대로 상상의 날개를 펴야 합니다. 스스로 깨우치고, 또 옆에 있는 친구들을 깨워야 합니다. 스스로 1%의 제곱근이 되고, 10%의 티핑 포인트가 되어야 합니다. 70억이라면, 8,366명이면 충분합니다. 5천만이라면, 707명이면 족합니다. 나비의 꿈과 이상을 가진 '이매지널 퍼슨(person)' 707명이면 한국사회를 변화시킬 수 있습니다. 부처님의 10대 제자, 예수님의 12제자가 부담스럽다면, 수운 최제우와 함께 다시개벽을 꿈꾼 16명의 접주들처럼 말입니다.

전환을 꿈꾸고 기획하는 마당, 이매지널 플랫폼을 기대해 봅니다. 유토피아를 자각한 이들이 서로 연결된 이매지널 네트워크가 기다려집니다. 삶의 전환, 사회적 전환을 열망하는 새로운 시대의 '활동가/운동가'들입니다. 과정 기획의 주인공 말입니다. 전환 퍼실리테이터도 좋고, 전환 코디네이터도 좋습니다. 안내자도 필요하고 트레이너가 절실합니다. 프라우트 이론(Progressive Utilization Theory)에서 얘기하는 사드비프라(행동하는 영적 지성인)일 수도 있고, 영화 헝거 게임의 모킹제이(Mockingjay, 사람들에게 혁명의 메시지를 전달하는 존재)나 영화 다이버전트의 다이버전트(Divergent, 중앙 시스템의 통제를 따르지 않는 강한 의지를 가진 존재)라고 해도 좋습니다. 혹 니체의 위버멘쉬(항상 자기 자신을 극복하는 신체적 존재이며, 인간 자신과 세계를 긍정할 수 있는 존재이자, 지상에 의미를 부여하고 그 의미를 완성시키는 주인의 역할을 하는 존재)도 그런 존재를 의미하는지도 모르겠습니다.

그 네트워크의 중심은 '나'입니다. 작은 모임이거나 혹은 지역공동체일 수도 있습니다. 전국 조직일 필요도 없습니다. 우주의 배꼽은 정읍(井邑)만이 아닙니다. 원주(原州)도, 수원(水原)도, 서울도, 모두가 중심입니다. 몽골의 천막집 '게르'처럼 움직이는 중심입니다. 내가 곧 하늘이고, 내가 발 딛고 선 곳이 곧 우주의 배꼽입니다.

가수 존 레논의 노래 '이매진(Imagine)'이 완전히 새롭게 들립니다. 그의 이상이 곧 '나'의 이상이 됩니다. 꿈은 발명되는 것이 아니라 실현됩니다. 인류의 '숨겨진 하나됨'의 열망이 '또 다른 세계'로 창조됩니다. 존 레논의 노래 러브(love)도 떠올려봅니다. "love is real." 영화 인터스텔라의 딸 머프를 일깨웠고, 메트릭스의 '네오(Neo)'를 살린 사랑과 믿음이 예사롭지 않습니다. 열린 유토피아를 위한 날갯짓을 시작합니다. 말 그대로 'No-Where'의 유토피아가 아닌 'Now-Here'의 유토피아 우리 곁으로 옵니다. 이제 유토피아는 허상이 아니라 실상(實像)이 됩니다.

　　상상해보세요 천국이 따로 없는 세상을
　　당신이 노력한다면 그건 쉬운 일입니다
　　그러면 지옥도 없을 것이고

우리 위에는 오직 하늘만 있을 뿐

상상해보세요 모든 사람들이 오늘을 위해 사는 것을

상상해보세요 국경이 없는 세상을

그건 어려운 일이 아닙니다

누굴 죽이거나 죽을 이유도 없겠지요

종교도 없어지겠지요

상상해보세요 모든 사람이 평화스럽게 사는 것을

상상해보세요 소유가 없는 세상을

당신이 할 수 있을지는 모르지만

소유가 없다면 탐욕도 굶주림도 없고

사람은 모두 한 형제가 될텐데

상상해보세요 모든 사람이 이 세상을 함께 공유하는 것을

그대는 나를 몽상가라 부를지 모르지만

나는 혼자가 아닙니다

언젠가 당신도 우리와 함께 하길 바랍니다

그러면 세상은 하나가 될 겁니다.

보론 ─── 전환의 사회운동

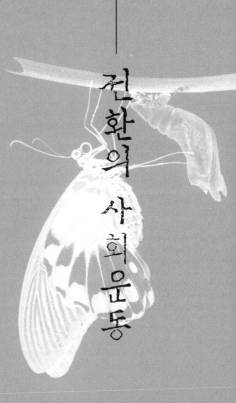

한국 생명운동의 현재와 미래

보통명사가 된 '생명운동'

한국 생명운동의 역사는 길지 않다. 노동운동 등 전통적인 사회운동과는 비교할 수도 없거니와 환경운동 등 이른바 신사회 운동에 비추어서도 생경하다.

'생명운동'이란 말도 소수의 사람들만 사용되던 '고유명사'에 불과했다. 그러나 30여 년이 지난 오늘 생명운동은 드디어 '보통명사'가 되었다. 국립국어원에서 발행한 표준국어대사전에서 설명하고 있는 생명운동(生命運動)의 정의는 이러하다.

> "생명을 중요한 것으로 생각하여 죽어 가는 생명을 살리고자 하는 사회적 운동."

소박하지만, 생명운동의 마음이 잘 담겨져 있다. 생명운동은 무엇보다 엄마가 넘어진 아이를 일으켜 세우고, 농부가 쓰러진 볏단을 일으켜 세우는 어여쁜 마음에서부터 시작된다. 생명운동은 사람을 비롯한 천지만물, 즉 온 생명의 아픔에 공감하고 치유하고자 하는 활동이다. 나아가 생명운동은 이 세계를 살아 있는 전체로 보는 '전일적 생명의 세계관'을 바탕으로, 산업문명과 자본주의를 넘어 새로운 삶과 사회와 문명을 창조하려는 사회적 운동이다.

한국 사회운동에서 생명운동은 이미 중요한 흐름 중 하나가 되었다. 생명 그 자체가 존재 이유인 종교단체에서의 생명살림운동은 말할 것도 없거니와 한살림과 생명평화결사, YMCA와 YWCA, 환경연합과 녹색연합 등 유수한 시민사회 단체들이 강령적 목표와 자신의 정체성을 '생명살림' 혹은 '생명평화'에 두고 있다. 생명운동은 생명공동체운동, 생명살림운동, 생명평화운동 등 조금씩 다른 이름으로 불리고 있기는 하지만, 온 생명이 조화롭게 자기실현하는 세상을 열망하며 '생명평화의 길'을 가고 있다.

한국 생명운동의 태동과 전개

모든 사회운동이 그렇듯이 생명운동도 나름의 탄생 배경과 역사를 가지고 있다. 특별히 가톨릭과 동학 등 종교적 배경과 초기 활동 주체들의 깊은 성찰과 자각이 결정적인 의미를 지닌다.

1) 한국 생명운동의 태동
한국의 생명운동은 1970년대에 그 전조가 될 만한 움직임이 있었으나 구체적인 모습을 드러낸 것은 1980년대 초라고 할 수 있다.

생명운동이 문자로 첫선을 보인 것은 1982년 원주에서 발표된 「생명의 세계관 확립과 협동적 생존」이란 문서에서였다. 이 문서는 '생명운동에 관한 원주보고서'라고 불리기도 하는데, 그 이유는 1970년대 한국 민주화운동의 중심지였으며 지역협동운동의 모델을 만들어가고 있던 원주의 사회운동가들이 새로운 방향을 선언하는 일종의 운동 팜플렛이었기 때문이다. 이른바 '원주 캠프'는 가톨릭 원주교구의 지학순 주교의 적극적인 지원 속에 무위당 장일순을 좌장으로 사회운동 그룹을 형성하고 있었다. 물론 원주보고서를 기초한 김지하 시인도 빠뜨릴 수 없는 원주 캠프의 주인공 중 한 사람이었다.

원주 캠프는 문서에서 이 시대를 '생명 위기 시대'로 진단하고, 이를 극복하기 위해서는 '협동적 삶으로의 전환'과 자본주의와 사회주의를 동시에 넘어서는 '문명의 전환'이 요청된다고 천명한다. 또한 이를 위해서는 "기계적 협동조합운동과 단선적 정치민주화운동을 넘어서야 한다."고 주장한다. 기존의 유물론적 세계관에 기초한 전통적인 사회운동 노선에서 '생명의 세계관'을 바탕으로 하는 새로운 사회운동으로의 전환을 선언한 것이다.

이후 원주 캠프는 새로운 방향을 구체화하기 위한 학습과 토론을 전개하는 한편, 일본과 대만 등을 방문하여 유기농업과 생활협동조합 현장을 견학한다. 그리고 1985년 그 결과물로 도농직거래 협동조합인 〈원주소비자협동조합(현 한살림원주생협)〉이 창립되고, 이듬해인

1986년 12월 서울에 〈한살림농산〉이 설립된다. 이제 생명운동은 담론이 아닌 실천으로서 본격적인 실체를 드러내기 시작한 것이다.

2) 한살림선언과 생명운동

〈한살림〉은 "생산과 소비는 하나다."를 모토로 '생산-소비 협동공동체'를 만들어 갔다. 그동안 '딴 살림'으로만 존재했던 도시의 소비자와 농촌의 생산자가 하나의 생명공동체가 되었다. 협동적 생활양식의 실천이었다.

사실 생산자-소비자 직거래는 일본의 제휴농업에서 크게 배운 것이다. 하지만 한살림의 직거래운동은 생명사상을 기초로 한다는 점에서 각별한 의미가 있다. 한살림의 직거래는 생산자와 소비자 사이의 경제적 편익 도모에 머물지 않는다. 한살림의 협동운동은 생산자와 소비자, 도시와 농촌, 인간과 자연은 둘이 아니라는 자각을 바탕으로 한다. 농민 생산자와 소비자 조합원은 서로-살림의 공동체이며, 밥상을 살리는 일이 곧 땅을 살리고 농업을 살리는 일이 된다. 다시 말해 근원적으로 '모든 생명은 하나'라는 것이다. 장일순은 그 깨달음을 이렇게 표현한다. "나는 미처 몰랐네, 그대가 나였다는 것을."

그 한글식 표현이 '한살림'이다. 한살림이란 말은 '크게 살린다', '하나의 살림살이다'라는 뜻이 담겨 있다. 그런 점에서 한살림운동은 '생명살림'운동이며, '생명공동체'운동이다. 다시 말해 한살림운동은 생명운동의 다른 이름이라고 말할 수 있다.

이제 '한살림'이란 말은 한 단체의 이름을 넘어 생명운동의 언어가 된다. 1989년 원주캠프의 핵심인 장일순, 김지하, 박재일, 최혜성 네 사람이 함께 정리한 「한살림선언」이라는 문서가 발표된다. 이 선언문의 목적은 '생명의 세계관 확립과 새로운 생활양식 창조'로 명시된다. 생명의 세계관을 체계적으로 정리하고, 이를 바탕으로 새로운 삶과 세상을 실현하기 위한 활동 방향을 제시하고 있다. 어떤 이는 한살림선언이 공산당선언에 버금가는 역사적인 문서라고 말하기도 했다.

한편 김지하는 시인이자 사상가로서 여러 저서를 통해 생명사상을 심화시키는 한편 다양한 형태로 생명문화운동을 펼쳐 나간다. 〈신풍류회의〉, 〈율려학회〉, 〈생명과 평화의 길〉 등을 발족하여 활동하기도 하고, 2003년부터 2006년까지 〈세계생명문화포럼〉을 개최하여 국내외 생명 담론을 집대성하기도 하였다.

3) 생명운동의 사회적 확산

1990년대에 접어들면서 생명운동은 종교계를 중심으로 다양한 모습으로 싹이 트고 자라나기 시작한다. 대표적인 예를 소개하면 다음과 같다.

-1989년 법륜스님과 〈정토회〉가 베를린장벽이 무너진 후 1년간 새로운 방향을 모색한 후, 〈불교환경교육원〉을 창립하고 다양한 생태 · 환경 교육 프로그램을 진행한다.

-1991년 〈가톨릭농민회〉가 생명공동체운동을 선언하고, 이후 〈우리밀살리기〉(1991), 〈흙살림〉(1991), 〈우리농촌살리기〉(1994) 등 다양한 농업·농촌 생명운동이 전개된다.

-1991년 『녹색평론』이 '생명의 문화 복원'을 천명하며 창간된다. 생명운동과 결이 조금 다르기는 하지만 이후 한국의 급진적 생태담론의 대표 매체로 성장한다.

-1995년 〈생명민회〉가 발족되어 '자치'와 '민회'를 중심으로 생명정치의 가능성을 탐색한다.

-1996년 〈귀농운동본부〉가 '생태적 가치와 자립적 삶'을 기치로 창립된다. '귀농'이 사회적 시민권을 얻게 되고 대중적인 귀농귀촌운동의 중심이 된다.

-1999년 도법스님이 중심이 되어 〈인드라망생명공동체〉가 창립된다. 불교적 생명사상을 바탕으로 지역공동체운동, 귀농운동, 대안교육운동을 동시에 전개한다.

-2000년 〈기독교환경연대〉가 창립된다.

-2000년 〈불교환경연대〉가 창립된다.

-2001년부터 2004년까지 지율스님이 중심이 되어 고속철도 터널 반대 운동을 전개한다.

한국 생명운동의 현재

1) '생명평화'의 사회화

이렇듯 가톨릭과 불교계를 중심으로 확산을 거듭하던 생명운동은 한반도 평화에 대한 염원과 만나 새로운 차원으로 진화한다. '생명평화'가 그것이다.

2001년, 한국전쟁 때 희생된 남북 양측 민초들의 해원(解冤)을 위해 마련된 '생명평화 민족화해 평화통일 지리산 천일기도'를 계기로 '생명'과 '평화'의 첫 만남이 이루어진다. 이후 2002년 2차 북한 핵 사태를 계기로 〈지리산생명평화결사〉 창립(2003년)으로 이어지고, 2004년 3월부터 도법스님을 중심으로 한반도의 생명평화를 기원하며 전국의 농촌과 도시를 탐방하는 〈생명평화탁발순례〉가 시작된다. 5년 동안 이어진 순례를 계기로 '생명평화'는 사회적 언어로 자리를 잡게 된다.

한편 생명평화탁발순례가 시작되기 1년 전인 2003년 3월 25일에서 5월 31일까지 불교의 수경스님과 가톨릭의 문규현 신부가 중심이 되어 전북 서해안의 대규모 간척사업을 저지하기 위해 '삼보일배(三步一拜)'를 진행하였다. 삼보일배는 한국 사회운동의 새 지평을 여는 대사건이었다. '환경에서 생명으로' 패러다임의 전환이 선언되고, 운동 방식에 있어서도 간디의 비폭력 투쟁에 비견되는 '거룩한 사회운동'의 모델이 만들어졌다.

바야흐로 생명평화운동은 전 종교계와 시민사회로 확장(擴張)되고 확산(擴散)된다. 환경운동연합, 녹색연합 등 한국의 대표적인 환경단체들이 생명평화강령을 채택하고, YMCA와 YWCA가 각각 기독교 정신을 기반으로 하는 생명평화운동과 생명정의운동을 펼치기 시작한다. 이제 '생명살림', '생명평화'는 기독교, 가톨릭, 불교 등 종교사회운동의 공통 언어가 되었다.

제주 해군기지 반대운동, 4대강 개조 반대운동, 쌍용차 파업노동자 농성 등 시민사회운동 현장 곳곳에서 생명살림과 생명평화는 보통명사가 되었다. 그리고 민주화운동의 성과로 2012년 만들어진 준정부기관인 〈민주화운동기념사업회〉가 시민교육 교재로『생명평화세상 만들기』를 제작하게 된다. 이렇게 해서 '생명평화'는 이 시대의 보편적 가치가 된 것이다.

2) 사회적 현상이 된 생명의 열망

오늘날 한국 사회에서 '생명운동'은 더 이상 가치와 담론에 머물지 않는다. 기후변화 등의 생태 위기 때문만은 아니다. 세계 1위의 자살률과 세계 최저의 출산율이 시사하듯 한국 사회는 '생명 위기 사회', '반생명 사회'가 되었다. 극심한 물신주의와 경쟁 체제 속에서 삶은 피폐해지고 더 이상 견딜 수 없는 상황에 이른 것이다.

'공동체'와 '생태'와 '영성'이라는 전일적 생명가치의 실현은 이제 현실의 과제가 되었다. 협동조합 열풍, 귀농귀촌 물결, 힐링 신드롬이 이를 반증한다. 생명 위기를 절감하면서 본능적으로 삶의 근본을 되묻게 된 것이다. 마치 작은 나무에 매달린 잎사귀가 필사적으로 햇살을 쫓듯이 말이다. 경쟁 대신 협동, 물질 대신 정신, 아파트 대신 자연으로 돌아갈 수밖에 없는 것이다. 협동조합과 귀농귀촌과 힐링은 각각 공동체적 삶, 생태적 삶, 영성적 삶에 대한 열망을 담고 있다.

첫째, 공동체적 삶이다. 생명운동은 처음부터 협동적 생활양식을 강조했거니와 대부분 한국의 생활협동조합이 도농 상생을 목표로 제시하고 있다. 특히 한살림과 두레생협 계열의 생협들은 공식적으로 생명운동을 천명해 왔다. 2013년 말 현재 약 40여만 세대의 소비자와 2천여 세대의 생산자가 함께 하는 한살림의 경우, 생명 · 협동 모델로 특별한 주목의 대상이 되고 있다.

둘째, 생태적 삶이다. 생명운동은 시작될 때부터 자연과의 공생과 생태적 삶, 그리고 농업적 가치와 농업적 삶을 척도로 삼았다. 일찍이 귀농운동본부를 중심으로 한 일련의 활동이 국민적인 귀농귀촌 물결 확산에 기여했다. 유기농업에 기반한 '생산공동체 만들기'를 만들어 '생명농업'의 바탕을 넓혀 왔다.

셋째, 영성적 삶이다. 생명운동은 태동할 때부터 밥상공동체와 더불어 영성공동체를 꿈꾸었으며, '깨달음의 사회운동'을 지향하였다. 생명운동은 내 안에 있는 '참 나', 혹은 거룩한 생명을 깨닫는 것에서부터 시작된다. 개신교, 가톨릭, 불교 등 종교계의 생명운동은 말할 필요도 없거니와 각지의 지역공동체에서 다양한 형태의 수행공동체와 마음공부 모임이 만들어지고 있다. 생명평화결사 등 대부분의 생명운동 단체에서는 생활 속의 수행 지침을 정리하여 제시하고 있다.

3) 한국 생명운동 30년의 의미

1980년대 초 태동한 생명운동도 30년, 한 세대가 지난 셈이다. 이제 '생명'은 우리 사회의 보편적 가치가 되었고 사회적 현상이 되었다.

한국 사회에서 생명운동의 의미는 심대하다. 무엇보다 생명운동은 '생명'을 열쇠말로 한국 사회에 새로운 세계관과 가치관을 제시했다. 자본주의와 사회주의 좌우 이념을 안고 또 그것을 넘어 문명 전환의 전망을 보여주었다. 유럽의 생태주의 운동에 비견되는 한국적 대안 담론과 실천을 축적해 왔다.

또한 생명운동은 사회운동의 새 지평을 열었다. 경제적 이익만 추구하는 협동조합을 넘어서 도농상생, 생산-소비 공동 참여의 새로운 협동 운동 모델을 만들어 내었다. 요컨대 '필요의 협동조합'을 넘어서 '열망의 협동조합'이다.

이와 함께 정치투쟁을 사회운동의 전부로 알던 시절 '밥 한 그릇'으로 세상을 바꾸는 생활 운동의 가능성을 보여주었다. 생명운동은 탁발순례와 삼보일배 등을 통해 깊은 성찰과 영성의 사회운동을 창조해 냈다. 이제 생명운동은 지역공동체를 기반으로 협동과 호혜와 순환의 사회경제적 시스템, 즉 체제 전환의 가능성을 탐색하고 있다.

지난 30여 년간의 한국 생명운동은 지향이 모호하고 실체가 불투명해 보이기도 했다. 하지만 그것은 보이지 않는 가운데 숨은 역할을 하는 '음(陰)의 운동'이라고 말하는 것이 타당하다. 이제 생명운동은 우리의 삶과 사회, 문명을 근본적으로 변화시키는, 치유와 전환의 사회운동으로 자리매김해 가고 있다. 가치의 측면에서나 실천의 측면에서 한국 사회의 '오래된 새 길'이 되고 있다.

'전환운동'으로서의 생명운동

생명운동은 그 태동에서부터 산업문명의 극복을 종국적 지향점으로 제시했다. 오늘날 문명의 전환은 먼 훗날의 전망이 아니라 절박한 현실의 과제가 되었다. 뉴욕의 9·11사건이나 후쿠시마의 3·11사고, 대기 중 이산화탄소 농도 400ppm 돌파, 1% 대 99% 극단적 불평등 사회, 그리고 한국의 세월호 참사는 드러난 징후의 일부일 뿐이다. "아니다, 정녕 이렇게 살 수는 없다." 시스템과 문명이 바뀌지 않고서는 지속 가능한 삶을 기약할 수 없다.

1) 전복당할 것인가 전환할 것인가

생명운동은 무엇보다 고통받는 존재에 대한 연민으로부터 출발한다. 배고픈 사람에게는 밥이, 고단한 영혼에게는 위로가, 상처받은 자연에게는 치료가 필요한 것이다. 그러나 한 끼의 밥과 몇 번의 위로와 진통제 처방만으로는 근본적인 치유가 불가능하다.

2014년 4월 고등학생 250여 명을 비롯한 300명이 넘는 인명을 수장

(水葬)시킨 세월호 참사는 한국사회에 엄청난 충격을 주었다. 하지만 다른 한편으로는 생명에 대한 근본적인 성찰의 계기가 되었다. 시민 사회를 중심으로 '생명안전사회', '생명중심사회' 등의 슬로건이 자연 스럽게 나오고 있다. "전복(顚覆)당할 것인가, 전환(轉換)할 것인가?"라 는 질문을 하지 않을 수 없다. '반생명사회'에서 '생명사회'로 방향을 바꾸지 않으면 사회적 침몰을 피할 수 없을 것이다.

2014년은 한국 생명운동의 스승이었던 장일순 선생이 하늘로 돌아 가신 지 20년이 되는 해이다. 이를 기려 준비한 20주기 대화마당의 주 제가 '치유와 전환의 생명운동'이었다. 생명운동은 죽어 가는 뭇 생명 을 살리는 활동이지만, 근본적인 치유는 반생명적 질서를 근본적으 로 변혁하는 대전환으로만 가능할 것이다. 삶의 전환, 사회의 전환, 문명의 전환, 요컨대 생명운동은 '전환운동'이다.

2) 전환은 중심 이동

전환은 자본주의와 산업문명의 기본 질서에 대한 근본적인 문제의 식에서 출발한다. 전환은 의식과 문화, 제도와 시스템, 기술을 망라하 는, 근본적이고 전면적인 대변혁을 의미한다. 새 하늘 새 땅, 새로운 질서가 열리는 개벽적 혁명이다.

전환은 '중심 이동'을 통해 새로운 질서를 창조하는 일이다. 전환은 기존의 정치 혁명과 같지 않다. 옛것을 폐기하고 새것을 도입하는 것 이 아니라, 중심을 이동하자는 것이다. 가치의 중심 이동, 생활의 중심 이동, 체제의 중심 이동이다. 전환은 또한 애벌레가 나비가 되는 '탈바꿈'이다. 그리고 전환운동은 새로운 삶 '일구기'이다. 새로운 공동체 만들기, 새로운 사회 만들기 운동이다. 전환은 생태, 공동체, 영성을 키워드로 새로운 삶을 실천하는 '이행과정(transition)'이다.

'음개벽(陰開闢)'이란 말이 적절하다. '양의 시대'에서 '음의 시대'로의 전환 말이다. 다시 말하면 양(陽)의 패러다임에서 음(陰)의 패러다임으로 중심 이동, 이를테면 남성성에서 여성성으로, 물질에서 정신으로, 상극에서 상생으로, 돈벌이에서 살림살로, 팔고사는(賣買) 관계에서 주고받는(互惠) 관계로의 중심 이동이다. 이렇게 표현할 수도 있다; "빠름에서 느림으로, 강함에서 부드러움으로, 큰 것에서 작은 것으로, 중앙에서 지방으로의 중심 이동."

전환이란 중심을 이동하여 균형을 되찾는 것, 다시 말하면 생명의 전일성을 회복하는 것이다. '양'으로 심하게 기울어진 생명세계의 '역동적 균형'을 되살리는 일이다. 그렇지 않으면 파멸에 이를 수밖에 없기 때문이다. 그러므로 '음의 정치'란 다시 말해 '전일성의 정치(holistic politics)'이고, '음의 경제'는 '전일성의 경제학(holistic economy)'이라고 말할 수 있다.

3) 다시 새롭게

전환은 새로운 삶, 사회, 문명 만들기이다. 그것은 '고대적 미래'이며, '오래된 새 길'이다. 전환의 지향점은 우리 안에 숨겨진 전일적 생명의 열망을 실현하는 과정이다. 그것은 영성적 삶과 생태적 삶과 공동체적 삶의 어울림으로 드러난다. 영성, 생태, 공동체는 새로운 문명의 세 가지 작은 열쇠들이다. 동아시아의 천지인(天地人) 삼재론에서 발견할 수도 있고, 프랑스의 철학자 펠릭스 가타리(Felix Guattari, 1930~1992)가 말하는 세 가지 생태학(사회생태학, 환경생태학, 정신생태학)으로 설명할 수도 있다.

그러나 이것은 단순히 고대로의 복귀가 아니다. '재공동체화', '재생태화(재자연화)', '재영성화'이다. 이때 '재(再)'는 '다시(again)'이면서 동시에 '새롭게(newly)'이다. 새로운 공동체, 새로운 생태계, 새로운 영성이라고 말할 수도 있다. 새로움의 핵심은 '생명은 하나'라는 대전제 위에 '생명세계의 주인공은 나'라는 자각과 '음의 패러다임에 대한 인식'이다. 인간과 생태계와 우주는 보이지 않는 끈으로 연결되어 있지만, 그것은 한 송이의 꽃, 한 사람의 인생을 통해 드러난다. 그리고 그것은 '양/아버지의 방식'이 아닌 '음/어머니의 방식'으로 실현된다.

첫째, 새로운 공동체이다. 전통적인 공동체는 보살핌의 공동체이면서 구속의 공동체였다. 이해관계의 공동체를 넘어 '숨겨진 하나됨'을 자각하는 깊은 마음의 공동체로 나아가야 한다. 동시에 대동단결의 공동체가 아니라 화이부동(和而不同)의 공동체로 진화되어야 한다. 갖가지 꽃들이 제각각 피어나되 서로 어울려 더욱 아름다운 백화제방(百花齊放)의 공동체를 꿈꾼다.

둘째, 새로운 생태계이다. 분명 문명의 전환은 '에코노미(economy)'

에서 에콜로지(ecology)로의 중심 이동이다. 그러나 이때의 에콜로지는 있는 그대로의 소극적 자연이 아니다. 되살림이 절실하나, 옛 모습 그대로의 기계적 복원은 아니다. 인간과 자연이 상호 주체적 관계 속에서 '상생진화(相生進化)'하여 인간뿐 아니라 모든 살아 있는 것들이 자기실현하는 새로운 에콜로지가 되어야 한다.

셋째, 새로운 영성이다. 우주적 존재, 신성을 지닌 존재로서의 인간에 대한 이해와 깨달음이 소중하다. 하지만 제도종교로부터는 자유로워져야 할 것이다. 과학과 철학과 영성이 만나야 할 것이다. 교회와 사찰 안에 갇힌 영성이 아니라 인터넷과 저잣거리의 영성, 사회적 영성의 시대라고나 할까. 종교적 권위에 억눌린 영성이 아니라 '내가 곧 하늘(我卽天)'인 새로운 영성의 시대라고나 할까.

'지금 여기'의 유토피아

지금까지 사회운동의 존재 이유는 일반적으로 사회적 문제를 해결하는 데 있었다. 다시 말해 '필요(needs)의 충족'을 목표로 해 왔다. 더욱이 사회주의의 몰락 이후, 사회운동은 유토피아에의 열망을 아예 잃어버렸다. 오히려 사회운동마저도 자본주의가 부추기는 물질적 '욕망(wants)'에 함몰될 지경에 이르렀다.

생명운동은 무엇보다 '열망(aspiration)'의 사회운동이다. 생명운동은 '지금 여기'의 유토피아를 열망한다. 사람과 사회의 내면 깊은 곳에

깃들인 공동체적 삶에 대한 열망, 생태적 삶에 대한 열망, 영성적 삶에 대한 열망이 그것이다. 열망은 생명운동과 문명 전환의 근거이자 에너지이다. 우리 안에 숨겨진 하나됨에 대한 열망이 지금 여기에서의 새로운 삶으로, 새로운 사회로, 새로운 문명으로 피어난다.

생명운동은 유토피아를 꿈꾼다. 생명운동은 개벽을 꿈꾼다. 하지만 생명운동의 유토피아와 개벽 세상은 지금 여기, 우리 안에 있다. 우리의 시선은 '그날 저기' 역사의 종착점에 있지 않다. 먼 훗날에 있지 않다. 밖에 있지 않다. '문제(problem)'에 있지 않다. 생명운동의 유토피아는 지금 여기, 새로운 삶을 향한 결단의 순간, 새로운 관계가 만들어지는 바로 이 순간에 있다.

지금 여기의 유토피아는 이미 우리 안에 있다. 생산자와 소비자가 함께 만들어 가는 새로운 협동조합 모델 속에 있고, 숲 속에서의 떡갈나무와의 조우 속에 있고, 오늘 아침 짧은 명상 속에 있다. 우리 안에 숨겨져 있는 자매애와 형제애와 어진 마음 안에 있다. 유토피아의 꿈은 '발명'되는 것이 아니라 '실현(實現, realizing)'되는 것이다.

무위당과 영성적 사회운동

무위당이 서울로 간 까닭은?

1987년 12월 4일 무위당 장일순은 서울 제기동의 허름한 쌀가게를 찾았다. 서울에서 도농직거래운동을 본격화하는 박재일을 비롯한 후배들을 격려하고 위해서였다. 돌 고르는 기계 옆에 쌓인 쌀 몇 포대와 잡곡류, 어설프게 진열돼 있는 계란과 참기름을 보면 어느 쌀가게와 크게 다를 게 없어 보였다. 하지만 무위당에게 제기동의 쌀가게는 의미심장했다.

1년 6개월 전인 1985년 6월 원주에 〈소비자협동조합〉을 열고 원주 인근 농촌의 생산자와 원주 시내의 소비자를 연결하는 생산-소비 직거래 운동을 시작한 바 있다. 원주의 협동운동 그룹이 오랫동안 농촌 소비조합을 운영한 바 있지만, 소비자와 생산자를 직접 연결하는 협동조직을 만든 것은 새로운 시도였다. 그러나 원주는 이 조직이 자생력을 갖추기에는 아무래도 소비량이 적었다. 농촌과 농민을 살리기 위해서는 돌파구가 필요했다. 직거래의 획기적 확대가 그것이다. 그러나 단지 그것만이라면 무위당의 서울 나들이는 의례적인 격려 방문에 그쳤을 것이다. '양적 확대'의 문제가 아니었던 것이다. 적어도 무위당과 원주 사람들에게는 그러했다.

무위당과 박재일에게 〈한살림농산〉은 나락 한 알의 개벽이었다. 충청북도 음성 성미마을에서 온 유기농 쌀과 강원도 횡성 공근마을에서 온 유정란을 통해 소비자들의 밥상을 살리고 농민과 땅을 살리는 도농 상생의 생명공동체운동을 실천적으로 선언하는 자리였다. 생산자와 소비자는 이해관계가 정반대여서 서로 적대적일 수밖에 없다는 사회적 통념을 깨고, 서로를 책임지는 이른바 '생산-소비 협동' 모델을 새로운 차원으로 도약시킬 출발점이었다. 생명운동으로의 전환을 천명한 1982년 「원주보고서」 이후 5년여 만에 생명을 살리는 '거룩한' 사회운동이 모습을 드러낸 역사적인 날이었던 것이다.

더욱이 '생산-소비 하나'의 생명공동체운동이 새 이름을 얻었다. 한살림이 그것이다. 생산자와 소비자가 한살림이고 도시와 농촌이 한살림이다. 기가 막힌 이름이었다. 쌀가게 주인(?) 박재일에게나 이를 축하하기 위해 온 무위당에게는 '한살림'이라는 이름만으로도 이미 새로운 세상이 열렸다는 느낌이었을 것이다. 실제 '한살림'이란 고유명사는 3년여 후 1989년 9월 한살림선언을 통해 문명 전환의 개벽적 언어와 철학이 되었다.

계산 없는 협동

무위당은 일찍이 1966년, 박재일이 원주에 왔을 때부터 협동운동의 가능성에 대해 토론했다고 말한 바 있다. "계급운동이 아니라 협동운동 속에서야말로 미래가 있는 것이 아닐까?" 하는 이야기를 나누었다고 훗날 원주를 찾은 일본사람들과의 대화에서 회고한다.

그러나 한살림의 생산-소비 협동이 시사하듯 무위당의 협동은 범상치 않았다. 그는 협동은 협동이되 '계산된 협동'은 아니라고 생각했다. 기존 협동조합운동의 한계를 넘어 차원 변화가 이루어져야 한다는 것이다. 무위당의 표현을 빌리자면, 협동조합은 본래 산업혁명기에 유럽에서 착취에 시달리던 사람들이 자신을 지키기 위해 시작한 것이었다. 하지만 오늘에 와서 협동조합은 대기업의 하청업과 같은 것이 되어 버렸다는 것이다. 생산조합이든 신용조합이든 소비조합이든 자신들의 경제적 이익만 추구하면서, 협동을 하면서도 이해타산만 한다는 것이다. 그래서 나온 이야기가 '계산되지 않은 협동'이다.

그렇다면 '계산되지 않은 협동'이란 무엇일까? 무위당은 그 상징적인 예로 신약성서에 나오는 포도밭 이야기를 소개한다.

하루 포도밭에서 일하면 한 데나리온을 줍니다. 아침부터 와서 일한 사람에게도, 저녁에 와서 일하다 간 사람에게도 한 데나리온이므로 아침부터 일한 사람은 더 많이 받아야 한다고 생각합니다. 실제 상식적으로는 아침부터 10배 일을 하였다면 그만큼 더 돈을 주어야 하겠지요. 그러나 자연의 나라, 자유의 나라에서는 그렇지 않은 것입니다. 일찍 온 사람도 한 데나리온, 저녁에 온 사람도 한 데나리온, 그러한 협동으로 좋지 않겠습니까.(『나락 한 알 속의 우주』, 148쪽)

    무위당의 관점에서 기존의 협동조합은 '계산된 협동'이었다. 경제적인 이익을 위해서 모였다가 이익이 사라지면 협동을 외면한다. 더욱이 협동조합 사이에서도 이해관계가 다른 조합과는 자본주의의적 경쟁관계와 다를 바가 없다. 생산자조합과 소비자조합과의 관계가 대표적이다. 실제로 70년대 원주 캠프는 강원도 일원 광산지역 및 농촌지역에서의 수많은 신용협동조합과 소비조합을 만들어 광부들과 농민들의 삶을 개선하는 데 기여했으나, 종국에서 이해타산 때문에 안타깝게 끝난 경우가 적지 않았다.

    무위당의 눈에는 도농직거래운동도 마찬가지였다. 생산자와 소비자가 상생을 꾀한다는 점에서는 진일보한 것이긴 하지만 여기에 머물러서는 안 된다는 것이다. 한살림농산이 만들어진 1980년대 후반에도 이미 적지 않은 직거래 조직이 있었다. 그러나 거의 전부가 유통과정 축소와 그것을 통한 경제적 이익에만 주목했다. 한살림 20년 역사를 담은 『한살림 세상을 껴안다』에서 소개하고 있는 '좋은쌀집'도 그중 하나이다.

    하지만 결과적으로 살아남은 것은 한살림뿐이었다. '계산 없는 협동' 덕분이었을까? 무위당의 후배이자 평생 동지인 박재일은 한살림 농산의 문을 연 이듬해 새해 아침에 「한살림을 시작하면서」라는 편지를 통해 호소했다.

땅과 사람, 물건과 사람, 사람과 사람 사이가 갈라지고 못 믿는 사이가 되는 삶이 살림의 삶일까요, 죽임의 삶일까요? 또한 농산물 값이 내려가면 농민은 울고 소비자는 좋아하고, 농산물 값이 올라가면 소비자는 울고 농민은 좋아합니다. 이처럼 다른 이의 아픔이 나의 기쁨이 되는 삶이 옳은 삶일까요?

무위당과 박재일의 협동은 뭔가 달랐다. 나와 우리의 이익만을 위한 협동에 머물지 않았다. '다른 이의 아픔이 나의 기쁨이 되는 삶'을 넘어서 내가 조금 손해를 보더라고 상대의 눈물을 닦아주는 '계산 없는 협동'을 열망했다. 한살림의 '생산-소비 협동'은 생명에 대한 연민, 이웃의 아픔과 슬픔에 대한 공감에서 시작된다. '계산 없는 마음'에서부터 출발하는 것이었다. 이를테면 '계산 없는 협동'의 출발점은 거룩한 마음의 협동운동이었던 것이다.

무위당은 "왜 한살림인가?"라고 묻고 스스로 답한다. "생명은 하나라는 거예요. 둘이 아니야. 하나지. 한살림운동이라고 하는 것은 모두가 하나가 되자는 운동이란 말이지."

그렇다. '계산 없는 협동'의 바탕에는 '생명은 하나'라는 깨달음이 깔려 있다. "나는 미처 몰랐네, 그대가 나였다는 것을."이라는 자각이 그것이다. 너와 내가 형제이고 자매고 부모이면서 동시에 자녀라는 것이다. 자연과의 관계도 마찬가지다. 나무는 산소를 공급하여 나를 살리고, 나는 이산화탄소를 배출하여 식물의 대사를 돕는다. 나무와 나는 둘이 아닌 것이다. 하물며 사람과 사람의 관계는 말할 필요도 없다. 이 시대의 불행은 땅과 사람, 물건과 사람, 사람과 사람이 갈라지는 데서부터 시작된다.

상부상조와 같은 협동의 원리 속에도 '네가 있어 내가 있다'는 자각, '너와 나는 하나'라는 깨달음이 숨겨져 있는 것이다. 생산과 소비도 한살림이고, 자연과 인간과도 한살림이고, 온 생명이 한살림이다.

무위당이 서울로 간 까닭은 한살림농산을 통해 이 땅에 태어날 계산 없는 협동운동, 혹은 거룩한 협동운동의 탄생을 축하하기 위해서였다. '숨겨진 하나됨'이 생산-소비 협동으로 실현되는 영성적 사회운동의 첫 발걸음을 격려하기 위해서였던 것이다.

생명사상과 영성적 사회운동

생명사상이란 쉽게 말해 이 세계의 모든 존재는 살아 있다는 생각이지만, 또 다른 면에서 그것은 모든 생명은 하나로 연결되어 있다는 관점이다. 그것은 '생명은 하나'라는 말로 압축된다. 생명세계는 근원적으로 하나이다. 보이지 않는 끈으로 연결되어 있다는 것이다.

무위당은 그 '숨겨진 하나됨'을 동학의 '시천주(侍天主)'를 빌려 '모심 [侍]'이라고 말한다. 동학을 창도한 수운 최제우는 시천주로 시작되는 21자 주문의 머리글자인 모심(侍)을 이렇게 설명한다; "안에 신령(神靈)이 있고 밖에 기화(氣化)가 있어 온 세상 사람이 각각 알아서 옮기지 않는 것입니다[內有神靈 外有氣化 一世之人 各知不移]."

2000년, 한살림의 여성 활동가들이 모여 한살림선언 등을 참고하여 정리한 '한살림운동의 지향'의 제1항엔 이렇게 쓰여 있다. "우리는 우리 안에 모셔진 거룩한 생명을 느끼고 그것을 실현합니다." 동학의 내유신령-외유기화의 구조와 비교된다. 이 한 문장 안에 영성적 사회운동의 의미가 함축되어 있는 듯하다. 내 안에 있는 '거룩한 생명'에 대한 자각과 그것의 사회적 실현이 곧 한살림운동이요, 생명운동인 것이다.

1) 내유신령: 숨겨진 하나됨

내유신령(內有神靈), 즉 내 안에 모셔진 거룩한 생명이란 기독교 식으로 내 안에 계신 하느님이며, 불교 식으로 말하면 내 안에 있는 불성(佛性)이다. 또한 과학적 표현을 빌려 말하면, 내 안에 응축된 우주 진화의 역사이다. 요컨대 모든 존재의 뿌리는 우주적이며 또한 하나로 돌아간다는 것이다. 무위당의 모심의 생명사상도 결국 '생명은 하나'라는 숨겨진 하나됨에 대한 통찰이라고 말할 수 있다.

수운 최제우의 "내 마음이 네 마음, 즉 오심즉여심(吾心卽汝心)"의 신비체험도, 무위당의 "나는 미처 몰랐네, 그대가 나였다는 것을."이라는 깨달음도, 한살림 협동운동의 "생산과 소비는 하나다."라는 명제도, 생명사상의 관점에서는 숨겨진 하나됨의 다른 표현인 것이다.

그것은 삶·생명의 우주성에 대한 통찰이기도 하다. 한살림선언에서는 '생명에 대한 우주적 자각'이라고 표현되고 있다. 한마디로 말해 그것은 137년 전 빅뱅 이후 물질적·정신적·사회적 진화의 역사가 내 안에 응축되어 있다는 의미이다. 도덕이나 철학이 아닌 과학이다. 하지만 사실 상식적으로 생각해 보아도 나의 삶은 최소한 '태양계적'이긴 하다. 태양이 있어야 식물이 광합성을 하고 식물이 존재해야 산소를 공급받고 유기물을 섭취할 수 있기 때문이다.

요컨대 삶·생명은 우주적이다. 그리고 그에 대한 자각이 온다면, 존재 하나하나가 신령할 수밖에 없다. 감자 한 알도 달리 보인다. 단지 농민의 땀만이 아니다. 칼로리와 가격 아래 숨어 있는 천지만물의 조화와 우주의 숨결을 느낀다.

우리의 삶과 실천은 거룩해질 수밖에 없다. 풀 한 포기, 벌레 한 마리도 사람과 똑같이 우주생명을 모시는 존재이며 나와 둘이 아니다. 무위당이 그러했듯이 술 한 잔 마시고 집으로 돌아오는 길에 만난 들풀이 예사롭지 않고 벌레 소리에 귀를 기울일 수밖에 없다.

2) 외유기화: 새로운 공동체

나락 한 알과 티끌 안에 모셔져 있던 우주가 아름다운 생명공동체로 그 모습을 드러내는 것이 외유기화(外有氣化)다. 또한 숨겨진 하나 됨이 밖으로 드러날 때, 사회적으로 그것은 형제애/자매애의 공동체 가 된다.

고유명사 한살림이 아닌, 보통명사 한살림공동체가 무위당에게는 그 하나됨의 실현태였을 것이다. 도농공동체와 생산-소비 협동이 '생 명의 하나'의 실현이며, 아파트 안에서 물품을 나누는 소비자공동체 와 관계가 있는 농업으로 땅을 살리는 생산자공동체가 외유기화였을 것이다.

너와 내가 둘이 아니라면, 너의 눈물은 곧 나의 슬픔이 된다. '계산 된 협동'이 '계산 없는 협동'으로 전환된다. 생산자와 소비자의 관계가 경제적인 이해관계는 서로 충돌한다 하더라도, 생명은 하나라는 관 점에서 보면 생산자와 소비는 이제 서로를 배려하는 친구가 되고 자 매가 된다. 둘 사이, 상품을 팔고사는 관계는 이제 선물을 주고받는 관계로 변화한다.

답례마저도 차원이 달라진다. 무위당은 강조한다. "답례는 앞으로 하는 것이 아니라 옆으로, 뒤로 하는 거야." 옆으로 답례, 뒤로 답례가 이루어지자 받은 만큼만 주고받던 양방향의 상호관계가 공동체 전체 로 확장되고 또한 더욱 깊어진다.

특별히 하나됨을 체험한 공동체는 생명 나라의 법이 이 땅에서 실 현되는 매개가 된다. 동학의 접(接)이 그러했고, 로마의 초대교회가 그 러했듯이 여자와 백정과 아이들과 병든 사람이 주인공이 된다. 높은 사람과 낮은 사람이 따로 없고, 먼저 온 사람과 늦게 온 사람의 차별이 없고, 오히려 있는 사람과 없는 사람이 서로 자신의 것을 나눈다.

이것이 진짜 새로움이다. 신약성서의 중생의 체험처럼, 새로운 공동체로의 거듭남이다. 기존의 공동체가 이해관계로 엮인 구속의 공동체였다면, 새로운 공동체는 숨겨진 하나됨의 사회적 실현으로서 이 땅 위에 이루어진 생명나라이다. 이를테면 '거룩한 공동체'이다. 사전의 의미 그대로 뜻이 높고 위대한 공동체이다.

3) 영성적 사회운동

이렇듯 계산과 계약이 아닌 숨겨진 하나됨에 기초한 새로운 공동체 만들기가 곧 영성적 사회운동이다. 불성의 실현이고, 보이지 않는 것들의 현현이다. 이성적 사회운동이 아닌 영성적 사회운동, 혁명적 사회운동이 아닌 거룩한 사회운동이다.

기존의 사회운동이 이성적 주체를 전제로 사회적 공공성 실현을 목표로 한다면, 영성적 사회운동은 영성적 주체성의 회복을 바탕으로 생명 공공성의 실현을 목표로 한다. 생명 공공성이란 숨겨진 하나됨에 기초한 공공성을 말한다. 사회적 영성이라고 말해도 좋을 것이다. 시인 김지하는 '천지공심(天地公心)'이라고 말했고, 일본 공공철학 연구소 김태창 소장은 '영성적 공공'이라는 개념으로 설명한다. 인간적인 것과 생태적인 것, 나아가 우주적인 것까지를 아우르고 또 관통하는 보이지 않는 하나됨, 그것이 영성이다.

이때 영성적 사회운동은 종교적 사회운동과 구분된다. 불교와 가톨릭 및 개신교의 교리와 교단조직에 기반한 사회운동과는 구별되어야 한다. 마치 학교가 지성을 전유할 수 없듯이 종교가 영성을 독점할 수는 없다. 더욱이 문명사적 전환기에 즈음하여 우리는 비종교적·탈종교적 영성 공동체와 문화를 경험하고 있다. 프라우트 이론에 입각한 새로운 공동체와 영성적 사회운동가 모델을 제시하는 수행공동체 아난다마르가에서 오히려 큰 영감을 얻을 수 있다.

생명평화운동, 생명살림운동, 생명공동체운동 등 여러 이름으로 불리는 '생명운동'이야말로 영성적 사회운동이다. 거룩한 사회운동이다. 생명운동은 무엇보다 아프고 죽어 가는 생명을 살리는 활동이지만, 그 공감의 범위가 깊고 넓으며, 인간적인 것을 넘어선다는 점에서 영성적 사회운동이라고 말할 수 있다.

영성적 사회운동으로서의 생명운동은 '그대가 나'라는 깨달음, 혹은 '생명은 하나'라는 깊은 마음의 통찰에 기초한다. 생명의 눈으로 보면, 공동체의 기초는 독립된 개인 사이의 '사회계약'이 아니라, 보이지는 않지만 하나로 연결된 '생명의 마음'이다. 합리적 이성이 아니라 자비와 사랑으로 표현된 '숨겨진 하나됨'의 영성이다. 그것을 무위당은 '모심(侍)'이라고 말한다. 나락 한 알 속에 있고, 밥 한 그릇 안에 숨어 있다. 이미 우리 안에 있다. 세월호의 아픔에 공감하는 마음 안에, 쓰러진 볏단을 일으켜 세우는 농부의 마음 안에, 생산자의 형편을 헤아리는 소비자의 마음 안에 있다.

전환, 무위개벽의 꿈

거룩한 사회운동이라고 해서 뜬구름 잡는 이야기가 아니다. 오히려 엄밀하게, 정확하게 지금 여기의 포도원을 만들어 간다. 무위당에겐 그중 하나가 제기동의 쌀가게였다. 후천개벽, 우주적 합일로 뜻이 높고 위대하긴 하지만, 또한 그 우주가 좁쌀 하나, 티끌 하나임을 알고 있기 때문이다. 그것이 무위당의 우주를 덮는 무수장삼(수운, 「劍訣」)의 꿈이었다. 성글고도 촘촘한 무위당식 사회운동 전략이었다. 개벽적 전환의 기획이었다.

1) 엑소더스

'엑소더스(exodus)'가 첫 출발이다. 1992년 어느 강연에서 하신 말씀이다. 세월호의 참담함 속에서 『나락 한알 속의 우주』를 다시 읽다가 눈에 확 들어온다. 탈출, 그렇다. 거룩한 사회운동, 즉 생명운동은 대탈출의 결단에서부터 시작된다.

> 반생명적인 일체의 조건을 갖다가 다시 보고 그것에서부터 우리는 탈출해야 돼. 엑소더스. 그것은 주목을 쥐고 상대를 때려눕히면서 하는 것이 아니라 상대를 변화시키는 운동으로, 비협력으로 탈출해야 돼. 비폭력으로 탈출해야 돼.

침몰하는 세월호에서 내려야 할 때이다. "이대로는 정녕 아니야.", "더 이상 이렇게는 살 수 없어."라는 느낌이 들면 결단을 해야 한다. 결정적인 시기에는 '생명감각'에 의지해야 한다. 전환의 계기가 '각비 (覺非) 즉 아니다'라는 자각이라면, 그 실천적 출발점은 엑소더스다. 농약으로부터의 엑소더스, 핵으로부터의 엑소더스, 서울로부터의 엑소더스, 고용노동으로부터의 엑소더스, 요양병원으로로부의 엑소더스, 학원으로부터의 엑소더스, 자동차로부터의 엑소더스, 자본 숭배와 경쟁 시스템과 물질주의적 생활양식으로부터의 엑소더스….

이미 탈출은 시작되었다. 원하건 원하지 않건 '탈(脫)'할 수밖에 없다. 탈도시, 탈학교, 탈노동, 탈성장, 탈종교, 탈정당…. '반생명적인 것'으로부터 지금 당장 탈출해야 한다. 이스라엘 민족이 이집트에서 그랬던 것처럼 말이다. 아무런 준비가 안 됐다고, 미래가 불투명하다고 망설일 필요가 없다. 탈출하는 순간 새로운 공동체가 만들어지기 시작하기 때문이다. 지금은 떠나야 할 시간이다. 가나안 땅을 향해 가야 할 때다. 출애굽과 함께 우리 안에는 이미 가나안이 오고 있는 것이다.

귀농이 그렇고, 힐링 신드롬과 협동조합 열풍이 그렇다. 결단하여 도시를 떠나 농촌으로 향하는 순간, 귀농공동체가 눈에 들어온다. 마음이 아프고 몸이 고단하여 위로를 받고자 하는 순간, 이곳저곳에서 마음공부 모임이 만들어진다. 자본 중심의 경제를 포기하는 순간 사람 중심의 경제가 만들어지기 시작한다. 탈학교 대안교육공동체가 만들어지고, 비정당적 정치공동체가 만들어지고, 비종교적 영성공동체가 만들어진다. 탈(고용)노동 생활협동공동체가 만들어진다.

2) 깨달음과 새로운 공동체

1977년 즈음부터 새로운 자각이 일어나기 시작했다고 무위당은 고백한다. 이런 식으로는 '아니다.'라는 성찰이다. '기존의 삶의 방식, 기존의 사회운동 방식으로는 아니다.'라는 자각, 이른바 '각비(覺非)'가 그것이다. 그리고 다시 근본을 묻기 시작한다.

> 난 사실은 77년서부터 결정적으로 바뀌야 되겠다고 생각을 했네. 땅이 죽어 가고 생산을 하는 농사꾼들이 농약중독에 의해서 쓰러져 가고, 이렇게 됐을 적에는 근본적인 문제서부터 다시 봐야지. 산업사회에 있어서 이윤을 공평분배하자고 하는 그런 차원만 가지고는 풀릴 문제가 아닌데, 그래서 나는 방향을 바꿔야 되겠구나, 인간만의 공생이 아니라 자연과도 공생을 하는 시대가 이제 바로 왔구나 하는 것 때문에 이제 방향을 바꿔야 하겠다고 생각을 했지.

잠시 지금까지의 활동을 멈추고 성찰한다. 되돌아본다. 아마도 이때 젊은 시절 접했던 동학을 다시 보지 않았을까 짐작해 본다. 귀(歸), 돌아감이다. 근본으로 되돌아감이다. 이스라엘 민족이 그렇듯이 엑소더스는 사실 돌아감이다. 제 삶의 터전으로, 생명의 근본자리로의 귀환이다.

그리고 얻은 깨달음, "나는 미처 몰랐네, 그대가 나였다는 것을." 그리고 "생명은 하나." 나만의 생명이 아니라, 우리만의 생명이 아니라, 인간만의 생명이 아니라 모두가 한생명이다. 소비자와 생산자가 하나로 연결된 생명공동체이다. 인간과 자연은 둘이 아니다. 하나이다. 삶의 영역이 우주로 확장된다. 나에게서 이웃으로, 다시 자연으로, 그리고 우주 혹은 깊은 내면으로 확장·심화된다. 이것이 생명의 본래 모습이다.

그리고 새로운 공동체를 만들어 간다. 일본과 대만 등에 활동가들을 보내고 새로운 공동체 만들기의 사례를 연구한다. 영감을 얻고 준비를 하기 시작한다. 무위당과 원주의 선배님들은 지금 여기의 유토피아를 만들어 간다. 그리하여 1985년 원주소비자협동조합이 문을 열고, 1986년 한살림농산이 활동을 시작한다. 기존의 공동체와는 다른 새로운 공동체가 만들어지기 시작한다.

사회운동 방식도 자연스럽게 변화했다. 협동조합은 이제 이윤을 위한 결사체가 아니다. 생명의 눈으로 본 협동운동은 너와 나 안에 숨겨진 하나됨의 실현이다. 상대를 타도하는 것이 아니라, 나를 변화시켜 너를 변화시킨다. '사심 없이 자기를 부정하고 나면', 지금 여기 하느님나라가 된다.

뭇 생명의 아픔과 함께 하는 '치유의 사회운동', 구조를 탓하기 전에 삶을 바꾸는 '대안적 사회운동', 부엌과 농촌에서 문명을 바꾸는 '전환의 사회운동', 우주로 확장된 삶의 영역 속에 모든 존재가 하나임을 알아차리는 '깨달음과 영성의 사회운동'이 시작된다. 거룩한 사회운동이 시작된다. 새로운 협동운동이 시작된다. 우리를 위한 협동운동, 이윤을 나누는 협동운동에서 나아가고 전환하여, 계산 없는 협동운동, 서로를 살리는 협동운동이 시작된다.

3) 무위의 꿈

무위당의 삶보다 조금 더 극적이긴 하지만, 수운 최제우의 삶도 비슷한 궤적을 그렸다. 피난(避難)과 장생(長生)의 땅을 찾아 헤맸지만 어디서도 궁궁촌을 찾지 못했다. 과거시험도 아니고 장사도 아니고 불교도 아니고 서학도 아니고 비결서로도 아니었다. "이런 식으로는 아니다."라는 것을 깨닫는다. 결단을 할 수밖에 없다. 귀(歸), 과거의 사사로운 욕망을 훌훌 털어버리고 고향으로 돌아온다. 다시 공부를 시작하고 문득 하나됨 체험을 하게 된다. 깨달음이다. 그리고 접(接)이라는 새로운 공동체를 만든다. 전환의 프로세스라고나 할까.

이를테면 이런 과정이다. 하나, 각비(覺非): "더 이상 이렇게는 아니다."라는 생명감각. 둘, 엑소더스(歸): 기존의 질서로부터의 탈출, 혹은 제자리로 돌아감. 셋, 각성: '생명은 하나'라는 깨달음. 넷, 새로운 공동체: 깨달음을 바탕으로 하는 새로운 내용과 형태의 생활/문화 공동체. 다섯, 사회개벽: 새로운 삶과 공동체의 사회적 확장, 그리고….

물론 각비와 돌아옴과 깨달음과 새로운 공동체 만들기는 단계적으로만 이루어지는 것은 아니다. 순서가 바뀔 수도 있고, 단계를 뛰어넘을 수도 있고, 거의 동시에 이루어질 수도 있다. 중요한 것은 때가 되었다는 것, 새로운 삶에 대한 열망이 우후죽순으로 올라오고 있다는 것이다. 무위당과 선배님들이 깨달음과 새로운 공동체로 뿌려놓은 씨앗들이 싹이 트고 자라서 작은 숲이 된다.

그렇다. 이제 사회개벽이다. 때가 되었다. 그때가 지금이다. 이심전심으로 새로운 공동체의 열망이 표출되고 있다. 마음속 깊은 곳에서부터 미세한 변화가 이루어지고 있다. 한국사회 경향각지에서, 지구 곳곳에서 새로운 움직임들이 모습을 드러내기 시작했다. 깊은 산속 이러저러한 옹달샘에서 발원한 새로운 흐름이 내가 되고 강이 되어 바다로 향하고 있다. 사람들의 마음이 바뀌고 있다.

무위당의 무위(無爲)를 다시 생각해 본다. 무위당은 동학을 빌려 무위이화(無爲而化)의 길을 이야기한다. 무위이화를 글자 그대로 읽으면, '함이 없이 저절로 이루어진다.'는 말로 이해되기도 하지만, 사실은 '덕분에 저절로'이다. 이심전심으로 사람들의 몸과 마음이 움직이고 천지 기운이 활동하여 어떤 일이 실현되는 것을 의미한다. 꿈은 '발명'되는 것이 아니라, '실현'되는 것이다.

거룩한 것에서 문화적인 것으로

원주보고서를 통해 생명운동이란 말이 세상이 처음 나온 지 정확히 32년(2014), 그리고 생명운동가 무위당이 생명나라로 돌아간 지 20년, 무위당의 거룩한 사회운동은 현재진행형이다. 무위 개벽의 꿈은 경향 각지에서 삶의 전환, 사회적 전환이 사발통문의 꿈으로 연결되고, 새로운 공동체 만들기로 확산되고 있다. 오래전부터 종교계와 시민단체들이 생명운동으로 뒤따르고 있다. 수많은 이들이 협동운동을 배우기 위해 원주를 찾고 소박하기 이를 데 없는 무위당기념관에 들른다. 생명사상에 기초한 영성적 사회운동은 문명사적 전환기 한국 사회운동 새길 찾기에 큰 영감을 주고 있다.

하지만 어느덧 30년이다. 거룩한 사회운동에도 변화가 필요하다. 요컨대 영성적 기초는 더욱 깊게 하면서도 그 드러난 모습은 달라져야 할 것이다. 군사독재 시절의 영성이 무겁고 치열할 수밖에 없었다면, 물질적 풍요 속 오늘의 거룩함은 좀 더 경쾌해질 수 있지 않을까. 영화 '시스터 액트'의 춤추는 수녀님들처럼 말이다.

이를테면 거룩한 것에서 문화적인 것으로의 변화라고 할까. 생명운동은 이제 문화로 꽃피워야 한다. 숨겨진 하나됨과 우주생명 리듬은 예술로 표현되어야 한다. 원불교 교전에 "풍류로써 세상을 건지리라."라는 말이 있다. 신라 시대 세상을 구한 피리 만파식적이 유명하다. 전일성의 과학자 에리히 얀츠(Erich Jantsch, 1929~1980)는 『자기조직하는 우주』라는 책에서 "탁월한 예술은 우주의 깊은 마음과 닿아 있다."고 했다. '거룩한 것에서 문화적인 것으로'라는 말은 결국 문화적으로 표현된 신성이다. 문화는 신성함으로 우주의 마음에 다가가고, 신성함은 무늬를 통해 드러난다.

다음으로 거룩한 사회운동은 여성과 만나야 한다. 생명운동은 시작 때부터 살림하는 여성의 주체성을 강조하였으나 여전히 담론 수준에 머물고 있다.

미국과 한국에서 치열하게 에코페미니즘을 공부하고 또 활동해 온 정현경 교수가 1991년 무위당을 찾았다. 정현경은 "'문명의 전환'이라는 말로 시대를 평가하는" 무위당에게서 뭔가 얘기를 듣고 싶다고 말한다. 무위당의 답 중의 하나는 부드러움이다.

> 여태까지 걸려 있던 것이 얼마나 영악스럽게 단단한지 몰랐어요. 이건 부드러운 게 아니어서는 못 풀어. 강한 것 가지고는 백번 쳐 봐야 당하게 되어 있어. 그러니까 페미니즘이 굉장히 중요한 것이 뭐냐 하면 여성의 핵은 부드러운 거라구요. 지금 페미니즘의 개념을 정확히 잡고 얘기하는 건 아니지만 부드러운 게 아니고서 페미니즘이라고 한다면 생명을 상실한 거지. 모든 생명은 연하잖아. 그러니까 살아 있잖아. 그렇기 때문에 그 딱딱한 대지를 뚫고 나오는 거지.

무위당과 정현경의 만남이 시사하듯이, 무위당은 한살림의 여성들에게 도통(?)을 전수했는지도 모른다. 정현경은 2000대 초 무위당과 김지하를 통해 '살림의 사상'을 접하고 '살림이스트 선언'을 하였다. 현경이 말하는 살림이스트는 말 그대로 살리는 사람이다(살림꾼이라는 말이 있기 하지만, 영어가 들어가서 그런지 뭔가 가벼우면서도 그럴듯해 보인다). 여신이면서 동시에 생활지킴이인 깊은 마음의 살림이스트. 그런 점에서 현경의 살림이스트 선언은 여전히 매력적이다. 어쩌면 생명운동의 변신은 이미 시작되고 있는 지도 모른다.

살림이스트. 모든 것(특히 죽어 가는 것)을 살아나게 함. 살림은 한국 여성이 매일 하는 가정일을 일컬음. 예를 들면 나무하기, 물긷기, 음식하기, 빨래하기, 베 짜기, 아이 키우기, 병간호, 노인 돌보기, 꽃나무 가꾸기, 우물 지키기, 소닭개 키우기, 그리고 영(靈)들을 돌보기 등. (중략) 또한 살림이스트는 마술사, 혁명가, 여신처럼 모든 것을 만짐. 그녀가 만지면 모든 것이 웃고, 자라고, 태어나면서 생생하고, 색깔 있고, 살아나게 됨. 그녀는 채식주의 음식을 즐겨 만듦.(그러나 아주 가끔, 그녀가 화가 매우 많이 나면 못된 놈들을 큰 솥에 넣고 끓이기도 함) 그녀는 운동의 전략이나 근본적인 사회 변혁의 비전을 요리해 내는 것도 즐김…. (이하 생략)

동학혁명과 열망의 사회운동

사회운동은 어떻게 새 꽃을 피울 수 있을까?

1) 낡은 것이 되어 버린 한국의 사회운동

사회운동에 활기가 없어진 지 오래다. 사람이 없다. 민주주의와 권력 감시와 기업 감시는 여전히 절박한 사회적 과제이건만, 철지난 유행가처럼 들릴 뿐이다. 새로운 의제도 안 보인다. 사회적 영향력도 물론 현저히 떨어졌다.

시민사회의 지방선거 대응과 준비를 보면 한없이 무기력한 모습이 슬프다. 정책 제언을 한다고 하나 반향도 신선함도 감동도 기대하기가 어렵다. 일할 사람도 보이지 않고 그나마 움직이는 사람은 오래된 사람들뿐이다. 낡고 늙은 사회운동이 안쓰럽다.

스스로 되묻는다. 나는 무엇을 열망하는가? 한국 사회운동의 변혁적 열망은 무엇일까? 옛 노래만 부르는 이념적 사회운동, 야당과 제도정치의 뒤를 쫓는 사회운동, 서울시청 안으로 들어가 버린 사회운동, 국가 복지 시스템의 하위구조로 작동하는 사회운동, 협동조합기본법과 사회적기업육성법의 일부가 되어 버린 사회운동, '필요(needs)'

의 충족에 만족하는 사회운동을 본다. 열망의 사회운동을 어떻게 되살릴 수 있을까? 다시 사회운동은 꽃을 피울 수 있을까?

2) 묵은 나무에서 새 꽃 피어나듯

"묵은 나무에도 해마다 새 꽃 새잎이 오시는구나." 판화가 이철수의 작품 주제 중 하나이다. 아마도 배롱나무인 것 같다. 잎이 돋아나기 전 배롱나무는 늙은 농부의 팔뚝같이 메마른 가지를 가졌으나, 봄이 되고 가을이 오면 늙고 낡아 보이는 가지에서 새잎이 나오고 새 꽃이 피어난다. 향기가 난다. 한국의 민주주의와 사회운동도 그런 것 아닐까? 낡고 늙어 보이지만, 아직 사라질 때는 아니다. 묵은 나무에 새잎 새 꽃 오시듯 한국의 사회운동도 꽃을 피우고 은은한 향기를 낼 수 있을 것이다. 그러나 똑같아 보여도 지난해의 그 꽃이 아니다. 2014년 오늘의 새잎 새 꽃이다.

귀농귀촌 현상, 힐링 신드롬, 협동조합 열풍이 예사롭지 않다. 도시로 향하던 사람들이 농촌으로 되돌아가고, 이웃과 자연과 뚝 떨어져 살며 '돈벌어 독립'을 주장하던 이들이 이웃사촌과 옛 공동체를 그리워한다. '경쟁 시스템'에서 벗어나 '협력 시스템'으로 먹고살 방도를 찾는다. 아픈 만큼 절실해지는 새로운 삶에 대한 열망이 아닐까?

'치유'의 사회운동이 절실하다. '열망'의 사회운동을 보고 싶다. 아픈 사람들에게 위로가 되고, 절망한 사람들에게 희망이 되었으면 좋겠다. 새로운 삶과 사회와 문명을 향한 전환 운동이 되었으면 한다.

그러기 위해서는 사회운동이 먼저 '전환'해야 한다. 요컨대 '사회운동의 전환'이다. 기존의 고정관념과 관성으로부터 자유로워져야 한다. 기존의 사회운동 패러다임으로부터 '전환'해야 한다.

꽃이 핀다. 내 안의 열망이 돋아난다. 욕망 아래 숨겨진 열망에 주목한다. 열망의 사회운동, 전환의 사회운동을 탐색한다.

3) 동학혁명 2주갑에 즈음하여

120년 전, 개벽적 열망으로 분출한 1894년 갑오년 동학혁명. 2주갑이 되는 2014년 오늘, 동학을 통해 한국 사회운동의 '오래된 미래', '오래된 새 길'을 묻는다. 열망과 전환의 사회운동, 그 한국적 원형이 '동학'에 있다.

열망과 전환의 관점에서 동학을 새롭게 보아야 한다. 동학에 대한 기존의 고정관념을 내려놓아야 한다. 동학은 농민혁명, 계급혁명만이 아니다. 동학은 단지 척양척왜의 민족운동만이 아니다. 120년 전 갑오년의 일시적 봉기가 아니다.

동학은 1860년 수운 최제우의 '하나됨 체험'에서부터 시작해 조선 전체에 '접(接)'이라는 이름의 새로운 공동체를 만들고, 1894년 사회혁명으로 분출하고, 그 맥을 3·1운동 이후까지 이어온 열망의 사회운동이었다. 정치적 변화나 왕조의 교체만을 꿈꾼 것이 아니라, 새로운 삶과 새로운 사회적 질서, 무엇보다 새로운 사람으로의 거듭남을 꿈꾼 개벽적 사회운동, 전환의 사회운동이었다.

동학으로부터 배운다. 인류사적 전환기, 동학운동/동학혁명은 우리에게 어떤 영감과 시사점을 주는가? 생태·사회경제의 복합 위기 시대에 우리는 어떤 길을 갈 것인가?

동학의 사회운동적 함의

동학은 농민혁명이 아니다. 동학은 갑오혁명이 아니다. 동학은 깨달음이고 공동체이며, 길고 긴 사회적 행동이었다. 선천적 질서를 바꾸고 후천적 질서를 창조하는 패러다임의 전환이었다. 동학의 안과 밖, 동학의 좌와 우, 동학의 앞과 뒤를 온전히 살펴야 한다. 특별히 '삶·생명'의 관점에서 바라보아야 한다. 19세기 조선 민초들의 '궁궁(弓弓)'의 열망, 장생(長生)에 대한 열망을 헤아려야 한다.

1) 동학은 '깨달음의 사회운동'이다

'인내천(人乃天)', 즉 '사람이 하늘이다'라는 말은 사람이 하늘만큼 귀하다는 뜻이기도 하지만, 다른 말로 하면 사람은 하늘적 존재, 즉 우주생명의 일원이라는 깨달음이다. 오심즉여심(吾心卽汝心)의 깨달음이 그것이다.

"오심즉여심, 내 마음이 네 마음이다." 동학은 1860년 수운의 '하나됨 체험(혹은 하늘님 체험)', 즉 '온 생명세계는 하나다'라는 깨달음에서 출발한다. 바로 이것, '숨겨진 하나됨'이 바로 동학운동의 기초가 된다.

동학은 사회적 영성이다. 접(接)이라는 공동체의 보이지 않는 기초이며, 수많은 집회들과 갑오년 동학혁명의 에너지원(源)이 된다. 보국안민, 제폭구민의 혁명 정신 아래에 오심즉여심이 숨겨져 있다.

억조창생과 생사고락을 함께 하는 해월의 모습, 불의에 맞선 전봉준의 봉기는 '숨겨진 하나됨'의 인격적 드러남이다. 다만 전봉준의 그것은 주로 민중들에 대한 연민으로 표현되고 있는데 비해, 해월의 경우 온 생명 세계와의 깊은 교감으로 드러난다. '경물(敬物)'의 경지에 이른 해월의 모습이 그것이다.

그런 맥락에서 '모심[侍]'이란 내 안에 숨겨진 하나됨에 대한 자각이라고 말할 수 있다. 그리고 그것은 우애와 연대의 공동체로 실현된다. 숨겨진 하나됨의 사회적 실현, 그것은 정확히 수운의 '시(侍)'에 대한 해석과 같다. "안으로 신령이 있고 밖으로 기화가 있어 온 세상 사람이 각각 알아서 옮기지 않는다[內有神靈 外有氣化 一世之人 各知不移者也]."

인간을 비롯한 모든 존재 안에 있는 신령(神靈, holy spirit, 혹은 佛性), 이는 과학적으로 빅뱅 이전의 하나됨에 기초한다. 우주의 마음은 빅뱅을 통해 하나에서 여럿으로의, 복잡화로서의 진화 과정을 함축한다. 기화란 그것의 물질화를 의미한다. 그리고 숨겨진 하나됨의 사회적 표현이 바로 '연대성'이다. 그것은 증여와 답례로, 공동체로, 협동조합으로 표현된다. 다시 말하면, 새로운 공동체는 근대적 개인 사이의 계약이 아니라, 숨겨진 하나됨에 대한 깨달음과 열망에 기초하고 있다는 것이다.

공공성의 뿌리도 바로 하나됨 체험, 우리는 모두 하나, 한 생명이라는 생명 감각에 있다고 할 수 있다. 우주생명과 내가 하나라는 것은 인간과 인간, 인간과 자연이 하나라는 뜻이기도 하다. 양반과 노비도 하나요, 남성과 여성도 둘이 아니라는 자각에서 출발한다.

　프랑스 혁명의 3대 모토인 자유 · 평등 · 박애가 시사하듯, 박애(하나됨) 없는 자유와 평등은 팥소 없는 찐빵이나 다름이 없다. 저항도, 투쟁도, 정의의 전쟁도, 공감과 연민과 깊은 사랑에서 비롯된다.

　오심즉여심은 생명운동의 스승 무위당 장일순의 '나는 미처 몰랐네, 그대가 나였다는 것을'로 이어지고, 한살림의 창립자 인농 박재일의 '생산과 소비는 하나다'로 계승된다.

2) 동학은 대전환의 '개벽적 사회운동'이다

　그러므로 동학의 혁명과 운동은 개벽적일 수밖에 없었다. 우주생명과의 하나됨 체험에 기초하였으므로 하늘과 땅과 사람의 질서에 대한 근본적인 변혁을 열망하는 것은 너무도 당연한 일이었다. 거꾸로 정치적 개혁이나, 1회적 봉기, 왕조를 바꾸는 역성혁명으로는 턱없이 부족한 일이었다.

　동학의 '동(東)'은 '서(西)'에 맞선 동이기기도 했거니와 오히려 동의 질서를 다시 개벽으로, 창조적으로 부활시키고자 한 운동의 이름으로서의 동이다. 개벽은 no-where의 유토피아가 아니라, now-here의 유토피아다. 지금 여기 '현재에 와 있는 희망'이다. 개벽은 질적 비약,

차원 변화다. 나팔꽃이 열리는 아침을 맞으면 개벽 세상이 된다. 있는 사람과 없는 사람이 서로 나누는 유무상자(有無相資)의 공동체 안에서 이미 개벽 세상이 실현되었다.

동학은 민초들의 장생(長生)의 꿈, 즉 생명 살림의 염원을 사회적으로 실현코자 했다. 선천(先天)의 질서를 안고, 또 동시에 넘어서 후천(後天)의 질서를 꿈꾸었다. 그것은 새로운 삶, 새로운 사회, 새로운 문명을 향한 꿈이었다.

궁궁의 열망은 개벽으로 실현된다. 문명 전환이다. 그 출발점은 하나됨 체험이다. 하나됨의 열망은 공동체 만들기로 이어지고 보국안민으로 확장된다. 그러나 그것만으로는 부족하다. "궁을/궁궁이 문명을 바꾼다[弓乙回文明]." 즉 문명 전환이다. 가치의 전환, 생활의 전환, 시스템의 전환, 기술의 전환, 정치의 전환…. 무엇보다 삶/사람의 전환, 애벌레에서 나비로의 탈바꿈이다.

신분으로 차별되고, 적서로 차별되고, 남녀로 차별되는 선천의 질서, 상극으로 서로를 죽이는 선천 세상을 넘어서, 노비와 주인이 어우러지고, 적자와 서자가 차별 없고, 남자와 여자가 둘이 아닌 후천세상으로의 개벽적 전환을 꿈꾸었다.

특별히 동학은 새로운 사람, 즉 하늘사람을 꿈꾸었다. 모든 이들이 하늘사람으로 거듭남으로써만 진정한 개벽 세상이 열리는 것이다.*

---

* 동학'농민'혁명이 아니라 '동학'혁명이다. 그런 점에서 동학은 농민혁명으로 협소하게

3) 동학은 '전일적 사회운동'이다

동학은 일즉다(一即多) 다즉일(多即一), 하나이면서 여럿, 여럿이면서 하나인 전일적(全一的) 사회운동이었다.

동학운동은 수행과 생활과 정치의 전환을 동시에 실현하려는(시간 차는 있겠지만) 전일적인 사회운동이었다. 수행에 치우치지 않고, 생활에 안주하지 않고, 정치에 매몰되지 않았다. 동학의 접은 수행공동체이면서 동시에 생활공동체이고, 또한 정치공동체였다.

1860년 수운의 깨달음 이후 접이라는 공동체가 만들어졌다. 시천주 수행을 통해 하나가 되었고, 이후 하나됨의 일상적 실현으로서 생활공동체로 발전하였으며, 갑오년 혁명적 시기에 동학의 접포(接包) 조직은 혁명의 군대이자 강력한 정치공동체가 되었다.

동학의 전일적 사회운동은 보은취회 이후 오랫동안의 '민회(民會)'운동을 통해 전개되었고, 1919년 3·1운동으로 꽃을 피웠으며, 훗날의 대한민국(民國)'의 기초가 된다.

동학은 '삶의 개벽'의 모형을 제시한 것이다.

볼 수 없다. 계급의 잣대로만 평가하고 의미를 부여하는 것으로 그 전체를 말하기에는 턱없이 부족하다. 19세기 말 조선은 농민을 들먹일 필요도 없이 농업사회 그 자체였다. 계급적 구분은 무의미했다. 그런데 생업이 농업인 민초 모두가 '동학'이라는 새로운 가치와 비전으로 하나가 된 것이다. 그러므로 이제부터 '동학농민혁명'은 '동학혁명', '동학운동'이 되어야 한다. 1894년 갑오년을 중심으로 하는 혁명적 거사를 '동학혁명'으로, 1860년 수운의 '하나 됨 체험' 이후 갑오년 혁명과 3·1운동에 이르는 기간의 동학당의 활동은 '동학운동'이라고 불려야 한다.

열망과 전환의 사회운동을 위하여

묵은 나무에 새 꽃이 피기 위해서는 새로운 전기가 절실하다. 단절이 아닌 불연속적 연속의 도약이 필요하다. 사회운동의 방향 전환, 혹은 '중심 이동'이 요구된다. 중심 이동을 통한 사회운동의 심화·확장이다. 이미 현재 진행형이다. 예컨대 이런 것들이다.

대항형/대변형 사회운동에서 대안형 사회운동으로

중앙 중심적 사회운동에서 풀뿌리 사회운동으로

집합적(우리) 사회운동에서 개성적(나들) 사회운동으로

이성적 사회운동에서 영성적 사회운동으로

남성성의 사회운동에서 여성성의 사회운동으로

인간주의적 사회운동에서 생태주의적 사회운동으로

사회에서 인간으로, 인간에서 생명으로

계급적 사회운동에서 전인적 사회운동으로

필요의 사회운동에서 열망의 사회운동으로

개량적/혁명적 사회운동에서 전환적/개벽적 사회운동으로

너를 바꾸는 사회운동에서 나를 바꾸는 사회운동으로

1) 사회적 영성과 열망의 사회운동

협동조합이 뜨고 있다. 경쟁의 삶에 매몰된 우리에게 상호부조의 협력적 삶의 복원을 위한 계기를 만들어 주고 있다. 그러나 아직은 오늘의 '필요'의 협동조합에 머물고 있다. '필요(needs)의 충족'과 '열망(aspiration)의 실현'의 역동적 균형이 필요하다. aspiration의 어원은 to+spire, 무엇을 향한 깊은 마음을 의미한다. spire와 spirit(영성)은 어원이 같기 때문에 욕구나 욕망이 아니라 열망이라고 번역해야 옳다. 협동조합의 열망이란 내 안에 깊이 도사린, 하나됨에 대한 '뜨거운 바람'일 것이다.

앞으로 사회운동은 모든 존재의 깊은 곳에 숨겨진 공심(公心)에 기초해야 한다. 한자로 公(공)의 옛 모양은 무엇인가 닫힌 것을 여는 모양이다. 옛날에는 신을 모시고 일족(一族)의 사람이 모이는 광장을 나타내는 말이었다고 한다. 다시 말해, 영성에 기초한 사회운동, 깨달음에 기초한 사회운동이라고 말할 수 있다. '너와 나는 둘이 아니다'라는 각성이 새로운 사회운동의 출발점이다. 오래전 전통적 사회운동은 이를 일러 '의식화'라고 했으나 이제 '의식화'가 아니라 '깨달음'이다.*

2) 음개벽과 전환의 사회운동

때가 되었다. 인류사적 전환기에 즈음하여 의식의 전환, 생활의 전환, 사회의 전환, 나아가 문명의 전환을 21세기의 한국 사회운동의 사

---

* 의식화 자체가 틀린 말은 아니다. 다만 상대를 대상화는 의식화 · 조직화의 개념을 넘어서야 한다는 말이다.

명으로 삼아야 할 때이다.

동학(東學)의 표현을 빌리면 한마디로 말해서 후천개벽이다. 선천의 패러다임에서 후천의 패러다임으로의 전환이다. 갑오년 동학의 참혹한 패배를 또 다른 '하나됨'으로 치유코자 했던 강증산은 이를 일러 '음개벽(陰開闢)'이라고 표현했다.

음양론을 빌려 말하면 양의 패러다임에서 음의 패러다임으로 전환이다. 예컨대 가부장과 물질 중심의 질서에서 가모장(家母長)과 정신 중심의 질서로의 전환이다. '중심 이동'이다. 생명세계에서 폐기는 없다. 순환이 있을 뿐(물론, 성질이 바뀐다).

생명평화란 생명세계의 평화(平和), 즉 균형과 조화를 되찾는 것이다. 생명운동이란 생명세계의 역동적 균형을 되찾는 것이다. 전일성을 회복하는 일이다. 그것은 다시 말해 생태적·사회적·경제적 지속 가능성을 의미하기도 한다.

어떻게 되찾을 것인가? 한쪽으로 기울어진 것을 들어 올림으로써 가능하다. 예수님 말씀처럼, 나중 된 자가 먼저 되는 것, 가난한 자를 부자 되게 하고, 약자를 강자로 만드는 것….

음개벽이란 양의 질서에서 음의 질서로의 중심 이동이다. '음의 정치'를 통한 전일적인 정치로의 전환, '음의 경제'를 통한 전일적인 경제로의 전환이다. 예컨대 이런 것들이다.

물질에서 정신으로

가부장에서 가모장으로

이성에서 감성과 영성으로

이코노미(economy)에서 에콜로지(ecology)로

팔고사기/매매에서 주고받기/호혜로

상품시장에서 호혜시장으로

국가/민회에서 공동체/민회로

경쟁 시스템에서 협력 시스템으로

빠름에서 느림으로

큰 것에서 작은 것으로

중앙에서 지방으로

3) '나들' 살림 마당과 열망과 전환의 플랫폼

아즉천(我卽天), 내가 곧 하늘이다. 해월 최시형은 인간이라는 집합 명사가 아니라 '나'라고 적시했다. '내가 곧 길이요 생명'이라고 하신 예수의 말씀이 생각난다. 집합적 인간이 아니다. 그래서 온 세상 사람이 각지불이(各知不移)이다.

그러므로 그런 맥락에서 중요한 것은 이제 어느 신문사에서 발행하는 잡지 이름처럼, '나들'이다. 그러나 나들 안에는 보이지 않는 하나됨[不移]이 있다. 근대적 자아의 이성적 합의에 기초한 사회적 계약이 아니다. 또한 '나'는 이미 전일적이다. 나는 수행공동체의 일원이고, 생활공동체의 일원이며, 정치공동체의 일원이다.

그리고 그 '나들'이 만나는 광장, 마당, 플랫폼이 절실하다. 서로를 구속하는 결사체나 대동단결의 연합체라기보다는, 이를테면 화이부동(和而不同)의 플랫폼이다. 들고남이 자유롭고 오고감에 제한이 없는, 그러나 광장 한가운데 보이지 않는 중심, 즉 공심이 있어서 각자 돌아가 있어도 여전히 하나로 연결된 네트워크적 마당.

마당과 아고라와 신시(神市)는 전일적 에너지/정보의 장(field)이다. 촛불이 그랬던 것처럼, 민의가 모아지는 민회(民會)면서, 신명나게 노는 축제의 장이면서, 심령대부흥회(?)의 탈교회적 교회당이다.

지금으로부터 20년 전, 1994년, 열린 〈생명민회〉가 떠오른다. 20년이 지난 2014년 오늘, 살림의 마당이 열리기를 고대한다. 참혹한 패배의 현장이었으나, 오히려 후천개벽의 열망이 잠들어 있는 공주(公州) 우금치에서 '2014년 살림마당'이 열리고 마당의 한쪽에서 '생명민회 2014'가 열리면 좋겠다. 삶의 전환, 생활의 전환, 사회의 전환, 그리고 문명의 전환, 그 열망을 담아서.

이름은 '생명민회'가 아니어도 좋다. 다만 그 마음을 이어가자는 것이다. 새로운 시대에 걸맞은 새로운 이름이 필요하다. 이름 짓기가 세계를 창조하는 것이니까. 살림 페스티벌도 좋고, 한살림 마당도 좋고…. 동학혁명 2주갑, '열망'과 '전환'의 사회운동을 위한 플랫폼을 만들자.

전환 이야기

등록 1994.7.1 제1-1071
1쇄 발행 2015년 3월 10일

지은이 주요섭
펴낸이 박길수
편집인 소경희
편 집 조영준
디자인 이주향
펴낸곳 도서출판 모시는사람들
　　　　110-775 서울시 종로구 삼일대로 457(경운동 수운회관) 1207호
전 화 02-735-7173, 02-737-7173 / 팩스 02-730-7173

인 쇄 상지사P&B(031-955-3636)
배 본 문화유통북스(031-937-6100)
홈페이지 http://modl.tistory.com/

값은 뒤표지에 있습니다.
ISBN 978-89-97472-90-1 03300

이 도서의 국립중앙도서관 출판예정도서목록(CIP)은 서지정보유통지원시스템 홈페이지
(http://seoji.nl.go.kr)와 국가자료공동목록시스템(http://www.nl.go.kr/kolisnet)에서 이용하
실 수 있습니다.(CIP제어번호: 2014038336)